한국의 선거 VI

2014년 지방선거 분석

한국선거학회 학술총서 ⑦

한국의 선거 VI

2014년 지방선거 분석

인　쇄: 2015년　8월　25일
발　행: 2015년　8월　29일

엮은이: 한국선거학회
발행인: 부성옥

발행처: 도서출판 오름
등록번호: 제2-1548호 (1993. 5. 11)
주　소: 서울특별시 중구 퇴계로 180-8 서일빌딩 4층
전　화: (02) 585-9122, 9123 / 팩　스: (02) 584-7952

E-mail: oruem9123@naver.com
URL: http://www.oruem.co.kr

ISBN　978-89-7778-445-1　　93340

＊잘못된 책은 교환해 드립니다.
＊값은 뒤표지에 있습니다.

이 도서의 국립중앙도서관 출판예정도서목록(CIP)은 서지정보유통지원시스템
홈페이지(http://seoji.nl.go.kr)와 국가자료공동목록시스템(http://www.nl.go.
kr/kolisnet)에서 이용하실 수 있습니다. (CIP제어번호: CIP2015021557)

한국선거학회 학술총서 [7]

한국의 선거 VI

2014년 지방선거 분석

한국선거학회 편

Elections in Korea VI

Edited by
Korean Election Studies Association
(KEAS)

ORUEM Publishing House
Seoul, Korea
2015

서문

I

한국선거연구회가 『한국의 선거 I』을 발간한 것이 1993년이다. 총 14편의 글이 실린 이 책은 그 구성을 보더라도 1부 선거과정, 2부 선거제도, 3부 합리적 선택과 투표 등 선거제도와 투표행태를 망라하는 광범위한 주제를 담고 있을 뿐만 아니라, 판별분석, 경로분석, 로짓분석 등 다양한 통계기법을 활용하고 있다. 한국의 민주화가 얼마 지나지 않은 상황을 반영하듯 당시까지 실증적이고 과학적으로 선거를 분석한 연구가 매우 드물었다는 점을 감안할 때 이 책은 한국의 선거연구에서 그야말로 획기적인 연구결과물이었으며, 그만큼 선거연구자들을 포함한 학계의 반향도 컸고 영향도 지대했다.

이로부터 20여 년이 지난 현재, 한국의 선거연구는 양적으로나 질적으로 괄목할만한 성장을 거듭하였다. 소수에 불과하던 선거연구자는 크게 늘었으며, 선거 관련 연구논문도 일거할 수 없을 정도로 풍부하다. 또한 매 선거마다 다양한 기관에서 설문조사가 행해지고 학술적 연구를 위한 별도의 조사도 다양하게 수행되고 있다. 그 사이 한국선거연구회도 한국선거학회로 바뀌었고 꾸준히 국내 선거연구의 기반을 강화하고자 노력하고 있다.

아쉬운 점은 한국선거연구회가 '선거연구 간의 연계성과 연속성 확보'를 목표로 시작한『한국의 선거』시리즈가 2002년 16대 대통령선거와 2004년 17대 국회의원선거를 분석한『한국의 선거 V』(2006년)를 마지막으로 발간을 중단하였다는 것이다.『한국의 선거』시리즈 발간이 중단된 데는 여러 가지 이유가 있을 수 있겠다. 모순적인 것 같지만 과거에 비해 선거연구자가 크게 늘어 이들을 하나로 묶는 작업이 그만큼 어려워졌다. 또한 이제는 연구결과를 발표할 수 있는 공간도 광범위해져 굳이『한국의 선거』라는 형태를 취할 필요성도 크게 줄었으며, 특히 연구업적으로서 단행본의 가치가 평가절하되고 있는 현실도 영향을 주었을 것이다.

『한국의 선거 VI』으로 발간되는 이 책은 '선거연구 간의 연계성과 연속성 확보'라는 한국선거연구회의 목표를 이어갈 필요가 있다는 한국선거학회 회원들의 마음을 담아 기획되었다.『한국의 선거 I』에서『한국의 선거 V』에 이르는『한국의 선거』시리즈는 한국의 선거연구에 결정적 영향을 주었다고 해도 과언이 아니다. 이번 책이 거기에 미치지는 못할지라도 최소한 한국 선거연구의 현 주소 가운데 한 단면을 보여줄 수는 있을 것이라는 기대 아닌 기대와 함께, 문자 그대로 '선거연구 간의 연계성과 연속성 확보'를 목표로 이 책의 출간에 선뜻 나섰다.

II

이 책은 지난 2014년 6월 4일 치러진 제6회 전국동시지방선거에 대한 분석을 중심으로 하고 있다. 모든 선거가 그렇겠지만 특히 이번 제6회 지방선거는 한국정치에 매우 중요한 여러 가지 의미를 함축하고 있다.

6회 지방선거는 박근혜 정부가 출범한 지 1년 6개월여 만에 치러져, 기본적으로 정권에 대한 중간 평가적 성격을 갖는 선거라기보다 밀월기 선거에 가깝다고 볼 수 있다. 즉 이번 선거가 지방선거이기는 하지만 2012년 말에 치러진 대통령선거의 기본 틀을 크게 벗어나기 어려웠다는 것이다. 그러나 실제 6회 지방선거의 전개양상은 중요한 변화를 예고하고 있었다. 정당정치적 측면만 보더라도 먼저 제1야당인 민주통합당과 안철수 의원 중심의 새정치연합이 합당하여 2014년 3월 새정치민주연합이 출범하였다. 또한 2013년 8월 이석기 의원 사무실과 자택의 압수수색으로 시작된 소위 지하혁명조직 'RO' 관련 내란음모사건은 2014년 2월 이석기 의원 등에 대한 1심 유죄판결로 이어져, 선거를 앞두고 통합진보당이 최대의 위기에 봉착하였다.

다른 무엇보다 2014년 4월 16일 인천에서 제주도로 향하던 여객선 세월호가 침몰하여 제주도로 수학여행을 떠난 안산 단원고 학생을 대부분으로 한 300여 명이 사망·실종하는 세월호 참사가 발생하였다. 이로 인해 온 국민이 충격과 침통함, 그리고 애도의 분위기에 빠져들고, 특히 정부의 무능과 혼선에 대한 분노 등이 팽배한 가운데 이번 제6회 지방선거는 치러졌다. 지방선거라는 특수성을 감안해야겠지만, 세월호 참사의 아픔을 이번 선거가 얼마만큼 치유했는지 의문이다. 선거가 국민들이 정치적 책임성을 물을 수 있는 중요한 제도적 장치임을 감안할 때 이번 선거결과는 우리사회에서 선거가 가지는 기능과 의미를 다시 한번 생각하게 만든다.

선거결과에서 주목할 만한 부분은 먼저 투표율이다. 6회 지방선거의 투표율은 56.8%로 2002년 제3회의 48.8%, 2006년 제4회의 51.6%, 2010년 제5회의 54.2%를 모두 뛰어넘는 것으로 나타났다. 중앙선거관리위원회의 발표에 따르면 19세 52.2%, 20대 48.4%, 30대 47.5%, 40대 53.3%, 50대

63.2%, 60대 74.4%, 70세 이상 67.3% 등, 50대 이상에서 높은 투표율을 기록했다. 다만 2010년 지방선거와 비교해 볼 때 30대 후반에서 50대까지의 투표율 변화는 미미했지만, 20대 전반의 경우 45.8%에서 51.4%로, 그리고 20대 후반의 경우 37.1%에서 45.1%로 투표율이 크게 높아졌다.

다음으로 광역단체장선거 결과를 살펴보면 새누리당 후보가 부산, 대구, 인천, 울산, 경기, 경북, 경남, 제주 등 8개 광역자치단체에서, 그리고 새정치민주연합 후보가 서울, 광주, 대전, 세종, 강원, 충북, 충남, 전북, 전남 등 9개 광역자치단체에서 당선되었다. 2010년 지방선거에서 한나라당이 6개(서울, 부산, 대구, 울산, 경기, 경북), 민주당이 7개(인천, 광주, 강원, 충북, 충남, 전북, 전남) 광역자치단체에서 당선되고, 대전에서는 자유선진당 후보가, 경남과 제주에서는 무소속이 당선된 것과 비교할 때, 이번 광역자치단체장선거에서는 양대 정당 중심의 정당구도가 보다 확연해졌다고 할 수 있다.

이러한 양대 정당구도는 광역의회선거 결과에서도 다시 한번 명확히 확인할 수 있다. 즉 광역의회 전체 793석의 의석 가운데 새누리당과 민주당이 각각 416석(52.5%)과 349석(44.0%)을 차지한 반면, 다른 정당의 의석은 통합진보당 3석, 노동당 1석에 불과하다. 군소정당이 상대적으로 유리한 선거인 비례대표선거(전체 84석)에서도 새누리당이 41석(48.8%), 새정치민주연합이 40석(47.6%)을 획득한 반면, 군소정당으로서는 유일하게 통합진보당이 3석을 얻는 데 그쳤다. 제5회 지방선거에서도 비록 한나라당과 민주당이 각각 288석(37.8%)과 360석(47.3%)을 차지했지만, 자유선진당 41석, 민주노동당 24석, 진보당 3석, 국민참여당 5석, 미래연합 1석, 친박연대 3석 등 다수의 군소정당이 광역의회에 진입한 것과 비교할 때 이번 광역의회선거는 사뭇 다른 결과라 할 수 있다.

　기초단체장선거 결과 역시 마찬가지이다. 2010년 5회 지방선거에서는 자유선진당 13명, 민주노동당 3명, 국민중심당 1명, 미래연합 1명 등 18명의 군소정당후보가 기초자치단체장에 당선된 바 있다. 이와 달리 이번 6회 지방선거에서는 전체 226개 기초자치단체 가운데 무소속이 당선된 29개 기초자치단체를 제외하면 새누리당 117개, 새정치민주연합 80개 등 나머지 197개 자치단체에서 양당 후보가 당선돼 군소정당 당선자는 전무하다.

　선거의 특성상 군소정당이 가장 유리한 선거가 기초의회선거이다. 실제 2010년 5회 지방선거에서 한나라당과 민주당을 제외하고 의석을 차지한 정당은 8개 정당이며, 전체 2,888개 기초의회 의석 가운데 군소정당이 차지한 의석도 자유선진당 117석(4.1%), 민주노동당 115석(4.0%), 창조한국당 1석, 진보당 22석(0.8%), 국민중심당 2석, 국민참여당 24석(0.8%), 미래연합 11석(0.4%), 친박연대 19석(0.7%) 등 10%를 상회한다. 그러나 이번 6회 지방선거에서는 새누리당과 민주당을 제외하고 통합진보당, 정의당, 노동당 등 3개 정당만이 기초의회선거에서 의석을 획득할 수 있었으며, 획득한 의석도 각각 34석(1.2%), 11석(0.4%), 6석(0.2%) 등으로 전체 2,898석 가운데 0.02%에 해당하는 51석에 불과하다.

　이처럼 어느 수준의 선거를 보더라도 역대 지방선거와 달리 이번 6회 지방선거는 양대 정당 중심의 정당체제를 가져온 선거였다고 할 수 있다.

　한편 이번 6회 지방선거에서도 새누리당과 새정치민주연합의 지역 득표율 편차는 매우 컸다. 광역단체장선거에서 새누리당의 경우 부산 50.7%, 대구 56.0%, 울산 65.4%, 경북 77.7%, 경남 58.9%의 득표율을 기록한 반면, 광주 3.4%, 전북 20.5%, 전남 9.6% 등 호남에서는 여전히 약세를 면치 못했다. 이와 대조적으로 새정치민주연합은 광주 57.9%, 전북 69.2%, 전남 78.0% 등의 지지를 얻었지만, 부산과 울산에서는 후보를 내세우지 않았고 대구 40.3%, 경북 14.9%, 경남 36.1% 등으로 나타났다. 새누리당이 전북에서 20%대에 진입하였고, 새정치민주연합이 대구에서 40.3%의 득표율을 기록한 것이 그나마 큰 변화였다고 할 수 있다.

이번 선거의 영남지역과 호남지역 결과에서 흥미로운 점 가운데 하나는 무소속 당선자의 비율이다. 영남지역의 경우 2010년 5회 지방선거 당시에는 영남지역 기초단체장 70명 가운데 18명(25.7%), 광역의회 지역구선거 당선자 188명 가운데 19명(10.1%), 그리고 기초의회 지역구선거 당선자 761명 가운데 160명(21.0%)이 무소속이었다. 그러나 이번 6회 지방선거에서는 기초단체장 7명(10.0%), 광역의회 지역구 의원 8명(4.2%), 기초의회 지역구 의원 21명(2.7%)만이 무소속 당선자로, 무소속 당선자가 크게 줄었다. 이와 달리 호남지역에서는 지난 2010년 5회 지방선거 당시 무소속 당선자가 기초단체장선거 9명(22.0%), 광역의회 지역구선거 4명(3.8%), 기초의회 지역선거 98명(22.1%) 등이었으나, 이번 선거에서는 무소속 당선자가 각각 15명(36.6%), 6명(5.7%), 105명(23.7%) 등으로 늘어났다. 무소속 당선자의 비율이 영남에서는 줄어든 반면, 호남에서는 늘어난 것이다. 앞서 언급했듯 군소정당이 차지한 의석이 매우 미미했다는 것을 감안하면 영남에서는 새누리당의 지역독점력이 다소 강화된 반면, 호남에서는 민주당의 지역독점력이 다소 약화된 것이다.

III

이 책에는 총 10편의 글이 실려 있다. 이들 대부분은 이번 지방선거 직후 유권자 1,000명을 대상으로 한국선거학회가 한국사회과학데이터센터와 공동으로 실시한 『제6회 전국동시지방선거 관련 유권자 정치의식조사』 자료에 대한 경험분석을 기반으로 하고 있으며, 그 가운데 일부는 이번 선거를 포함한 시계열적 자료를 분석한 것이다.

먼저 허석재는 이번 지방선거를 포함한 1998년부터 2014년까지 자료를 결합(pooling)하여 유권자의 인구통계학적 속성이 투표참여와 얼마나 관계가 있는지 종합적으로 분석하고 있다. 연령, 젠더, 교육, 도농 등과 같은 주요 변수들이 투표참여에 모두 유의미한 영향력을 가지는 것으로 나타나, 전체적인 경험분석결과는 일반적인 이론적 기대와 부합한다. 세대와 연령의 효과를 함께 추정한 결과 세대 간 차이는 미미하지만, 세대를 통제하고도 연령의 효과는 유지된다는 발견이 주목된다. 또한 사회경제적 지위나 학력이 투표참여에 미치는 영향과 관련하여 소득이 높을수록, 그리고 학력이 높을수록 더 투표한다는 가설을 지지하는 분석 결과도 흥미롭다.

이준한은 이념성향이 바뀌어 나가는 흐름과 그 크기에 대한 시계열적인 분석이 거의 이루어지지 않은 현실에 주목하고, 2006년 지방선거부터 현재까지의 이념성향의 변화를 시계열적으로 추적한다. 분석 결과에 따르면 2006년 지방선거 이후 모든 세대의 정치적 이념성향은 대체로 더 보수화된 것으로 나타나며, 이는 생애주기효과(life cycle effects)가 세대효과(generational effect)에 비해 한국인의 이념성향의 변화를 더 잘 설명하고 있다는 것을 시사한다. 그렇다면 한국 유권자의 이념성향에 영향을 주는 요인은 무엇인가? 2014년 자료에 대한 분석에 따르면 유권자의 고향(호남과 영남), 교육수준, 직업(관리직 및 전문직), 자산 규모 등과 함께 세대 차이도 유권자의 이념성향에 영향을 주는 것으로 나타난다.

지병근은 이번 6·4 지방선거를 사례로 영·호남 유권자들의 정당편향성 문제를 살펴본다. 이 글에서는 민주화 이후 장기간에 걸친 선거경쟁 과정에서 영·호남 지역정당이 추구하던 가치와 이념적 지향이 유권자들에게 내면화되어 있음을 보여주고, 결국 이것이 영·호남 유권자들의 정당편향성을 재생산하는 중요한 요인 가운데 하나였음을 밝힌다. 이것은 한국에서 이념적 균열이 부상함에 따라 지역주의가 약화될 가능성이 있다는 기존 주장을 뒷받침해 주는 것이기도 하지만, 영·호남 유권자들, 특히 영남에 거주하는 유권자들의 정당선호가 단순히 전통적인 지역균열에 의한 지역연고나 지역이익에만 기초하지 않는다는 것을 명확히 해주고 있다.

서복경은 유권자의 정책 태도와 투표행태에 주택소유구조가 어떤 영향을 주는가라는 새롭고도 흥미로운 문제에 접근하고 있다. 한 사회가 역사적으로 형성해 온 주택소유와 점유의 구조가 다르고, 개별유권자의 자산구조에서 주택자산이 갖는 지위도 다르며, 정당들의 집권경쟁에서 주택을 매개로 한 정책들이 다루어지는 방식도 다르기 때문에 주택변수가 정치에 영향을 미치는 매개와 경로가 사회마다 다양할 수밖에 없다. 분석 결과 2014년 시점 한국에서 자가 거주자들은 차가 거주자들에 비해 주관적으로는 더 보수적이라고 인식하지만, 정책 태도 등에서 이념적으로 더 보수적이라고 판단할 근거는 없다. 또한 자가 거주자가 차가 거주자들보다 더 적극적으로 투표에 참여하거나 혹은 투표 선택에서 특정정당에 대한 선호를 더 나타내지는 않는 것으로 나타난다.

경제희는 제5회와 제6회 지방선거를 사례로 중앙 이슈, 정부 평가, 경제 인식 등을 중심으로 중앙정치가 지방선거에 미치는 영향을 경로분석을 통해 밝혀본다. 지방선거가 중앙정치의 대리전이라는 인식이 널리 퍼져 있고, 투표행태에서도 지방의 특성 등을 고려하여 투표하는 것이 바람직하다고 생각하지만 실제로 많은 유권자들이 대통령선거나 국회의원선거와 비슷한 패턴으로 지방선거에 임하고 있다는 사실을 고려한 문제의식이다. 일반적으로 예상할 수 있는 것처럼 경험분석 결과는 지방선거에서의 중앙정치의 영향력을 확인해준다. 지방선거에 미치는 중앙정치의 영향을 무조건 부정적으로 볼 필요는 없겠지만, 중앙정치의 영향이 어느 정도 감소될 필요가 있다는 지적에도 모두 공감할 것이다.

조성대는 유권자의 거주지 환경에 따라 정책의 수용성이 달라질 수 있다는 가설을 제기한다. 광역시, 일반시, 군 등의 거주지 규모에 따라 생활환경이나 생활수준이 다르며, 이것이 지방선거에서 상이한 정책 투표를 유도할 가능성이 있다는 것이다. 예컨대 비정규직 쟁점을 비롯한 분배 문제나 기초 생활수급 등의 재분배 문제의 심각성은 도시와 농촌 지역에서 달리 나타난다. 이에 기초해 유권자들의 거주지 규모에 따라 경제민주화나 복지 쟁점에 대한 반응이 달리 나타날 것이라는 가설을 설정하고, 정책 투표에 대한 가장 세련된 모형인 공간 이론 내부의 최근의 이론적 수정 및 방법론을 통해 이를 경험적으로 검증한다.

이소영은 정치적 정보의 수준이 투표 결정 요인에 어떠한 영향을 주는지 분석한다. 이번 지방선거에 대한 분석 결과에 따르면 정보가 충분한 유권자들은 정당 요인과 이념정향 위주로 투표를 결정하는 반면, 정보가 부족한 유권자들은 투표 결정 요인이 다양하게 분산되고 있으며, 특히 투표 선택에 있어서 정당 요인의 영향력은 정보량의 차이에 따라 크게 달라진다. 정치정보가 많아질수록 정파적 선택이 증가한다는 분석 결과는, 한편으로는 정치정보가 건전한 민주주의 과정의 필요충분조건이라는 인식에 의문을 제기하게 만들며, 다른 한편으로는 정파성이 강화되고 있는 한국적 현실에서 '진정한 지방자치의 실현을 위한 기제로서의 지방선거'라는 의미는 더욱 퇴색되어갈 수밖에 없다는 것을 시사해 준다.

조희정은 이번 지방선거에서 나타난 온라인 참여 현실을 분석하고, 이를 통해 지방선거에서 온라인 참여가 지향해야 할 정치적 가치를 평가한다. 기본적으로 지방선거의 온라인 선거운동은 지역정보를 풍부하게 제공하고, 이를 통해 풀뿌리 민주주의 활성화에 기여해야 한다. 그러나 이번 지방선거의 온라인 선거운동은 전체적으로 일방적인 후보자 홍보와 동원 경향만이 두드러져, 지난 17여 년 동안 자유롭고 다양하게 시도되었던 참여유형이 활발해졌다고 보기는 어려웠다. 온라인 참여가 참여효과를 촉진하는 기폭제로 작동하기에는 여전히 강력한 현실적 장벽이 있다는 진단이다.

김형철은 이번 지방선거에서 누가 그리고 왜 분할투표를 하였는가를 경험적으로 검증해 본다. 분석 결과 투표기준, 선거제도에 대한 지식, 군소정당에 대한 선호도 그리고 현 정부의 국정운영에 대한 평가 등이 분할투표에 영향을 주는 것으로 나타났다. 또한 분할투표자의 투표패턴을 분석한 결과는 매우 흥미롭게도 많은 경우 대정당과 군소정당으로 분할투표가 행해지는 것과 달리 이번 지방선거에서는 분할투표가 대정당 간에 이루어지고 있음을 보여준다. 이는 유권자의 분할투표 동기가 특정 정당의 지배적인 정치과정을 방지하기 위한 정책균형 전략에 의한 것이라는 해석을 가능케 한다.

황아란은 지방선거의 경험적 연구 동향을 정리하고, 이를 통하여 향후 지방선거의 특징과 변화를 분석하는 데 필요한 연구 주제의 발굴과 접근방법을 모색한다. 지방선거결과의 특징과 변화를 살피기 위한 연구들이 분석틀로 선거유형과 선거구 환경을 고려하고, 후보 요인으로 소속정당, 현직, 사회인구학적 변인 등의 영향을 분석할 필요가 있다는 강조한다. 많은 경우 분석 자료에서 기인하는 것이지만 이 책의 글들뿐만 아니라 지방선거를 분석하는 대부분의 글들이 놓치고 있는 부분에 대한 중요한 지적이다. 향후 지방선거를 분석하고자 하는 이들은 필히 일독할 필요가 있겠다.

IV

이 책이 발간되기까지 많은 사람들의 노력이 있었다. 원고를 집필한 필자들뿐만 아니라 선거연구에 관심과 애정을 쏟아온 모든 선거학회 회원들의 노고가 없었다면 이 책의 출간은 불가능한 일이었을 것이다. 이 책에 실린 글들의 기초자료로 활용된 『제6회 전국동시지방선거 관련 유권자 정치의식 조사』는 『한국의 선거 I』의 편저자이자 한국사회과학데이터센터 소장을 맡고 있는 세종대 이남영 교수의 도움이 결정적이었다. 어려운 여건에서도 앞장서서 경험분석을 위한 자료를 만드는 데 매 선거마다 힘쓰신 데 대해 이 자리를 빌려 감사드린다. 또한 이 책이 나오기까지는 2013년에서 2014년까지 2년 동안 한국선거학회 총무이사를 맡으면서 온갖 잡다한 일을 도맡아 왔을 뿐만 아니라, 이 책의 필진 구성에서 원고 취합까지 실질적인 편저자 역할을 말없이 행한 한신대 조성대 교수와 연세대 정하윤 교수 두 분의 많은 노고가 필요했다. 물론 2013년에서 2014년까지 한국선거학회 임원으로 활동한 다른 모든 분들의 수고도 빠트릴 수 없다. 특히 한국선거학회 전임 회장인 배재대 김욱 교수와 어려운 가운데 현재 회장직을 수행하고 있는 서강대 이현우 교수도 이 책이 나오기까지 여러모로 매우 중요한 도움을 주었다. 모두에게 감사한다. 항상 그렇지만 한 권의 책을 출간하는 데 출판사의 도움은 절대적이다. 기꺼이 이 책의 출간에 동의해 주시고, 편집과정에서도 많은 수고와 노력을 아끼지 않은 부성옥 대표를 비롯한 도서출판 오름의 모든 분들께도 감사드린다. 모쪼록 이 책이 이미 발간된『한국의 선거』시리즈의 이름뿐만 아니라 학문적 성과를 이어감과 동시에, 선거연구자들뿐만 아니라 선거에 관심을 갖는 모든 이들에게 조그마한 도움이라도 줄 수 있길 기대해 본다.

2015년 7월
한국선거학회장
김영태

누가, 왜 분할투표를 했는가?: 2014년 광역의회선거를 중심으로

김형철

한국 지방선거 연구의 동향과 과제: 선거제도의 정치적 효과와 투표행태 분석

황아란

연령, 사회경제적 지위, 그리고 투표참여:
1998~2014 지방선거 분석*

허석재 | 목포대학교 지방자치연구소

I. 서론

누가 참여하나(Who Votes?) 월핑거와 로젠스톤(Wolfinger and Rosen-stone 1980)이 저술한 고전의 제목이기도 이 물음은 정치행태 연구에서 핵심적 질문이다. 대의제 민주주의에서 선거는 대표와 위임이 이뤄지는 연결고리이다. 선거라는 행사는 누군가를 선출하는 데 목적이 있지만, 선출하는 주체가 누구냐는 문제 또한 중요하다. 현대 민주주의의 역사는 투표권 확대의 역사라 할 수 있다(Przeworski 2009). 서구 선진민주주의의 경우에도 1970년대에 와서야 성인 모두에게 선거권이 완전하게 부여되었을 정도로,[1)]

---

* 이 글은 2014년 정부재원(교육부)으로 한국연구재단의 지원을 받아 연구되었음(NRF-2014S1A5B5A02016872).

1) 스위스의 경우, 1971년에야 여성에게 참정권이 부여되었다.

보통선거권은 역사적으로 최근의 현상이라 할 수 있다. 이제 대부분의 민주
국가에서 투표권의 차별은 사라졌지만, 형식적 요건이 갖춰졌다고 해서 모
두가 동등하게 참여하는 것은 아니다. 투표권이 부여된 성인 가운데, 상당수
는 투표장에 가지 않는다. 많은 수가 기권했다는 사실 자체가 민주적 정통
성을 약화하지만, 더욱 문제가 되는 것은 참여자와 기권자 간에 체계적인
차이가 있는 경우이다. 만일 참여와 기권의 선택이 무작위적으로(randomly)
일어난다면, 대표선출은 내용적으로 큰 문제가 없다고 할 수 있다. 비유하자
면, 여론조사를 실시할 때, 모수에 대해 전수조사를 하지 않더라도 신뢰성있
는 표본조사를 통해서 전체 여론을 파악할 수 있는 것과 마찬가지이다. 하
지만, 특정한 세대, 특정한 지역, 특정한 인종의 사람이 상대적으로 더 투표
하거나 덜 투표한다면, 그만큼 대표성은 훼손되는 것이다. 아쉽게도, 대부분
의 선거체계에서 정도의 차이만 있을 뿐 이러한 참여의 불평등(unequal
participation)이 나타나고 있다(Lijphart 1997).

한국에서는 민주화 이후 경향적으로 투표율이 낮아져왔다. 정초선거(foun-
ding election)의 폭발적 참여와 뒤이어 점감하는 투표율은 신생 민주주의
의 보편적 현상이다(Kostadinova and Power 2007; Pacek et al. 2009).
그럼에도 한국은 그 폭이 가파른 편이다. 최근 들어 몇몇 선거를 통해 회복
세가 나타나지만, 선거경합성의 일시적 증대나 유권자 구성의 노령화 등에
서 비롯된 것으로 보는 견해도 있다(김재한 2011). 즉, 투표참여를 기피하
는 상태가 호전되지는 않았다는 것이다. 이 문제와 관련하여 최장집은 우리
사회의 최대 균열은 여야 간에 있는 것이 아니라, 정치적 대표체제와 대표되
지 못하는 기권자 간에 있다고까지 일갈한 바 있다(최장집 2002, 34).

제도효과를 제외하면, 투표참여(voter turnout) 연구는 크게 두 축으로
나눌 수 있다. 하나는 정치적 태도에 주목하는 연구이다. 정당일체감, 정당
과의 접촉, 현직자에 대한 평가, 민주주의에 대한 (불)만족, 정치효능감 등
의 설명변수의 효과에 주목한다. 다른 하나는 인구통계학적 속성에 주목한
다. 연령, 젠더, 소득, 교육수준, 인종, 지역 등에 따라 투표참여는 달라지는
지를 분석하는 것이다. 전자가 개인의 태도 및 행태적 측면에 관심을 두는

데 반해, 후자는 개인에게 주어진 상태가 투표참여에 미치는 영향력을 보고자 한다. 태도나 행태는 해당 선거의 특성에 크게 영향받을 수 있으므로, 단기적(short-term) 변수라 할 수 있고, 연령이나 사회경제적 지위(SES: socio-economic status)와 같은 것은 단기간에 변하는 게 아니므로 장기적(long-term) 성격을 갖는 변수이다.

이 글의 관심은 한국 유권자의 인구통계학적 속성이 투표참여에 얼마만한 영향을 미치는지를 규명하는 데 있다. 그간 한국 유권자의 투표행태와 관련하여 연령, 성별, 소득, 교육수준, 도농 등의 영향력에 대해 많은 연구가 축적되었지만, 투표참여의 경우 연구자마다 엇갈리는 발견을 제시하고 있어 안정된 합의에 이르지 못하고 있다. 이러한 혼란은 각기 분석한 사례와 자료, 그리고 모형과 방법론이 다른 데서 비롯된다.

이 글에서는 우선 이번 2014년 지방선거를 살펴본다. 주요한 변수들의 측정 문제를 검토하고, 그들이 투표참여에 미친 영향을 분석할 것이다. 아울러 1998년부터 2014년까지 매 4년마다 치러진 지방선거 설문자료를 결합하여 분석한다. 이를 통해서 기존논의를 종합적으로 평가할 수 있을 것이다. 우리의 연구대상은 지방선거에 국한되지만, 몇 가지 장점이 있다. 지방선거는 상대적으로 투표율이 낮아서 투표와 기권의 표본이 충분히 확보된다. 여론조사의 한계인 투표율의 과다보고(overreporting)로 인해 대선이나 총선의 경우, 투표참여를 분석하기에 애로가 많다. 더불어 지방선거는 지역일꾼을 뽑는다는 점에서 대선, 총선과 같은 일시적 '바람'의 영향이 크지 않다. 이는 투표율이 낮다는 사실의 다른 한 측면이기도 한데, 방법론적으로는 해당 시점의 기간효과(period effect)가 크지 않다는 의미이다. 이로 인해 여러 시점의 자료를 결합하여(pooling) 분석하기에 용이하다.

결합자료를 통해서 다년간을 분석하는 중요한 이점은 세대효과를 분석할 수 있다는 것이다. 그간의 투표참여에 대한 경험연구에서 여러 이견이 있지만, 공통된 결론은 연령효과(age effect)이다. 나이가 많을수록 투표할 확률이 높다는 것인데, 세계 공통의 현상이라 할 수 있다. 문제는 이것이 생애주기상의 효과인지, 아니면 세대 간 차이인지를 규명하지 못했다는 점이다.

단일자료를 통해서는 그것이 연령인지, 세대(코호트)인지 구별할 수가 없다. 상수인 해당시점(period)에서 나이를 빼면 생년(birth year)이다. 즉, 연령과 코호트가 단일시점에는 정확히 같은 변수인 것이다. 반드시 두 시점 이상의 자료를 가져야만 코호트 단위를 분석할 수 있다. 우리는 5차례의 설문자료를 통해서 세대와 연령의 효과를 함께 분석할 것이다.

분석 결과, 우선 2014년 지방선거에서도 연령은 매우 강력한 예측변수 (predictor)라는 사실이 나타났다. 소득과 자산을 모두 포함하여 모형 추정한 결과, 자산이 훨씬 유의하며, 사회경제적 지위에 대한 타당한 지표라고 평가한다. 교육수준은 4년제 대학 이상의 학력자는 상대적 저학력자에 비해 투표확률이 높은 것으로 나타났다. 1998년부터 2014년 자료를 결합하여 분석한 결과, 연령, 젠더, 소득, 교육, 도농 등 전통적 지표들이 모두 유의한 영향력을 가졌을 뿐 아니라, 이론적 기대와 부합하는 방향성을 보여주었다. 기존 연구 중의 일부가 투표참여 이론의 예측과 어긋나는 주장을 한 이유는 누락변수편의(omitted variable bias)에서 비롯된 것을 알 수 있었다. 마지막으로 세대와 연령의 효과를 함께 추정한 결과, 세대 간 차이는 미미하며, 세대를 통제하고도 연령의 효과는 유지되는 것을 발견했다.

이 글의 순서는 다음과 같다. 우선, 투표참여의 이론을 간략히 검토하는데, 연령, 사회경제적 지위, 도농효과 등 우리의 관심사에 한정한다. 이어서 이번 2014년 지방선거 설문자료를 분석한다. 주요 변수에 대해 기술하고 (describe), 이어서 여러 모형을 통해서 투표율에 미친 영향을 추정한다. 다음 절에서는 1998년부터 2014년까지의 자료를 결합하여 분석한다. 투표참여의 가장 강력한 예측변수인 연령을 출생코호트인 세대와 구별하여 각각의 효과를 추정하고 있다. 마지막으로 이 글의 발견을 요약하고, 추후 연구방향에 대해 제안하면서 끝맺는다.

II. 투표참여의 이론

투표참여와 관련하여 합리적 선택(rational choice) 이론에서 제시한 아래의 공식은 주요한 변수들의 영향력을 이론적으로 도출하는 준거로 기능해왔다. 다운즈(Downs 1957)의 아이디어를 원용하여 라이커와 오데슉(Riker and Ordeshook 1968)은 투표참여로 발생하는 효용(R)을 아래와 같이 공식화하였다.

$$R = P \times B - C + D$$

B가 투표참여를 통해서 기대할 수 있는 유무형의 혜택인데, 이는 자신의 한 표가 선거결과를 좌우할 확률인 P와 상호작용한다. 반면, 투표참여에는 지지결정을 위한 정보획득, 투표에 드는 시간과 에너지 소비뿐 아니라, 같은 시간에 다른 활동을 하는 데 대한 기회비용까지 포함하여 비용인 C가 소요된다. 웬만한 인구를 가진 정치체에서 한 표가 결정적일(decisive) 확률은 0에 가까우므로, $P \times B$는 C보다 크기 어렵다. 이렇게 볼 때, "왜 사람들이 투표하지 않는가"보다는 "사람들은 왜 투표할까"라고 하는 게 합리적 의문이라 할 수 있다. 이 때문에 피오리나는 투표참여가 "합리적 선택이론을 잡아먹을 패러독스"라고 언급한 바 있다(Fiorina 1990). 이런 난점 때문에 라이커와 오데슉은 시민적 의무라는 D항을 포함시켰다.[2]

위 공식이 얼마나 현실에 부합하느냐에는 의문부호가 붙는다. 실제로 나타나는 60~70%에 이르는 투표율 수준을 이 모형으로부터 도출할 수는 없다. 하지만, 투표참여에 영향을 미치는 주요 예측변수들을 도출하는 데에 매우 유용하다. 가령, 젊은 사람이 나이든 사람에 비해 투표에 소극적인 이유는 직업이나 레저에 있어서 기회비용이 훨씬 크기 때문이다. 사회경제적

---

2) 합리적 선택이론의 경험적 발견에 대해서는 Geys(2006)이 종합적으로 리뷰한 바 있다.

지위(SES)에서 상층일수록 투표참여에 필요한 정보획득에 훨씬 유리한 위치에 있다. 후보 간 경합이 치열한 선거구라면, 한 표가 결정적인 확률이 높아지므로 투표율도 올라간다. 사람들이 밀집해 있고, 커뮤니케이션이 활발하게 이뤄지는 도시지역은 농촌지역에 비해 정보비용이 낮아져 투표율이 높다고 예측할 수 있다.

서구를 중심으로 한 투표참여 연구에서는 이러한 개인적 수준의 변수들이 영향력이 있는 것으로 확인돼 왔다. 한국을 대상으로 한 경험연구들도 이러한 기존이론을 검증하는데 노력을 기울여 왔다. 우선 모든 연구에서 연령은 강력한 예측변수이다. 젊을수록 기권하고, 나이 들수록 투표할 확률이 높다. 젠더의 경우, 여성의 기권율이 높다는 주장과 그렇지 않다는 주장이 병립해 왔다. 남성 중심적인 문화적 환경에서 여성들은 정치와 같은 공적인 업무에 관심을 덜 가지도록 사회화되었다고 가설을 세울 수 있는데, 경험적으로는 일관되게 지지받지 못하였다. 사회경제적 지위(SES)와 관련해서는 소득, 교육수준, 주관적 계층 의식 등이 타당한 지표가 될 수 있는데, 여기에 대해서도 서로 엇갈리는 결론이 도출되었다. 가령, 교육수준과 관련하여 고학력자일수록 사회적 기술이 향상되어 소득을 통제하더라도 투표율이 높다는 게 일반적인 주장이다(Verba and Nie 1982; Verba et al. 1995). 그런데 한국에서는 교육받지 못한 사람들이 더 투표장에 많이 나간다는 발견들이 제기돼 왔다(어수영·곽진영 2002; 김욱 1998; 서현진 2008). 반면, 한국에서는 SES에 따른 투표율 차이는 나타나지 않는다는 주장도 다수이다(박찬욱 1993; 2005; 이남영 1993; 이갑윤 2011). 다른 한편에서는 고학력, 고소득자일수록 투표율이 높다는 발견도 있다(조성대 2006; 정준표 2008).

거주지역과 관련하여 한국정치에서 통설로 받아들여져 온 가설은 서구에서 자리잡은 이론적 예측과는 상반된다. 이른바 도저촌고(都低村高) 가설인데, 도시지역은 투표율이 낮고, 농촌지역일수록 투표율이 높다는 것이다. 앞의 공식에 비추어 보면, 도시에서 커뮤니케이션이 더 활발하기에 정보비용이 낮고, 투표소에 대한 접근성도 높으므로 시간적 비용도 낮게 평가할 수 있다. 게다가 인구밀도가 높은 만큼 후보자나 정당과 접촉할 개연성도 높으므로, 도시지역일수록 투표율이 높을 것으로 예상할 수 있다. 하지만, 한국에서는 그렇지 않다는 것이다. 이러한 한국적 현상은 이권과 금품이 오가는 선거정치의 후원-수혜관계를 반영한 것이라는 해석이 많았다(황아란 1997; 김욱 1999). 하지만, 14대 총선 설문조사 자료를 활용한 박찬욱(1993)의 연구에서는 도시화 정도가 높을수록 투표참여가 높다는 상반되는 발견을 제시한 바 있다.

이러한 기존 연구에 대해 김재한(2011)의 평가는 주목할 만하다. 그는 도저촌고에 대해 농촌지역일수록 노인인구가 많으므로 발생하는 현상으로, 연령효과가 허위적으로(spurious) 나타난 데 불과하다고 평가한다. 더불어 고학력자가 투표불참이 높다는 주장에 대해서도 마찬가지 논리로 반박한다. 최근으로 올수록 학력이 점차 신장되면서 젊은 사람일수록 고학력인데, 이로 인해 나타난 착시현상이라는 것이다(김재한 2011, 184-5). 충분히 근거 있는 의심이라 할 수 있는데, 경험적으로 증명하려면 가능한 한 많은 사례를 통해서 분석하는 게 필요하다. 실지로 김재한은 자신이 논지를 입증하기 위해 2000년대 주요선거의 집계자료를 종합적으로 활용하여 투표율 패턴을 보여준다. 하지만, 도농효과나 교육효과의 허위성을 밝히려면 제3의 혼재변수(confounding factor)를 모형에 포함해야 하는데, 이를 위해서는 다변인 분석이 필요하다. 김재한의 연구는 2010년 지방선거에 한해서만 이러한 분석을 시도하고 있어 아쉬움을 남긴다.

요컨대, 연령을 제외하면, 사회경제적 지위, 도농 등의 주요변수에 대해서 경험적 발견이 엇갈리고 있는데, 이는 분석대상이 된 선거와 연구방법과 모형설계 등의 차이에서 연유한다. 우리는 같은 유형의 선거인 지방선거 자료를 상대적으로 장기에 걸쳐 결합하여 분석한다.3) 이를 통해 투표참여와 관련된 기존논의의 혼란을 걷어내는 데 기여할 수 있기를 바란다. 우선 다음

---

3) 한국사회과학데이터센터는 1995년부터 모든 지방선거 사후조사를 실시해 왔는데, 아쉽게도 1995년 자료는 실제연령이 빠져 있고, 20대, 30대와 같은 연령대로만 물어보았다. 같은 변수를 연결하여 분석하기 위하여 부득이하게 1998, 2002, 2006, 2010, 2014년 자료만 사용하였다.

장에서는 이번 2014년 지방선거를 심층적으로 분석하게 될 것이다.

III. 2014년 지방선거 분석

우선, 우리의 종속변수인 투표참여에 대해 살펴보자. 〈그림 1〉은 역대 지방선거의 실제 투표율과 한국사회과학데이터센터(KSDC) 선거 사후조사에 나타난 투표율이다. 앞서 라이커와 오데슉의 공식에서 시민적 의무라는 항은 설문응답의 심리적 요인과도 관련돼 있다. 어느 설문조사에서나 "사회적으로 바람직한(socially desirable)" 응답을 하려는 심리적 작용이 일어난다. 선거 조사에서는 대표적인 문항이 투표여부이다. 거의 모든 선거 사후조사에서는 투표참여에 대한 과다보고(overreporting)가 발견된다. 이에 대해서 거짓 응답자와 참 응답자간에 체계적인 차이는 없어서 모형추정을 하는 데 문제가 되지 않는다는 평가가 많다(Sigelman 1982; Katosh and Traugott 1981; 반

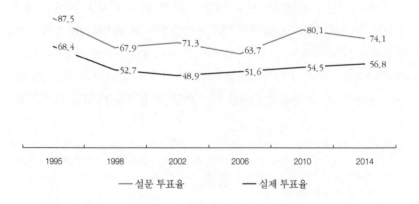

〈그림 1〉 역대 지방선거 투표율(실제 투표율 및 KSDC 조사)

87.5

68.4   67.9   71.3   63.7   80.1   74.1

52.7   48.9   51.6   54.5   56.8

1995   1998   2002   2006   2010   2014

—— 설문 투표율   —— 실제 투표율

<표 1> 주요변수 및 기초통계량

변수	관측치	평균	표준편차	최소값	최대값	비고
연령	1,000	45.50	13.75	19	83	
교육수준	1,000	2.66	1.01	1	4	1=중졸 이하, 2=고졸 이하, 3=전문대 이하, 4=4년제 이상
소득	1,000	4.42	1.49	1	8	1=1백만 원 미만~8=700만 원 이상
자산	1,000	3.94	1.51	1	7	1=5천만 원 미만~7=7억 원 이상
도시규모	1,000					1=서울특별시, 광역시, 2=일반시, 3=군지역
거주지역	1,000	−	−			16개 시도 더미

박하는 주장은 Bernstein et al. 2001을 볼 것). 이현우와 전시홍(2010)도 한국의 설문자료에서 나타나는 과대투표율이 자료의 신뢰성을 별로 떨어뜨리지 않는다는 사실을 보여주고 있다. 이 주제는 이 글의 범위를 넘어서지만, 앞으로 더욱 심층적으로 연구해 보아야 할 분야라고 생각한다.

추후 모형추정에서 사용할 독립변수들을 소개하면 〈표 1〉과 같다. 모든 변수에서 전체 표본 1,000명이 유지되고 있어, 결측값(missing value)은 없다. 평균연령은 46세, 교육수준은 고졸과 전문대 이하가 가장 많다. 소득과 자산 모두 정규분포를 보여주고 있다. '도시규모'라는 변수는 도농효과를 측정하기 위한 것이다. 지방선거는 후보선출의 단위가 기초 및 광역 지자체이므로, 16개 시도 거주지도 모형에 포함하였다.

우리가 관심갖는 주요 예측변수로는 우선 연령이 있다. 연령대별 투표율을 살펴보면, 〈그림 2〉에 나오듯이 나이가 들수록 투표율이 높아지는 경향이 완연하다. 설문에서도 그러하거니와, 중앙선관위가 집계한 자료에서도 마찬가지이다. 다만, KSDC 자료에서 연령효과가 한결 가파르게 나타난다. 다시 말해 20, 30대에서 과다보고가 훨씬 적게 나타나는 것이다. 아마도 나이든 사람들일수록 투표율이 높은 상황에서 동년배 사이에 투표하지 않았다는 데서 발생하는 교차압력(cross-pressure)이 노년층에서 더 높았기 때문

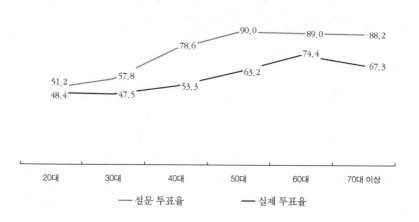

〈그림 2〉 연령대별 투표율(2014년)[4]

이 아닐까 짐작하지만, 추가분석이 필요할 것이다.

연령증가에 따른 투표율 상승의 패턴은 50대 이후부터 정체하거나(설문) 하락하는(실제) 경향이 나타나는 데, 이 또한 추가적인 연구가 필요한 대목이다. 서구를 중심으로 한 대부분의 선거행태 연구에서 연령의 효과는 곡선적(curvelinear) 관계로 나타난다. 투표참여도 마찬가지여서, 나이가 들수록 투표율이 올라가지만, 어느 정도 노년이 된 다음부터는 하락하거나 정체되는 형태이며, 추정모형에서는 연령변수가 정(正)의 방향으로 유의하되 연령의 제곱항은 부(負)의 방향으로 유의한 형태로 나타난다. 하지만 한국에서는 이러한 패턴이 발견되지 않는다는 데에 이견이 없었다. 필자가 아는 한, 연령의 제곱항을 포함한 모형추정의 결과는 보고된 바 없다. 시도되지 않은 것이 아니라, 유의하지 않기 때문에 빼왔던 것이며, 이 글에서도 마찬가지이다. 하지만 선관위 조사를 보면 곡선적 관계가 분명하게 나타나고 있다. 이

---

4) 실제 투표율은 중앙선거관리위원회가 전체 선거인의 10%가량을 무작위로 추출하여 분석한 결과이다. 앞서 〈표 1〉은 틀림없는 공식 기록이지만, 위에서 실제 투표율은 표본추정한 결과이므로, 똑같다고 할 수는 없다. 하지만, 실제 투표율과 0.4%p. 정도 밖에 차이가 나지 않으므로 같은 지표로 봐도 무방하다.

에 대해 추가적인 분석이 필요하다고 할 수 있다.

참여불평등과 관련하여 가장 주목하는 변수는 사회경제적 지위(SES)이다. 즉, 소득이나 자산에 따른 투표참여의 체계적인 차이가 있는지를 살펴봐야 한다. 거칠게 말해서 시장소득의 불평등을 정치적 평등으로 개선하고자 하는 것이 민주주의의 이상이다. 그렇다면 가난한 사람일수록 투표에 더 열심히 참여해서 대표의 체계를 통해 불평등을 개선하고자 할 수 있다. 반면, 가난한 사람일수록 투표에 필요한 정보를 획득할 시간적 여유가 적고, 참여에 필요한 사회적 기술(social skill)이 부족할 수 있다. 부자들이 정치적 의제설정에 더 큰 영향을 발휘한다면, 불평등이나 빈곤의 문제는 선거쟁점에서 배제될 수도 있을 것이다. 대부분의 투표참여 연구는 후자의 결론, 즉 가난할수록 투표를 덜 한다는 발견으로 수렴된다. 하지만 한국 사례에서는 이러한 영향력이 별로 뚜렷하지 않다는 주장이 다수였다. 그간 대부분의 설문조사가 소득이나 스스로 평가하는 사회경제적 위치를 물어왔는데, 이번 KSDC 조사의 특징은 부동산, 금융자산, 부채 등을 모두 포함한 총재산액을 물어보는 문항을 포함했다는 점이다.

한국의 맥락에서 이 문항은 소득에 비해 SES를 측정하는 데 더 타당한(valid) 지표라고 생각한다. 최근 발표된 한국은행 통계에 따르면, 우리나라 국민순자산 가운데, 부동산 자산이 90%에 육박한다(매일경제 2014/05/14).[5] 이런 상황에서 한달 가구소득만으로 SES를 측정한다는 것은 한국사회의 맥락에서 한계가 있을 수밖에 없다. 〈그림 3〉을 보면, 소득과 자산에 따른 투표율이 나와 있는데, 소득에서는 고저에 따른 투표율의 선형적인 증감을 발견하기 어렵지만, 자산이 많을수록 투표율이 높아지는 추세는 매우 뚜렷하게 나타나고 있다. 통계적으로도 자산변수가 투표참여와 더 강한 상관관계를

---

5) 한국은행이 5월 14일에 발표한 '국민대차대조표 공동개발 결과(잠정)'에 따르면 2012년 말 기준으로 우리나라의 국민순자산은 1경 630조 6,000억 원인데, 이 중에서 토지자산이 5,604조 8,000억 원, 건설자산이 3,852조 5,000억 원이며, 이 둘을 합한 부동산자산이 전체에서 차지하는 비율은 88.9%에 달한다. 가계의 경우에만 따지더라도 순자산의 76%가 부동산에 몰려 있다.

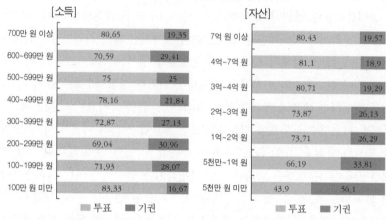

〈그림 3〉 소득, 자산에 따른 투표참여

Pearson $\chi^2(7)=7.350$ Pr.=0.393   Pearson $\chi^2(6)=32.734$ Pr.=0.000

보여주고 있다.

〈그림 3〉에 나타난 결과만으로 소득수준은 투표율에 영향을 미치지 않는다고 단정할 수는 없다. 가령, 생애주기에 따라 취업상태가 달라지므로, 매달 규칙적으로 들어오는 소득수준에도 차이가 있을 것이다. 연령을 통제할 경우, 소득변수 또한 유의한 변수일 가능성이 있는 것이다.

〈표 2〉에서는 거주지 유형과 교육수준에 따른 투표율 차이를 보여주고 있다. 도저촌고와 관련해서는 이번 조사에서는 거주지역에 따른 투표율 차이가 드러나지 않는다. 평균 투표율의 차이가 미미할 뿐 아니라, 카이제곱 검정결과도 유의도에 미치지 못했다. 교육수준에 따른 투표참여는 통계적으로 유의한 수준에서 차이가 나타나는데, 선형적인 패턴은 아니다. 흥미롭게도 가장 교육을 못 받은 중졸 이하가 가장 많이 투표했다고 응답한 반면, 전문대 이하의 교육수준에서 가장 투표율이 낮게 나타난다.

이런 패턴은 지방에서 일어나는 후원-수혜의 그물망과 조직정치(machine politics)의 일면을 보여주는 것으로 볼 수도 있다. 하지만 김재한(2011)이 지적하듯이, 한국의 지독한 교육열로 인해 최근 세대로 올수록 고학력인 점

〈표 2〉 거주지 유형, 교육수준과 투표율

		투표율 평균 (표준편차)			투표율 평균 (표준편차)
거주지 유형	특별시·광역시	0.739 (0.440)	교육 수준	중졸 이하	0.861 (0.347)
	일반시	0.751 (0.433)		고졸 이하	0.726 (0.447)
	군지역	0.712 (0.455)		전문대 이하	0.665 (0.473)
				4년제 이상	0.768 (0.423)
Pearson $\chi2(2)$=0.6905 Pr=0.708			Pearson $\chi2(3)$=14.5945 Pr=0.002		

을 감안하면 연령효과의 허위적 현상일 가능성도 배제할 수 없다. 여기서는 일정한 패턴이 없지만, 도농효과도 마찬가지로 젊을수록 도시지역에 많이 거주하는 데서 비롯된 것일 수 있다.

이제까지 우리가 사용할 주요 변수에 대해 기술했는데, 흥미로운 패턴을 발견하기는 했지만, 이를 통해서 각각이 투표율에 미치는 영향을 확언할 수는 없을 것이다. 간간이 언급했듯이 종속변수에 영향을 미치는 다른 변수가 적절히 통제되지 않아서 나타나는 누락변수편의(omitted variable bias)가 있을 개연성이 높기 때문이다(King et al. 1994). 한국을 사례로 한 여러 투표참여 연구들이 기술분석을 사용하고 있는데, 여기서도 마찬가지 문제점이 있을 수 있다. 이제 주요변수들이 투표참여에 미친 영향을 회귀분석을 통해 살펴보자.

종속변수가 투표 혹은 기권의 이항(binary)이므로, 로짓분석을 수행했다. 추정모형과 관련하여 지역변수에 대해서는 짚고 넘어갈 필요가 있다. 한국에서 경험분석은 관행적으로 호남, 영남을 더미로 포함하는 경우가 많다. 한국의 지역균열을 반영하기 위해서인데, 이러한 추정은 영·호남을 제외한 다른 지역을 하나의 범주로 묶는데서 오류가 있을 수 있다. 충청이나 수도권 등을 더미변수로 추가하더라도 자의성의 문제는 해결되지 않는다. 게다가 지역주의의 통제를 거주지역으로 할지, 고향으로 할지도 논란거리이다.

〈표 3〉 투표참여 추정결과(2014년) 종속변수(1=투표, 0=기권)

	(1)	(2)	(3)	(4)
연령	0.074***	0.071***	0.078***	0.073***
	(0.007)	(0.007)	(0.007)	(0.007)
여성	-0.254	-0.233	-0.263	-0.238
	(0.160)	(0.159)	(0.162)	(0.162)
학력(중졸 이하 기준)				
고졸 이하	0.112	0.186	0.101	0.217
	(0.352)	(0.347)	(0.357)	(0.353)
전문대 이하	0.310	0.440	0.349	0.542
	(0.394)	(0.388)	(0.400)	(0.396)
4년제 이상	0.805*	0.889*	0.829*	0.979*
	(0.400)	(0.390)	(0.410)	(0.400)
거주지역(특별·광역시 기준)				
일반시	0.156	0.138		
	(0.168)	(0.167)		
군지역	0.023	0.062		
	(0.273)	(0.275)		
소득	0.161**		0.222***	
	(0.062)		(0.067)	
자산		0.186***		0.289***
		(0.056)		(0.066)
지역 고정효과 통제	X	X	O	O
상수항	-3.130***	-3.061***	-3.381***	-3.577***
	(0.599)	(0.577)	(0.652)	(0.645)
N	1,000	1,000	1,000	1,000
Log likelihood	-497	-495	-487	-482
Correctly predicted	74.70%	74.90%	77.00%	76.80%
Area under ROC curve	0.7463	0.7501	0.7594	0.7672

Standard errors in parentheses
+ p<.10 * p<.05 ** p<.01 *** p<.001

우리의 분석대상은 지방선거인 만큼, 전국적 수준의 각축이 아니라, 지방에서 단체장이나 의원을 뽑는 행사이므로 영남 호남간 대결로 볼 근거가 희박하다. 수도권의 경우에서 그런 구도로 볼 수 있지만, 지방선거 이후 전국을 대상으로 시행한 조사이므로, 수도권만 뽑아서 볼 수도 없다. 지역마다 후보자의 속성이나 경쟁성(competitiveness) 및 경쟁구도, 현직효과 등에 따라 제각기 특수성을 가지고 있으므로, 16개 시도를 모두 더미로 포함하여 거주지역의 고정효과(fixed effect)를 통제할 필요가 있다. 우리의 독립변수 중에는 '도시규모' 즉 도농(都農)효과도 있는데, 도시규모와 16개 시도 변수는 매우 공선성(collinearity)이 높으므로, 모형 (1), (2)에서는 지역의 고정효과를 빼고 추정하였다. 응답자의 경제사정과 관련하여 (1), (3)은 소득수준을, (2)와 (4)는 자산을 포함한 모형이다.

연령변수가 역시 모든 모형에 걸쳐 가장 영향력이 높은 것을 알 수 있다. 계수값 만으로는 실질적인 규모가 작아보이지만, 연령이 19세에서 83세까지의 연속변수인 점을 감안하면 매우 강한 효과라고 할 수 있다. 학력의 경우, 앞서 기술분석에서 가장 투표율이 높게 나타났던 중졸 이하를 기준점(reference)으로 삼았는데, 4년제 이상의 학력을 가진 자들이 오히려 더 투표를 더 하는 것으로 나타난다. 연령을 통제한 효과라고 볼 수 있을 것이다. 도농효과는 나타나지 않는다. 소득이나 자산 모두 통계적으로나 실질적으로 유의한 효과가 발견된다. 앞서 예상한 바와 같이 자산이 더 강한 영향력을 보여준다. 거주지역의 고정효과를 통제한 (3), (4)번 모형에서 공히 계수값이 커지는데, 소득이나 자산의 효과라는 것이 상대적인 것이기에 대표선출의 단위인 지역을 통제한 것이 더 적합하다고 할 수 있다. 이에 따라 (4)번 모형을 통해서 주요 변수의 영향력을 시각화해 볼 것이다. 로짓분석의 계수는 승산비(odds ratio)에 로그를 취한 값이므로, 해석에 난점이 있다. 시각화를 통해서 해석이 용이해진다. 다른 변수를 평균에 고정했을 때, 주요 변수의 개별 값에서 예측된(predicted) 투표확률을 보여주는 것이 〈그림 4〉이다.

보다시피, 연령의 경우, 20세에서 40%에 미치지 않지만, 60세 이후에는 90%에 육박하는 것을 알 수 있다. 자산의 경우에도 최하층에 비해, 최상층

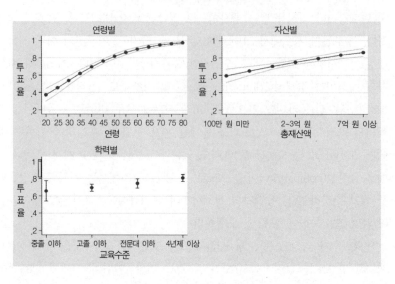

〈그림 4〉 연령, 자산, 학력의 효과

은 23%가량 투표율이 높게 나타난다. 학력 또한 고학력으로 갈수록 투표율
이 높아지는 패턴인데, 중졸 이하, 고졸 이하에 비해 4년제 이상의 학력자는
신뢰구간이 겹치지 않으면서 차이가 나므로, 통계적으로도 유의하게 높다는
것을 알 수 있다.

IV. 결합자료 분석: 1998~2014년

이번 절에서는 1998년부터 매 4년마다 치러진 지방선거 사후조사를 결합
하여 분석한다. 민주화 이후 첫 동시지방선거는 1995년이었고, 이때도 한국
사회과학데이터센터(KSDC)는 사후조사를 실시한 바 있다. 하지만, 아쉽게
도 이 자료에는 실제연령이 아니라 연령대(20대, 30대 …)로만 물어본 탓에,

분석에서 제외했다. 앞장과 거의 비슷한 추정모형을 통해 분석하되, 조사마다 변수측정이 조금씩 다르므로, 통일해서 사용하였다. 도시규모는 약간의 표현차는 있지만, 대도시, 중소도시, 군이나 읍면지역 등 3개 층위로 분류한 것은 일관되므로, 그대로 사용할 수 있다. 소득과 학력이 문제인데, 소득의 경우 스케일도 다르고 제시된 보기도 조사마다 다르다. 통일된 척도를 위해서 평균 0, 표준편차 1인 변수로 표준화하였다. 학력의 경우도 마찬가지로 일관성이 없어서, 불가피하게 4년제 대학 이상(1)과 이하(0)의 가변수(dummy variable)로 변환하였다.

투표율과 관련하여 어떤 선거, 어떤 국가에서나 보편적인 설명변수를 꼽으라면 단연 연령이다. 이 효과가 너무 당연해서인지 기존의 연구들은 연령효과를 지나치게 형식적으로 다뤄온 측면이 있다(이갑윤 2008, 96). 투표참여에 연령효과가 작용하는 이유는 투표에서 기대되는 편익(B)이 똑같더라도, 젊을수록 업무나 여가에 더 많은 가치를 부여하고 시간을 투자하므로 투표참여에 드는 비용(C)이 커지고, 나이가 들수록 투표는 시민적 의무(D)라는 인식이 높기 때문이다(김재한 2011). 이것은 누구나 나이들며 일어나는 생애주기(life-cycle)상의 변화이다. 오로지 이런 작용만 일어난다면, 현재의 젊은층도 나이가 들면 중장년층만큼의 투표율을 보여야할 것이다. 하지만, 세대[6]마다 똑같은 투표율의 변화 혹은 지속 패턴을 보일 것이라는 가정은 지나치게 강한 것이다. 시대가 바뀌면서 가치관도 변해서 과거의 세대에 비해 새로운 세대는 비용과 편익, 의무에 대한 인식도 바뀔 수 있다. 이러한 세대마다의 특수성을 감안하면 세대교체로 인한 투표율 증감도 예상할 수 있다. 시점을 고정했을 때, 연령대 간 차이는 세대 차이와 뒤섞여 있다. 나이로 보면 연령이지만, 출생연도로 보면 세대가 된다. 시간이 흐르며 나이는 바뀌지만, 출생연도는 바뀌지 않는다. 그러므로 연령과 세대를 구별

---

6) 여기서 세대(generation)는 출생코호트(birth cohort)와 같은 말로, 출생연도를 공유하는 집단을 말한다. 가령, 누구나 20대, 30대를 겪지만, 1960~1970년 출생코호트는 특정 집단에게만 국한된다.

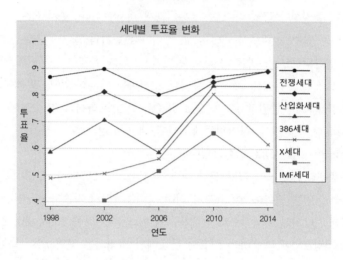

〈그림 5〉 출생 코호트와 투표율 변화

하고자 하면, 반드시 복수의 시점에 관찰한 자료가 필요하다.

〈그림 5〉는 우리가 포괄하는 1998년에서 2014년까지 세대별 투표율의 변화를 보여주고 있다. 세대를 가르는 기준은 여러 가지가 있을 수 있지만, 1950년 이전 생은 '전쟁세대,' 1951~1960년생은 '산업화세대,' 1961~1970년 생은 '386세대,' 1971~1980년생은 'X세대,' 1981년 이후 생은 'IMF세대'로 나누었다.[7]

구세대일수록 더 많이 투표하는 패턴은 일관되며, 해당시점의 기간효과 (period effect)가 크게 작용하는 것으로 볼 수 있다. 전반적으로 투표율의 상승과 하락이 모든 코호트에 걸쳐 같이 움직이기 때문이다. 다만, 2002년부 터 2010년까지 세대 간 투표율 격차가 줄어들며 수렴하는 경향을 보이다가, 이번 선거에서 젊은 세대가 투표율이 급격히 하락하는 것을 볼 수 있다. 〈그 림 5〉를 통해 우리가 세대효과를 단정할 수는 없다. 이 안에 연령효과, 기간

_____

7) 세대구분에 관한 논의는 허석재(2014a)를 참고할 수 있다. 이러한 구분은 기존의 분류 에서 대체로 수렴되는 내용이며, 허석재(2014b)에서도 사용한 바 있다.

효과가 얼마만큼 반영된 것인지를 가려내지 못하기 때문이다(Glenn 2005).

이번에는 1998년부터 2014년 자료를 결합하여 분석해 보았다. 밀러와 쉥크스의 제언에 따라 연령이나 세대, 그리고 젠더와 같은 선행하는(antecedent) 변수들은 그 자체의 효과를 살펴보았다. 이들에 따르면, 이들 선행변수는 가장 원초적인 영향력을 갖기 때문에 독립해서 볼 가치가 있다(Miller and Shanks 1996; Blais et al. 2004). 모형 (1)에서 (6)까지는 변수들 각각만을 포함해서 추정한 결과이다. 이를 통해서 이변량 분석(bivariate analysis)을 통해서 주장을 입증했던 기존 연구들을 평가할 수도 있을 것이다.

연령과 세대가 모두 통계적으로나 실질적으로 유의한 영향력을 보여준다. 386세대를 기준으로 구세대일수록 더 투표에 적극적이고, 신세대일수록 소극적이다. 여성일수록 투표율이 낮게 나타난다. 사회적 약자가 투표에 소극적이라는 관측과 일치하는 결과이다. 도농의 경우, 군지역에 살수록 대도시에 비해 투표를 더하는 것으로 나타난다. 문제는 학력과 소득인데, 대학이하의 학력자일수록, 저소득일수록 더 투표하는 것으로 나타난다.

모형 (7)에서 (10)은 모든 변수를 함께 넣고 다변인분석을 시행한 결과이다. (7)번과 (8)번은 세대를 빼고 연령만 포함했다. (8)번과 (10)번 모형은 해당 시점의 기간효과를 통제한 것이다. 모든 모형에 걸쳐 연령은 일관되게 강력한 예측변수일 뿐 아니라 영향력의 크기도 비슷하게 나타난다. 연령과 함께 추정할 경우, 세대의 효과는 사라진다. 즉, 투표참여의 정도는 생애주기적 속성이 강한 것이다. 여성이 덜 투표한다는 것도 일관된 발견이며, 군지역에 살수록 더 투표하는 것도 마찬가지이다. 이를 통해 도농효과는 분명히 존재하는 것을 알 수 있다. 소득과 학력의 경우, 통계적으로 유의한 변수임이 확인되었는데, 흥미롭게도 앞서 모형 (4), (6)과는 반대되는 방향성을 보여준다. 즉, 다른 변수들을 통제할 경우, 소득이 높을수록, 학력이 높을수록 더 투표한다는 가설을 지지하는 것이다. 말하자면, SES에 관해 기존의 상반된 발견들이 적절하게 모형의 명세화(specification)가 이뤄지지 않아서 나타난 결과임을 알 수 있다. SES에 따른 참여불평등은 한국 선거에서도 재연되고 있는 것이다.

<표 4> 결합자료 분석

	(1)	(2)	(3)	(4)	(5)	(6)
연령	0.050*** (0.002)					
코호트(386기준)						
전쟁세대		1.061*** (0.102)				
산업화세대		0.492*** (0.090)				
X세대		-0.551*** (0.080)				
IMF세대		-0.655*** (0.096)				
여성			-0.144* (0.057)			
대재 이상				-0.375*** (0.058)		
도농(대도시 기준)						
중소도시					0.033 (0.062)	
군지역					0.617*** (0.089)	
소득						-0.073** (0.028)
상수항	-1.090*** (0.095)	0.855*** (0.057)	0.977*** (0.041)	1.051*** (0.037)	0.796*** (0.041)	0.915*** (0.029)
N	5994	5994	5987	5964	5996	5649
LogL	-3334	-3393	-3594	-3563	-3576	-3379
correctly predicted	70.84%	71.14%	71.15%	71.14%	71.13%	71.38%
Area under ROC curve	0.6878	0.6606	0.518	0.5448	0.5413	0.5222

Standard errors in parentheses
+ p<.10 * p<.05 ** p<.01 *** p<.001

〈표 4 계속〉 결합자료 분석

	(7)	(8)	(9)	(10)
연령	0.053***	0.054***	0.059***	0.054***
	(0.003)	(0.003)	(0.005)	(0.009)
코호트(386기준)				
전쟁세대			-0.170	-0.039
			(0.151)	(0.224)
산업화세대			-0.001	0.106
			(0.103)	(0.124)
X세대			0.002	-0.062
			(0.098)	(0.120)
IMF세대			0.250+	0.137
			(0.129)	(0.204)
여성	-0.183**	-0.176**	-0.181**	-0.173**
	(0.063)	(0.063)	(0.063)	(0.063)
대재 이상	0.217**	0.281***	0.227**	0.300***
	(0.070)	(0.071)	(0.070)	(0.072)
도농(대도시 기준)				
중소도시	0.024	0.016	0.021	0.021
	(0.067)	(0.068)	(0.068)	(0.068)
군지역	0.616***	0.672***	0.628***	0.680***
	(0.098)	(0.098)	(0.098)	(0.098)
소득	0.073*	0.067*	0.070*	0.060+
	(0.034)	(0.034)	(0.034)	(0.035)
상수항	-1.304***	-1.416***	-1.562***	-1.450***
	(0.133)	(0.139)	(0.223)	(0.309)
기간효과 통제	no	yes	no	yes
N	5621	5621	5621	5621
LogL	-3093	-3058	-3089	-3056
correctly predicted	71.68%	72.10%	71.73%	72.26%
Area under ROC curve	0.6955	0.7081	0.6959	0.7083

Standard errors in parentheses
+ p<.10 * p<.05 ** p<.01 *** p<.001

V. 결론

이제까지 우리는 2014년 지방선거와 더불어 역대 지방선거 자료를 종합하여 분석하였다. 이를 통해 연령과 젠더, 그리고 사회경제적 지위의 영향력을 확인해 보았다. 더불어 도농효과는 과연 존재하는가에 대해서도 분석하였다. 우선 2014년 지방선거 조사에 포함된 자산변수는 우리 현실에서 경제적 조건을 측정하기에 더 타당한 지표이며, 소득변수에 비해 투표참여에 미치는 영향이 더 뚜렷하며 강력한 것을 알 수 있었다. 고학력일수록 더 투표한다는 사실 또한 서구에서 발전된 이론적 예측과 일치한다. 더불어, 거주지역의 규모에 따른 도농효과는 거의 나타나지 않았다는 걸 알 수 있었다.

그간 한국의 선거연구에서 사회경제적 지위나 학력의 영향력에 대해 상반되는 발견들이 제시돼 왔다. 우리는 1998년부터 2014년까지 자료를 결합하여 분석했는데, 소득과 학력이 낮을수록 더 투표한다는 주장은 연령을 비롯한 다른 변수를 통제하지 않은 데서 나타나는 누락변수 편의(omitted variable bias)일 가능성을 시사한다. 소득과 학력은 개별적으로 투표참여에 미치는 영향이 부(負)의 방향이었지만, 통합적 모형에서는 반대방향으로 바뀌었다. 여성일수록, 군지역에 거주할수록 더 투표한다는 것도 알 수 있었다. 그간 연령효과에 대해서는 이견이 없었지만, 그것이 생애주기상의 효과인지, 세대적 특성인지가 불분명했다. 우리는 다년 자료를 분석함으로써 연령과 세대를 모두 모형에 포함하여 추정했는데, 결과는 노령화 자체의 효과가 훨씬 크다는 것을 알 수 있었다.

이 글은 투표참여에 미치는 기본적 속성이라 할 수 있는 인구통계학적 변인들을 종합적으로 분석한 데에 의미가 있다. 기존의 발견들이 혼란스러웠던 이유는 저마다 다른 선거에 대해 다른 자료를 통해 다른 모형으로 추정하였기 때문일 것이다. 우리는 한국사회과학데이터센터의 1998년부터 2014년까지 4년 단위 지방선거 사후조사 자료를 결합함으로써 보다 종합적인 분석이 가능했다. 보다 포괄적인 발견을 내놓았다고 할 수 있다. 우리의 발견이 지방선거라는 특수성에서 기인한 것인지, 아니면 보다 일반적인 현상인지는 추가적인 연구가 필요할 것이다.

【참고문헌】

김 욱. 1998. "투표 참여와 기권." 이남영 편. 『한국의 선거 II: 제15대 대통령 선거를 중심으로』. 푸른길. pp.199-254.

_____. 1999. "거주지 규모와 연령이 투표참여에 미치는 영향: 합리적 선택이론의 관점을 중심으로." 조중빈 편. 『한국의 선거 III: 1998년 지방선거를 중심으로』. 푸른길. pp.205-246.

김재한. 2011. "투표율의 연령효과와 도농효과." 『대한정치학회보』 18(3), pp.183-206.

박찬욱. 1993. "유권자의 선거관심도, 후보 인지능력과 투표참여 의사: 제14대 총선 조사결과를 중심으로." 한국정치학회보 26(3), pp.153-174.

_____. 2005. "한국인 정치참여의 특징과 결정요인: 2004년 조사결과 분석." 『한국정치연구』 14(1), pp.147-193.

서현진. 2008. "17대 대통령 선거의 투표참여와 세대에 관한 연구." 『의정연구』 14(2), pp.117-142.

어수영·곽진영 2002. "한국인의 정치 참여의 변화와 지속성: 남성과 여성의 참여 변화를 중심으로." 『한국정치학회보』 35(4), pp.165-188.

이갑윤. 2008. "한국선거에서의 연령과 투표참여." 『의정연구』 14(2), pp.93-115.

_____. 2011. 『한국인의 투표행태』. 서울: 후마니타스.

이남영. 1993. "투표참여와 기권: 제14대 국회의원 선거분석." 이남영 편. 『한국의 선거 I』. 서울: 나남. pp.21-47.

이현우·전시홍. 2010. "설문조사의 투표율 과장 현상에 대한 연구." 『한국과 국제정치』 26(2), pp.37-69.

정준표. 2008. "사회경제적 지위와 투표: 제18대 총선과 제17대 총선의 비교." 『현대정치연구』 1(2), pp.37-74.

조성대. 2006. "투표참여와 기권의 정치학: 합리적 선택이론의 수리모형과 17대 총선." 『한국정치학회보』 40(2), pp.51-74.

최장집. 2002. 『민주화 이후의 민주주의: 한국민주주의의 보수적 기원과 위기』. 서

울: 후마니타스.

황아란. 1997. "선거구 특성이 투표율에 미치는 영향: 제15대 국회의원 선거분석." 『한국정치학회보』 30(4), pp.285-298.

허석재. 2014a. "정치적 세대와 집합기억." 『정신문화연구』 37(1), 257-290.

_____. 2014b. "한국에서 정당일체감의 변화: 세대교체인가, 생애주기인가." 『한국 정당학회보』 13(1), 65-93.

Blais, André, Elisabeth Gidengil, Neil Nevitte, Richard Nadeau. 2004. "Where does turnout decline come from?" *European Journal of Political Research*, Vol.43, Issue 2, pp.221-236.

_____. 2006. "What Affects Voter Turnout?" *Annual Review of Political Science* 9, pp.111-125.

Bernstein, R., A. Chadha, & R. Montjoy. 2001. "Overreporting voting: Why it happens and why it matters." *Public Opinion Quarterly* 65(1), 22-44.

Fiorina, Morris. 1990. "Information and Rationality in Elections." In *Information and Democratic Processes*. J. Ferejohn and J. Kuklinski, eds. Urbana: University of Illinois Press, pp.329-342.

Geys, Benny. 2006. "'Rational' Theories of Voter Turnout: A Review." *Political Studies Review*, Volume 4, Issue 1, pp.16-35.

Glenn, Norval D. 2005. *Cohort Analysis*(Second Edition). Sage Publications.

Katosh, J. P., and M. W. Traugott. 1981. "The consequences of validated and self-reported voting measures." *Public Opinion Quarterly* 45(4), pp. 519-535.

King, Gary, Robert O. Keohane, and Sidney Verba. 1994. *Designing Social Inquiry: Scientific Inference in Qualitative Research*. New Jersey: Princeton University Press

Kostadinova, Tatiana, and Timothy J. Power. 2007. "Does Democratization Depress Participation? Voter Turnout in the Latin American and Eastern European Transitional Democracies." *Political Research Quarterly* 60(3), pp.363-377.

Lijphart, Arendt. 1997. "nequal Participation: Democracy' Unresolved Dilemma." *American Political Science Review* 91(1), pp.1-14.

Miller, Warren E., and J. Merrill Shanks. 1996. *The New American Voter*.

Cambridge, MA: Harvard University Press.

Przeworski, Adam. 2009. "Constraints and Choices: Electoral Participation in Historical Perspective." *Comparative Political Studies*, Vol.42, No.1, pp.4-30.

Sigelman, L. 1982. "The nonvoting voter in voting research." *American Journal of Political Science* 26(1), pp.47-56.

Verba, Sidney. 1996. "The Citizen as Respondent: Sample Surveys and American Democracy." *American Political Science Review*, 90(1), pp.1-7.

Verba, Sidney, and Norman H. Nie. 1982. *Participation in America: Political Democracy and Social Equality*. Chicago: University Of Chicago Press.

Verba, Sidney, Kay L. Schlozman, and Henry E. Brady. 1995. *Voice and Equality: Civic Voluntarism in American Politics*. Cambridge: Harvard University Press.

Wolfinger, Raymond E., and Steven J. Rosenstone. 1980. *Who Votes?* New Haven: Yale University Press.

이념의 변화와 지속:
2006~2014년 지방선거를 중심으로*

이준한 | 인천대학교 정치외교학과

I. 머리말

여기에서는 한국의 지방선거에서 목격되는 이념의 변화와 지속에 있어서 특징과 크기 및 원인에 대하여 규명해본다. 최근 한국의 선거에서는 이념의 보수화가 크게 관심을 모으고 있다. 한국사회에서 이념성향의 변화는 각종 선거결과에 지대한 영향을 주기 때문에 주목을 끌게 마련이지만 한국에서는 아직까지 이념성향이 바뀌어 나가는 흐름과 그 크기에 대한 시계열적인 분석이 많이 이루어지지 않았다. 특히 지방선거 수준에서는 이념성향의 변화와 지속에 관한 연구가 거의 없는 상태이다.

그 이유는 무엇보다도 한국의 정치적인 환경을 꼽을 수 있다. 한국은 남

---

* 이 글의 일부(I. II)는 "한국 이념의 보수화와 생애주기효과," 『국제정치연구』 제17집 (2014)에 발표된 바 있습니다.

과 북 사이에 이념에 기초한 전쟁을 치렀고 그 뒤 오랫동안 분단 체제를
유지하고 있다. 이에 따라 한국사회에서는 상당 기간 동안 이념을 거론하기
조차 어려웠고 그동안 학계에서도 이념에 대하여 본격적으로 연구하기가 쉽
지 않았다.[1]

그 다음으로 꼽을 수 있지만 결코 덜 중요하다고 할 수 없는 이유는 데이
터의 부재이다.[2] 사실 이러한 시계열적 연구에 가장 적합한 자료는 상당히
긴 기간 동안 여러 시점에 걸쳐 동일인의 이념성향을 똑같이 측정한 패널서
베이(panel survey)이지만 한국에는 이러한 이념 관련 패널서베이 자료가
거의 전무하다고 해도 과언이 아니다.[3] 이외에 한국의 각종 선거후 설문조
사에는 개인의 이념성향을 포함한 경우가 더러 있지만 아직 시계열적 분석
에 만족스러울 만큼 장기적이지 않다는 문제가 있다. 또한 이러한 선거후
설문자료도 한국인의 이념성향과 관련된 설문항이나 지문을 일관성있게 지
속시키지 못했다는 심각한 한계도 안고 있다.

이러한 설문조사자료의 한계에도 불구하고 이 글에서는 지방선거를 대상
으로 그나마 최대한 가용한 설문자료를 이용하여 한국 이념성향의 변화와
특징을 추적해본다.[4] 여기에서는 2006년부터 4년마다 열린 지방선거후 설

---

1) David I. Steinberg and Myung Shin, "Tensions in South Korean Political Parties
in Transition: From Entourage to Ideology?" *Asian Survey*, Vol.46, No.4(2006).
2) 한국에서 관련 연구의 흐름에 대해서는 이내영·정한울, "세대균열의 구성 요소: 코호
트 효과와 연령 효과,"『의정연구』제40호(2013)를 참조하시오.
3) 이 논문과 유사한 연구, 즉 정치적 세대의 교체와 인구구조의 변화가 몰고 오는 정치적
인 효과에 대한 분석은 2014년 1월에 나온 *Electoral Studies*의 특집에서 집중적으로
다루어졌다. 사실 이 특집에서도 한국에서와 마찬가지로 패널서베이 데이터를 이용하
여 이념성향의 변화 또는 생애주기효과 및 세대효과를 추적한 논문은 매우 드물었다.
James Tilley and Geoffrey Evans, "Ageing and Generational Effects on Vote
Choice: Combining Cross-Sectional and Panel Data to Estimate APC Effects,"
Electoral Studies, 33(2014).
4) 이 논문과 유사하게 시간상 종단면(time series)이 아닌 횡단면(cross sectional) 설문
조사자료를 분석한 연구사례는 더욱 많다. 2014년 1월에 나온 *Electoral Studies*의 특
집에서도 정치적으로 민감한 시기에 정치사회화를 거친 세대가 다른 어떤 연령대 또는
세대에 비하여 투표참여에 더욱 적극적이라는 연구(K. Smets and A. Neundorf, "The

문조사에서 수집된 한국인의 이념과 관련된 공통적인 항목이 포함되어 있어 패널서베이 데이터가 없는 공백을 대신할 수 있다고 본다. 물론 이 글에서 이용하는 지방선거후 설문조사는 이미 1998년부터 실시되었지만 이념 관련 설문항목이 공통적으로 포함된 것은 아쉽게도 2006년부터였다.

이에 따라 불가피하게 이 장에서는 2006년, 2010년, 2014년 지방선거후 설문조사만을 연구의 대상으로 삼게 되었다. 한마디로 이 글은 2006년부터 8년 동안 한국의 이념성향이 어떠한 방향으로, 그리고 얼마만큼 바뀌었는지를 측정해보고 그 변화의 원인을 규명해보는 것이다. 이 글에서는 2006년부터 8년이라는 상대적으로 짧은 기간 동안 그 '시간의 변화' 속에서 이루어지는 '이념성향의 변화'에 초점을 맞춘다. 이에 비하여 '특정 기간'이 개인의 '이념성향'에 영향을 주는 현상은 연구의 범위에서 제외시킨다.

이러한 목적에 도달하기 위하여 여기에서는 먼저 이념 및 그 변화와 관련된 선행 연구에 대하여 간단하게 살펴본다. 이 과정에서는 국내외에서 축적된 핵심적인 연구를 응축적으로 되돌아보게 될 것이다. 그리고 이 과정에서 생애주기효과(life cycle effects) 및 세대효과(generational effect)와 관련된 이론에 주목하게 될 것이다. 그 다음으로 생애주기효과를 가설로 삼아 통계적으로 검증할 설문자료와 방법론에 대하여 소개한다. 그 다음으로 한

Hierarchies of Age-period-cohort Effects: Political Context and the Development of Generational Turnout Patterns," *Electoral Studies* 33(2014)) 등이 대표적이다. 이외에 1971년부터 2010년 사이 네덜란드의 이념성향 변화와 선거의 유동성을 분석한 논문(Ruth Dassonneville, "Questioning Generational Replacement. An Age, Period and Cohort Analysis of Electoral Volatility in the Netherlands, 1971~2010," *Electoral Studies*, Vol.32(2013)), 1953년 이후 독일에서 세대별 투표참여의 변화를 추적한 논문(Laura Konzelmann, Corina Wagner and Hans Rattinger, "Turnout in Germany in the Course of Time: Life Cycle and Cohort Effects on Electoral Turnout from 1953 to 2049," *Electoral Studies* 31(2012)), 서유럽과 동유럽에서 유권자의 이념성향과 정당선호도를 추적한 논문(Agnieszka Walczak, Wouter van der Brug and Catherine Eunice de Vries, "Long-and Short-Term Determinants of Party Preferences: Inter-generational Differences in Western and East Central Europe," *Electoral Studies* 31(2012)) 등도 패널서베이 데이터를 이용하지 않고도 성공적인 연구결과를 제출했다.

국 이념성향의 특징으로서 보수화라는 현상을 꼽을 것이고, 그 크기와 특징에 대하여 설명할 것이다. 마지막으로 연구결과가 가지는 이론적이고 현실적인 함의를 정리할 것이다.

II. 이념과 생애주기효과

국내외의 정치학자 사이에는 이념의 정의나 내용에 대하여 완전하게 합의가 이루어진 것은 아니나 이념 또는 좌우(혹은 진보와 보수)라는 용어가 사회나 개인의 신념체계(belief systems)뿐 아니라 정치적인 대화를 잘 대변하고 요약한다고 널리 받아들여진다.[5] 좌우의 구분은 매우 포괄적이고 함축적이면서 정당이나 개인 사이의 다양한 대립과 갈등을 공간적인 맥락에서 시각적으로 배치하는 매우 강력한 설명력을 가진다.[6] 한마디로 좌우의 구분은 개인의 정치적 가치와 이념적 성향을 매우 응축적으로 표현하는 상징(symbol)이자 표상(label)이 되는 것이다.[7] 그러나 좌우의 개념은 개인에 따라 다른 의미와 내용을 가질 수 있고 다양한 정치적 목적과 현안을 담을 수 있다.[8]

---

5) Jeremy J. Albright, "The Multidimensional Nature of Party Competition," *Party Politics*, Vol.16, No.6(2010); Dieter Fuchs and Hans-Dieter Klingemann, "The Left-Right Schema," In M. K. Jennings and J. van Deth (eds.), *Continuities in Political Action*(Berlin: de Gruyter, 1990).

6) Oddbjorn Knutsen, "Value Orientations, Political Conflicts and Left-Right Identification: A Comparative Study," *European Journal of Political Research*, Vol.28 (1995).

7) Pamela Johnston Conover and Stanley Feldman, "The Origins and Meaning of Liberal/Conservative Self-Identification," *American Journal of Political Science*, Vol.25, No.4(1981).

8) R. W. Cobb and C.D. Elder, "Symbolic Identification and Political Behaviour,"

일반적으로 좌우의 개념은 프랑스혁명으로부터 유래되었다고 알려졌다. 앙시앙레짐(ancient regime)에 반대하는 자유주의자들이 의회의 왼쪽에 앉은데 비하여 왕에 충성하는 보수주의자들이 그 반대편에 앉았던 것이다. 당시 자유주의자들은 주로 부르주아지 지식인들로 구성되었고 이들은 경제에 대하여 국가가 개입하는 것을 반대했다. 그 이후 전통적으로 국가의 경제개입에 대한 찬반이 좌우를 구분하는 핵심적인 쟁점으로 자리를 잡았다. 그 뒤 19세기에는 사회주의와 공산주의의 혁명적인 이념이 '좌'와 동의어로 받아들여졌고 좌우의 개념은 주로 경제적인 재분배에 대한 입장의 차이로 구분되었다.[9]

하지만 점차 마르크스가 규정했던 좌우의 구분이 빛을 잃어가고 탈물질주의 이념이 새롭게 좌우의 내용으로 흡수되었다. 이에 따라 '좌'가 노동자의 이해와 노동조합의 영향력을 구현하는 사회적 정책을 지지하는 것으로 이해되었지만 최근에는 '좌'가 핵에너지에 대한 반대, 양성평등, 국제주의적 성향, 다문화주의에 대한 인정 등을 포함하게 되었다. 이에 비하여 '우'는 작은 정부, 중산층의 이해, 기업가의 영향력으로 풀이되었다면 최근에는 전통적인 라이프스타일, 도덕주의, 전통적인 애국주의로 확장되었다.[10] 이러한 좌우의 이념적 구분은 최근에도 부의 재분배, 사회적 도덕성, 이민 등을 둘러싼 정당 사이의 정책적 차이와 유권자의 반응을 설명할 때 효용성이 극대화된다.[11]

좌우 또는 진보와 보수라는 이념이 가지는 정의와 내용이 시대의 변화에

American Political Quarterly, Vol.4(1976); Fuchs and Klingemann(1990).

9) Inglehart(1977); Ronald Inglehart and Hans-Dieter Klingemann, "Party Identification, Ideological Preference and the Left-Right Dimension among Western Publics," in Ian Budge, Ivor Crewe and Dennis Farlie (eds.), *Party Identification and Beyond*(London and New York: Wiley, 1976); Knutsen(1995).

10) Dalton and Weldon(2006); Knutsen(1995).

11) Christopher Cochrane, "The Asymmetrical Structure of Left/right Disagreement: Left-wing Coherence and Right-wing Fragmentation in Comparative Party Policy," *Party Politics*, Vol.19, No.1(2011).

따라 바뀌어 가듯이 개인이 가지는 이념적 성향과 가치도 달라지는 것으로
알려졌다. 이와 관련된 대표적인 이론은 생애주기효과 또는 노화효과(age-
ing effects)로서 이에 따르면 개인이 나이를 먹으면서 개인의 이념적 가치
와 선호도도 심리적인 변화를 거친다는 것이다.12) 생애주기효과는 개인이
나이를 먹으면서 대체로 보수화되거나, 또는 심지어 권위주의적 경향을 갖
게 된다고 이해한다.13) 그리고 개인은 노화과정을 겪으면서 변화에 주저하
고 태도상 안정적인 것을 선호한다고 여겨진다.14) 이러한 생애주기효과에
따르면 선거에서 유권자가 젊었을 때와 달리 노령층에 흡수되었을 때 좀
더 보수적인 정당이나 후보를 지지하는 경향이 있다.

개인의 심리적인 변화 외에 생애주기효과는 개인이 나이를 먹으면서 경
험하는 사회적으로 다양한 자극에 영향을 입기도 한다. 일반적으로 개인은
학교를 다닌 뒤 직장을 잡고 결혼을 하며 자식을 양육하고 은퇴를 하는 경
로를 밟는다. 삶의 완만한 궤적에서 개인은 자신의 투자와 자원에 지대한
영향을 끼치는 정치적인 환경에 관심을 갖고 민감하게 정치적 선택을 취해
나간다.15) 이러한 변화는 현상유지(status quo) 여부나 변화에 따른 불안감
또는 현상유지와 관련된 주관적인 이해타산 및 위험수준에 대한 평가가 달

---

12) Richard G. Niemi and Mary A. Hepburn, "The Rebirth of Political Socialization,"
    Perspectives on Political Science, Vol.24, No.1(1995).

13) I. Cornelis, A. Van Hiel, A. Roets and M. Kossowska, "Age Differences in
    Conservatism: Evidence on the Mediating Effects of Personality and Cognitive
    Style," *Journal of Personality*, Vol.77(2009); K. R. Truett, "Age Differences in
    Conservatism," *Personality and Individual Differences*, Vol.14(1993); G. D.
    Wilson, *The Psychology of Conservatism*(London: Academic Press, 1973).

14) D. F. Alwin and J. A. Krosnick, "Aging, Cohorts and the Stability of Sociopoli-
    tical Orientations over the Life Span," *American Journal of Sociology*, Vol.97,
    No.1(1991); A. Neundorf, D. Stegmueller and T. Scotto, "The Individual Level
    Dynamics of Bounded Partisanship," *Public Opinion Quarterly*, Vol.75, No.3
    (2011).

15) Robert H. Binstock and Jill Quadagno, "Aging and Politics," in R. H. Binstock,
    L. K. George (eds.), *Handbook of Aging and the Social Sciences*(San Diego:
    Academic Press, 2001).

라지면서 발생하는 것이다.16) 이러한 변화과정을 겪으면서 개인은 이념적 스펙트럼에서 보다 점차 더 오른쪽에 놓인 정당을 지지하는 경향이 생긴다.

이에 비하여 세대효과란 같은 시간대에 같이 성장한 개인들이 특정한 정치적 경험과 가치를 공유하면서 함께 비슷한 정치적 선택을 내리는 것으로 정의된다.17) 여기에서 세대란 이미 만하임이 오래 전에 정의했듯이 같은 구체적인 역사적 문제를 함께 경험하면서 청년기를 같이 보낸("youth experiencing the same concrete historical problems may be said to be part of the same actual generation") 경우라고 하겠다.18) 세대효과이론에 따르면 이러한 역사 속의 구체적인 경험은 세대를 규정하고 차별화시키는 핵심 요인으로 이해된다. 또한 이러한 세대적인 차이는 대체로 평생 동안 유지되는 것으로 여겨진다.

세대의 차이는 자신이 정치사회화되는 특정한 맥락에 따라서 발생할 수 있다. 서로 다른 세대는 정치사회화가 가장 활발할 시기에 서로 다른 정당이 매우 성공적인 시기를 보내는 것을 경험할 수 있고 서로 다른 중요한 이슈가 정치적 현안으로 떠오르는 것을 경험하게 된다. 개인의 장기적인 정치적 선호도는 그가 정치적으로 관심을 갖게 되는 시기, 또는 이제 막 투표 연령대에 진입하게 되는 시기에 지배적인 정당이나 정치적 경험에 영향을 입는 경향이 있다.19) 특히 개인의 정치사회화 형성기에 지배적인 정당은 그 개인의 일생동안 그 정당과 정서적인 유대감을 유지하게 된다.

---

16) J. B. Williamson, L. Evans, L. A. Powell and S. J. Hesse-Biber, *The Politics of Aging: Power and Policy*(Springfield: Charles C. Thomas, 1982).

17) M. Kent Jennings and Richard G. Niemi, *Generations and Politics: A Panel Study of Young Adults and Their Parents*(Princeton: Princeton University Press, 1981).

18) Karl Mannheim, *The Problem of Generations*(London: Routledge, 1928), p.232.

19) Philip Converse, "Of Time and Partisan Stability," *Comparative Political Studies*, Vol.2(1969); D. Green, B. Palmquist and E. Schickler, *Partisan Hearts and Minds*(New Haven: Yale University Press, 2002); R. S. Erikson, M. B. MacKuen and J. A. Stimson, *The Macro Polity*(Cambridge, New York: University Press, 2002).

예컨대 1964년부터 2010년 사이 설문자료를 분석해보면 앞으로 영국에
서는 보수당의 승리 가능성이 더 커지는 것으로 밝혀졌다.[20] 이 연구에 따
르면 우선 젊은 세대 가운데에서도 결코 보수당의 지지가 특별히 줄지 않았
다. 이와 더불어 특히 1930년대, 1950년대, 1980년대에 투표를 시작한 세대
가운데에서도 보수당의 지지성향이 훨씬 강하게 남아 있다. 이 시기에는 각
각 보수당이 우위를 점했고 이러한 분위기 속에서 정치사회화를 경험한 세대
들은 아직까지도 보수당을 지지하게 만드는 심리적인 유대감을 갖고 있다.

또한 미국에서도 세대에 따라 서로 다른 정당 소속감이 유지된다고 여겨
진다.[21] 예컨대 1930년대 민주당에 아주 가까운 뉴딜세대(또는 대공황세
대)는 그 이전과 그 이후 세대에 비하여 현격하게 대조된다. 이와 마찬가지
로 1980년대에는 공화당에 가까운 레이건세대가 형성되었다.[22] 이러한 세
대효과에 따르면 앞으로도 경제적으로 크게 번성했던 시기에 정치적인 참여
를 시작했던 클린턴세대나 그 뒤 이라크 전쟁 이후 테러와 전쟁을 목격했던
세대가 점차 형성될 가능성이 없지 않다.

이러한 관점에서 유년기와 성년기 사이의 청년기는 정치적인 태도 및 행
태와 관련된 기초를 규정하기 때문에 매우 중요한 시기로 간주된다.[23] 이러

---

20) Tilley and Evans(2014).

21) Paul R. Abramson, "Generational Change and the Decline of Party Identification
in America: 1952~1974," *American Political Science Review*, Vol.70(1976); Philip
Converse, *The Dynamics of Party Support: Cohort-analyzing Party Identification*
(Beverly Hills: Sage, 1976); Norval D. Glenn, "Aging and Conservatism," *Annals
of the American Academy of Political and Social Science*, Vol.415(1974).

22) Angus Campbell, Philip E. Converse, Warren Edward Miller and Donald E.
Stokes, *The American Voter*(New York: Wiley, 1960); Converse(1976); Warren
Edward Miller and J. Merrill Shanks, *The New American Voter*(Cambridge:
Harvard University Press, 1996).

23) B. Highton and W. Wolfinger, "The First Seven Years of the Political Life
Cycle," *American Journal of Political Science*, Vol.45, No.1(2001); G. B. Markus,
"Dynamic Modeling of Cohort Change: The Case of Political Partisanship,"
American Journal of Political Science, Vol.27, No.4(1983); E. Plutzer, "Becoming
a Habitual Voter: Inertia, Resources, and Growth in Young Adulthood," *Ameri-*

한 형성기에는 자신의 정치적인 주관이 덜 성숙되어 외부의 자극이나 각종 대형 사건에 쉽게 영향을 입기도 한다.[24] 정치적인 자극이나 사건 외에 이 때 영향을 주는 다양한 사회적 환경은 가족, 친구, 학교, 언론매체 등을 꼽을 수 있는데 이들은 서로 복합적으로 개인의 정치사회화를 이끈다.

정치사회화에 있어서 청년기의 중요성은 최근의 연구에서도 강조된다. 1981년부터 2008년 사이 유럽가치조사(European Values Study)를 통하여 유럽의 10개국(Belgium, Denmark, France, West Germany, Great Britain, Ireland, Italy, the Netherlands, Spain and Sweden)에서 1909년부터 1981년 사이에 태어난 세대를 분석한 결과에 따르면 보다 급진적이고 이념적으로 분극화된 시기(1960~70년대)에 정치사회화를 거친 세대가 그보다 훨씬 더 젊은 세대보다도 더 정치적 시위 등 비전통적인 정치행위에 참여하는 경향이 있는 것으로 알려졌다.[25] 이와 반대로 체코, 헝가리, 러시아와 같은 과거 사회주의국가에서는 최근 민주화를 경험한 젊은 세대 가운데 오히려 우익적인 성향이 강하다.[26] 그리고 그 반대 세대 가운데에서는 과거 사회주의의 향수를 갈구하면서 아직도 좌익적인 성향이 강한 것으로 확인된다.

지금까지 살펴보았듯이 세대효과와 생애주기효과 사이의 극명한 차이를 꼽는다면 생애주기효과는 시간의 경과에 따른 개인의 노화에 의한 이념성향

can *Political Science Review*, Vol.96, No.1(2002); J. M. Strate, C. J. Parrish, C. D. Elder and C. Ford, "Life Span Civic Development and Voting Participation," *American Political Science Review*, Vol.83, No.2(1989).

24) Alwin and Krosnick(1991); Elias Dinas and Laura Stoker, "Age-Period-Cohort Analysis: A Design-based Approach," *Electoral Studies*, Vol.33(2014); David O. Sears and N.A. Valentino, "Politics Matters: Political Events as Catalysts for Preadult Socialization," *American Political Science Review*, Vol.91, No.1(1997).

25) Maria T. Grasso, "Age, Period and Cohort Analysis in a Comparative Context: Political Generations and Political Participation Repertoires in Western Europe," *Electoral Studies*, Vol.33(2014).

26) Ian McAllister and Stephen White, "Political Parties and Democratic Consolidation in Post-Communist Societies," *Party Politics*, Vol.13, No.2(2007).

의 보수화를 전제하고 있다면 세대효과는 반드시 그렇지 않다는 것이라고 하겠다. 세대효과는 청년기에 개인이 배우고 경험한 것을 매우 중요하게 파악하고 이 경험이 그 이후 개인의 정치적 태도에 있어서 변하지 않는 가치의 기초로 남는다고 본다.[27] 특히 만하임의 주장을 음미해보면 세대효과와 생애주기효과 사이의 차이가 더욱 부각된다.[28] 이에 따르면 젊은 세대가 반드시 진보적이고 그 반대 세대가 반드시 보수적이지 않기 때문이다. 이에 비하여 세대효과나 생애주기효과는 공통적으로 외부로부터의 정치적이고 사회적인 자극에 의하여 개인의 이념적인 가치와 성향이 형성된다는 것을 전제로 한다.[29]

다른 한편 현재까지 한국에서 정치적 세대와 이념적 특징에 대한 연구는 대체로 선거와 관련하여 이어져왔다. 가령 정진민과 황아란은 전전세대(1950년 이전 출생), 민주세대(1950년~1961년 출생), 신세대(1962년 이후 출생)로 나누고 다시 신세대를 1960년대 신세대와 1970년대 신세대로 구분한 뒤 세대에 따른 정치적 선택을 규명했다.[30] 최근 정진민은 출생연도를 기준으로 다시 신세대, 민주화 이후 세대, 민주화세대, 민주화 이전 세대로 구분했다.[31] 또한 박찬욱 등은 2008년 국회의원선거를 계기로 월드컵세대, 탈냉전 민주노동운동세대, 386세대, 유신체제세대, 전후 산업화세대, 한국전쟁세대로 나누어 세대효과를 분석했다.[32] 강원택도 출생연도를 기준으로 386 이전 세대, 386세대, 386 이후 세대라는 틀을 제시한 뒤 최근 노환희

---

27) Niemi and Hepburn(1995).
28) "nothing is more false than the usual assumption uncritically shared by most students of generations, that the younger generation is progressive and the older generation eo ipso conservative"(Mannheim 1928, 226).
29) Larry M. Bartels and Simon Jackman, "A Generational Model of Political Learning," *Electoral Studies*, Vol.33(2014).
30) 정진민·황아란, "민주화 이후 한국의 선거정치," 『한국정치학회보』 제33집 2호(1999).
31) 정진민, "한국 유권자들의 투표행태와 세대: 2010년 지방선거를 중심으로," 『한국정치연구』 제21권 2호(2012).
32) 박찬욱·김경미·이승민(2008).

등에서는 이를 더욱 세분화했다.33) 이에 따르면 한국의 정치세대는 촛불세대(1988~1993년생), 월드컵세대(1979~1987년생), IMF세대(1970~1978년생), 386세대(1960~1969년생), 유신세대(1952~1959년생), 전후 산업화세대(1942~1951년생), 한국전쟁세대(1942년 이전 출생)으로 나누어진다.

III. 가설과 데이터 및 방법론

최근 한국 이념의 변화와 특징을 살펴보기 위하여 가설로 삼는 이론은 다름 아닌 생애주기효과이론이다. 최근 한국의 이념성향에서 가장 주목을 끄는 것이 단연 보수화 현상이고 생애주기효과가 세대효과에 비하여 이념성향의 변화, 그것도 보수적인 방향으로 이동을 더 잘 설명하기 때문이다. 이미 살펴보았듯이 생애주기효과이론은 한 세대가 나이를 먹을수록 그 세대의 이념성향이 보다 더 오른쪽으로 이동하는 경향을 의미하는데 세대효과는 정치사회화 과정에서 형성된 정치적 성향이 거의 평생 동안 계속적으로 유지되는 경향을 의미한다. 이에 따라 한국사회의 보수화에 생애주기효과가 영향을 주었는지, 그리고 만약 그랬다면 어떻게, 그리고 얼마나 크게 영향을 주었는지 규명해본다. 이 글에서 정치적 세대의 이념성향은 그 세대의 이념적 평균치로 측정한다. 따라서 생애주기효과이론은 한 세대의 이념적 평균치가 시간의 흐름에 따라 주목할 만큼 더 오른쪽으로 이동하는지로 검증된다.

이 글은 2006년, 2010년, 2014년 지방선거후 설문조사자료를 분석한다. 이 설문조사자료에는 응답자의 주관적인 평가에 따른 개인의 이념 위치를 묻는 항목이 포함되어 있다. 하지만 이러한 설문항목을 이용한 개인의 이념

---

33) 강원택(2009); 노환희·송정민·강원택, "한국 선거에서의 세대 효과: 1997년부터 2012년까지의 대선을 중심으로," 『한국정당학회보』 제12권 1호(2013).

성향에 대한 연구가 과학적이지 않다는 비판도 있다. 이러한 주관적 이념 위치가 개인에 따라 서로 같지 않을 수 있고 개인마저 일관적이지 않을 수 있다는 문제를 안고 있기 때문이다.[34] 하지만 주지하듯이 개인은 좌우의 구분이나 진보와 보수라는 이념에 따라 상대적으로 일관성 있고 안정된 기준을 가지고 지지할 정책을 고르거나 정당 및 후보를 선택하는 데 합리적으로 이용한다는 연구도 많다. 그리고 이러한 연구성과에 의거하여 국내외의 사회과학계에서는 이미 이념 등과 관련된 설문조사자료를 분석하는 연구가 상당히 광범위하게 진행되었다.[35]

따라서 여기에서는 1992년 지방선거부터 주기적으로 수집된 한국사회과학데이터센터(KSDC)의 선거후 설문조사자료 가운데 과거와 달리 유권자의 이념적 위치와 관련된 설문항목을 연속적으로 포함시킨 2006년 지방선거후 설문조사자료부터 분석한다. 2014년 지방선거후 설문조사에서 관련된 질문항목은 "정치이념을 일반적으로 진보(좌파), 보수(우파)로 구분합니다. 0부터 10까지 눈금 중에서 00님께서는 어디에 속한다고 생각하십니까? 여기서 0은 진보를 나타내며, 10은 보수를 나타냅니다"이다.

2014년의 11점 척도에 비하여 2006년과 2010년 지방선거후 설문조사는 5점 척도로 다르다. 이 두 번의 설문조사에서는 "현재 선생님께서는 본인의 이념적 성향이 어디에 가깝다고 생각하십니까? ① 매우 진보적이다 ② 다소 진보적이다 ③ 진보도 보수도 아닌 중도다 ④ 다소 보수적이다 ⑤ 매우 보수적이다"로 되어 있다. 5점 척도에서 11점 척도로 바뀌었지만 최근의 지방선거후 설문조사는 그나마 4년마다 이념성향에 대한 질문을 던지고 그에 대한 유권자의 응답을 집계했다는 점에서 한국 유권자의 이념성향에 있어서 나타나는 최근의 특징은 물론 그 변화를 추적하는 데 매우 유용한 기회를 제공한다. 한국사회과학데이터센터는 구조화된 설문지를 이용하여 대인면

---

34) Converse(1964).

35) Campbell, Converse, Miller and Stokes(1960); Kenneth Shepsle, *Analyzing Politics 2nd Edition*(New York: Norton, 2010).

접조사결과를 수집했다. 세 번의 설문조사는 공통적으로 1,000명 크기(N)
이다.

이 글에서는 한국 이념의 생애주기효과를 검증하기 위하여 t-test를 이용
한다. t-test는 평균과 표준편차를 활용하기 때문에 설문조사의 크기가 클
경우 각 집단 사이에 계산되는 평균값의 작은 차이라도 그것이 가지는 통계
적인 유의미성을 검증해주는 장점이 있다. t-test에서는 t-value가 가지는 부
호보다는 그 크기에 주목해야 한다. t-value의 절대값이 1.960 이상이면 각
집단의 평균값 사이에 신뢰구간 95% 수준에서 통계적으로 유의미한 차이가
있다는 것을 의미한다. 그리고 t-value의 절대값이 2.576 이상이면 각 집단
의 평균값 사이에 신뢰구간 99% 수준에서 통계적으로 유의미한 차이가 확
인되는 것이다. 그리고 한국의 이념적 특징과 각 세대의 이념적인 특징 등
을 규명하기 위해서는 OLS 회귀분석을 이용한다.

IV. 한국 이념의 보수화

앞에서 언급했듯이 2014년 지방선거후 설문조사에서는 11점 척도를 이
용했다. 〈표 1〉은 0(진보)에서 10(보수) 사이에 응답자가 스스로 답한 자신
의 이념적 위치에 대한 빈도를 정리한 것이다. 이 표에 따르면 2014년 한국
의 이념적 분포는 오른쪽, 즉 보수 쪽으로 더 두텁게 몰려 있는 것으로 보인
다. 그리고 2014년 한국 이념의 평균점은 5.55로 중간점인 5.0보다 더 오른
쪽에 위치한 것으로 나타난다. 그러나 이하부터는 2006년과 2010년의 설문
조사가 5점 척도로 이루어졌기 때문에 2014년의 11점 척도를 5점 척도로
바꾼다. 즉, 11점 척도의 0~1은 5점 척도의 1, 2~3은 2, 4~6은 3, 7~8은
4, 9~10은 5에 해당하는 것으로 바꾸었다.

5점 척도로 통일한 지방선거후 설문조사는 한국 유권자의 이념성향이

〈표 1〉 한국의 이념분포: 2014년 지방선거

	0	1	2	3	4	5	6	7	8	9	10	평균
2014	.4	1.3	5.4	9.7	12.2	25.0	11.0	15.5	12.4	4.0	3.1	5.55

2006년에 비하여 2014년에 더 보수화된 것을 알려준다. 다음의 〈표 2〉는 2006년부터 2014년 사이 한국 유권자의 이념분포를 요약하고 있다. 이 표에서 1은 매우 진보이고 5가 매우 보수이다. 1부터 5사이 각 칸에는 해당하는 이념적 위치에 있다고 답한 유권자의 비율이 적혀있다. 오른쪽의 N은 각 설문조사의 크기를 의미한다. 2006년 자신이 매우 진보(1)라고 대답한 비율이 4.6%에 달했으니 2010년에는 4.1%로 감소한 뒤 2014년에는 1.7%로 줄었다. 이와 반대로 2006년 자신이 매우 보수(5)라고 한 응답자가 5.8%, 2010년에 4.5%였으나 2014년에는 7.0%로 증가했다. 그리고 같은 기간 동안 다소 진보라는 응답자의 비율이 줄었고 다소 보수라는 응답자의 비율은 늘어났다.

이러한 변화를 t-test로 통계적인 검증을 한 것이 〈표 3〉에 요약되어 있다. 이를 위하여 〈표 3〉에는 평균값과 t-value를 계산한 결과가 담겨 있다. 여기에서 2006년 유권자의 평균적 이념 위치가 2.99에서 2010년에는 2.89로 움직였으며 2014년에는 3.23으로 계산되었다. 연도별 이념적 평균값의 차이를 통계적으로 검증하기 위하여 t-test를 실시하면 모두 다 통계적으로 유의미한 차이로 평균값이 바뀐 것으로 확인된다. 2006년과 2010년 사이

〈표 2〉 한국의 이념분포: 2006~14년 지방선거

	1	2	3	4	5	N	평균
2006	4.6	25.5	42.6	21.6	5.8	1,000	2.99
2010	4.1	33.0	37.6	20.8	4.5	1,000	2.89
2014	1.7	15.1	48.2	27.9	7.0	1,000	3.23

<표 3> 한국의 이념변화: t-test

연도 비교	평균 비교	t-value
2006 vs. 2010	2.99 vs. 2.89	-2.38643**
2010 vs. 2014	2.89 vs. 3.23	8.520722***
2006 vs. 2014	2.99 vs. 3.23	8.924418***

주: ** 95% 신뢰수준, *** 99% 신뢰수준

(t-value=-2.38643)에는 통계적으로 유의미할 정도(95% 신뢰수준)로 평균 값에 차이가 발생했지만 오히려 더 진보 쪽으로 움직였던 것이 나타났다. 그러나 2006년에 비하여 2014년에, 그리고 2010년에 비하여 2014년에 유권자의 평균적 이념성향은 통계적으로 유의미할 정도(99% 신뢰수준)로 더 보수적으로 바뀐 것이 확인되었다.

V. 한국 이념과 생애주기효과

앞에서는 한국 유권자의 이념성향이 2006년과 2014년 사이에, 그리고 2010년과 2014년 사이에 더 보수화되었다는 것을 통계적으로 확인했다. 그렇다면 한국 이념의 보수화는 한국의 정치적 세대와 어떠한 관련이 있는가? 이 글에서는 앞에서 살펴보았던 노환희 등의 정치세대 구분을 따른다.36) 이에 의하면 한국의 정치세대는 촛불세대(1988~1993년생), 월드컵세대(1979~1987년생), IMF세대(1970~1978년생), 386세대(1960~1969년생), 유신세대(1952~1959년생), 전후 산업화세대(1942~1951년생), 한국전쟁세대(1942년

---

36) 노환희·송정민·강원택(2013).

이전 출생)로 나뉘어진다.

〈표 4〉는 이러한 구분에 따라 2014년을 기준으로 2006년과 2010년에 출생연도를 맞춰서 각 세대의 해당연령을 계산한 것이다. 이 표에서 가령 촛불세대는 1988년부터 1993년 사이에 태어났기 때문에, 그리고 2006년에는 선거연령이 아니었기 때문에 해당 응답자가 없었고 2010년에는 19세부터 21세까지만 있었으나 2014년 지방선거에는 21세부터 25세였다는 것을 알려준다. 그리고 386세대는 1960년부터 1969년 사이에 태어나서 2006년 지방선거 당시에는 33세부터 42세였지만 2010년 지방선거에는 네 살을 더 먹은 37세부터 46세에 해당했다. 그리고 386세대는 4년 뒤 2014년 지방선거에는 네 살을 더 먹어 41세부터 50세에 이르렀다.

이렇게 각 정치세대가 2006년부터 4년마다 나이를 네 살씩 더 먹으면서 여전히 그 세대 나름대로 하나의 정치적 정체성을 유지하는가? 아니면 한국의 세대가 시간이 흐를수록 점차 더 정치적으로 보수화되는가? 〈표 5〉는 한국 이념성향의 분포를 각 세대별로 그리고 각 선거연도별로 빈도조사한 것을 정리하고 있다. 가장 오른쪽의 차이는 2006년과 2010년, 그리고 2010년과 2014년 사이에 계산되는 이념적 평균치의 차이를 각각 의미한다.

이 표에서는 첫째, 이념의 평균값을 기준으로 할 때 2006년 지방선거부터

〈표 4〉 한국의 세대구분

세대명	출생연도	2006년	2010년	2014년
촛불	1988~1993		19~21세	21~25세
월드컵	1979~1987	20~23세	22~27세	26~31세
IMF	1970~1978	24~32세	28~36세	32~40세
386	1960~1969	33~42세	37~46세	41~50세
유신	1952~1959	43~50세	47~54세	51~58세
전후	1942~1951	51~60세	55~64세	59~68세
전쟁	~1942	61세 이상	65세 이상	69세 이상

<표 5> 한국 이념성향의 분포

		1	2	3	4	5	평균	차이
촛불	2006							
	2010	4.4	31.9	47.3	16.5		2.76	
	2014	1.1	25.8	60.7	11.2	1.1	2.85	+.09
월드컵	2006	6.2	34.9	47.4	10.5	1.0	2.65	
	2010	4.9	39.0	39.6	15.2	1.2	2.69	+.04
	2014	2.0	18.0	63.3	16.0	0.7	2.95	+.26
IMF	2006	4.9	32.5	42.2	16.5	3.9	2.82	
	2010	5.4	46.5	35.7	8.1	4.3	2.60	-.22
	2014	2.9	22.7	57.0	14.5	2.9	2.91	+.31
386	2006	4.5	26.7	45.5	19.8	3.5	2.90	
	2010	3.0	32.8	34.5	25.9	3.9	2.95	+.05
	2014	2.3	14.5	46.2	31.3	5.7	3.23	+.28
유신	2006	2.3	19.7	39.9	30.0	8.0	3.21	
	2010	2.3	20.3	40.6	28.9	7.8	3.20	-.01
	2014		7.0	34.5	47.4	11.1	3.62	+.42
전후	2006	4.2	9.1	39.2	33.6	14.0	3.44	
	2010	4.6	29.0	35.9	26.7	3.8	2.96	-.48
	2014	1.9	8.7	27.9	42.3	19.2	3.68	+.72
전쟁	2006	12.0	20.0	24.0	28.0	16.0	3.37	
	2010	3.3	13.1	36.1	29.5	18.0	3.42	+.05
	2014			16.7	25.0	58.3	4.41	+.99

4년마다 각 세대의 정치적 이념성향은 대체로 더 보수화된 것으로 나타난다. 이념의 평균값을 기준으로 볼 때 각 세대별로 2006년에 비하여 2014년에, 그리고 2010년에 비하여 2014년에 더 보수화되지 않은 경우는 하나도 없었다. 각 세대가 세월이 지나가면서 정체성을 유지하기보다는 과거에 비

하여 더 보수적으로 변하는 것이라고 해석되는 것이다. 다만 IMF세대, 유신세대, 전후세대는 2006년에 비하여 2010년에 이념적 평균치가 전체적인 흐름과 달리 조금 더 왼쪽으로 움직였다.

둘째, 빈도의 분포를 기준으로 할 때 2006년 지방선거부터 각 세대의 정치적 이념성향이 대체로 더 보수화된 것이 확인된다. 1부터 5 사이의 분포를 보면 3을 중심으로 시간이 흐를수록 왼쪽의 빈도가 줄어드는 대신 그 반대편 쪽의 빈도가 늘어나는 추세가 거의 모든 세대에서 대체로 확인된다. 세월이 지나가면서 각 세대의 이념적 성향이 대체로 오른쪽으로 변하는 것이라고 해석되는 것이다.

셋째, 2006년 지방선거부터 8년 동안 나이가 더 많은 세대일수록 정치적 이념성향이 더 보수화된 것으로 나타난다. 이념의 평균값을 기준으로 볼 때 과거 8년 동안 전쟁세대가 1.04라는 차이로 가장 보수화의 폭이 컸고 그 다음으로 유신세대(0.41), 386세대(0.33), 월드컵세대(0.30), 전후세대(0.24), IMF세대(0.09)가 뒤를 이었다. 2006년 투표권이 없었던 촛불세대는 여기에서 제외되었다. 386세대 이상 나이가 더 많은 세대에서 보수화의 폭이 더 컸다고 해석된다. 월드컵세대와 전후세대의 순서만 약간 이러한 추세에서 벗어나 있을 뿐이다. 그러나 여기에서도 2006년 전후세대의 이념적 평균치가 3.44로 워낙 오른쪽으로 와 있었던 것을 감안해야 할 것이다.

이 글에서는 여기에 그치지 않고 세 번의 지방선거에서 각 세대의 이념성향이 변화했던 것이 어느 수준인지 통계적으로 검증해본다. 여기에서는 이미 밝혔듯이 t-test를 이용하는 데 계산된 t-value는 〈표 6〉에 요약되어 있다. 이 표의 가운데 칸은 비교하는 선거의 대상을 담고 있고 오른쪽 칸은 각각 계산된 t-value를 보여준다. 여기에서 t-test는 two-tail test이기 때문에 음(-)의 부호 대신 절댓값으로 통계적 유의미성을 판정한다. 다시 말해 t-value의 부호는 이념성향의 변화 방향을 의미하지 않는다는 의미이다. 그 대신 평균값이 실제 바뀌는 방향이 이념상 보수화 여부를 말해준다.

〈표 6〉에서는 2006년 지방선거부터 8년 동안 모든 정치적 세대의 이념성향이 더 보수화되었던 것이 통계적으로 확인된다. 이념적 평균치를 기준으

<표 6> 각 세대별 비교 연도별 t-test 결과

세대	비교 연도	t-value
촛불	2006 vs. 2010	-
	2010 vs. 2014	-2.79323***
	2006 vs. 2014	-
월드컵	2006 vs. 2010	1.105384
	2010 vs. 2014	-7.7193***
	2006 vs. 2014	9.185012***
IMF	2006 vs. 2010	-5.5368***
	2010 vs. 2014	-8.38592***
	2006 vs. 2014	2.399411**
386	2006 vs. 2010	1.235565
	2010 vs. 2014	-7.03806***
	2006 vs. 2014	8.52187***
유신	2006 vs. 2010	-0.24116
	2010 vs. 2014	-11.0156***
	2006 vs. 2014	10.73727***
전후	2006 vs. 2010	-11.1532***
	2010 vs. 2014	-17.0639***
	2006 vs. 2014	5.5805***
전쟁	2006 vs. 2010	0.964364
	2010 vs. 2014	-457.872***
	2006 vs. 2014	22.19569***

주: ** 95% 신뢰수준, *** 99% 신뢰수준

로 하는 t-test 결과 2006년 지방선거에서부터 2014년 지방선거까지 해당
사항이 없는 촛불세대를 제외하고 다른 모든 세대가 통계적으로 유의미한
수준에서 더 보수적으로 변했던 것으로 나타났다.

그러나 2006년과 2010년 지방선거 사이 이념성향에 있어서 보수화된 세대보다는 큰 변화가 확인되지 않은 세대가 더 많았다. 평균치를 기준으로 할 때 2006년부터 4년 동안 월드컵세대, 386세대, 유신세대, 전쟁세대의 이념성향에 있어서 통계적으로 유의미한 차이가 없는 것으로 드러났다. 촛불세대는 2006년 지방선거에 투표권이 없었기 때문에 분석에서 제외되었다. 다만 IMF세대와 전후세대는 이념성향의 평균치가 같은 기간 동안 통계적으로 유의미한 수준에서 더 오른쪽으로 움직인 것으로 확인되었다.

그렇다면 2014년 한국 유권자의 이념성향을 결정하는 요인은 무엇인가? 〈표 7〉은 5점 척도인 유권자의 이념성향을 종속변수로 하여 다양한 독립변수를 OLS 회귀분석한 결과를 요약하고 있다. 이 표에 따르면 유권자의 이념성향에 가장 일관적이고 강한 영향을 준 것은 다름 아닌 유권자의 고향으로 나타났다. 즉 2014년 한국의 유권자는 호남에서 태어날수록 진보적이고 영남에서 태어날수록 보수적이었다. 그리고 한국의 유권자는 교육수준이 높을수록 진보적이나 관리직 및 전문직에 종사할수록 보수적인 것으로 드러났다. 또한 자산 규모가 클수록 보수적인 것이 대체로 확인되었으나 성별은 통계적으로 유의미한 변수가 아닌 것으로 나타났다.

2014년 한국 유권자의 이념성향과 관련하여 정치적 세대변수도 통계적으로 유의미한 것으로 파악된다. 모델 I과 같이 세대가 점차 나이 들수록 보수적이라는 것이 확인되었다. 모델 I의 세대(전체)는 7개의 정치적 세대를 1~7로 코딩한 것이고 그외 모델은 각 정치적 세대의 명목변수(dummy variable)를 포함한다. 모델 II는 유신세대 이전의 상대적으로 젊은 세대는 유신세대 이후의 세대보다 통계적으로 유의미할 정도로 진보적이라는 것을 알려준다. 모델 III은 386세대 이후는 IMF세대까지와 비교할 때 통계적으로 유의미할 정도로 보수적이라는 점을 시사한다. 모델 IV는 촛불세대와 월드컵세대 및 IMF세대는 이념성향에 있어서 통계적으로 유의미할 정도의 차이가 없으나 386세대부터는 그 차이가 주목할 만하다는 것을 알려준다. 마지막으로 모델 V는 가장 보수적인 전쟁세대에 비하면 그외 모든 세대의 이념성향이 통계적으로 유의미할 정도로 차이가 있다고 보여준다.

〈표 7〉 이념성향 결정 요인

	I	II	III	IV	V
교육 수준	-.07 (.02)**	-.06 (.03)**	-.05 (.03)*	-.05 (.03)*	-.05 (.03)*
성별 (여성)	.06 (.04)	.07 (.04)	.08 (.04)	.07 (.04)	.07 (.04)
자산 수준	.09 (.04)**	.07 (.04)	.07 (.04)	.07 (.04)*	.07 (.04)*
전문직 종사자	.24 (.13)*	.26 (.13)*	.26 (.13)*	.25 (.13)*	.25 (.13)*
고향 (호남)	-.54 (.06)***	-.54 (.06)***	-.53 (.06)***	-.53 (.06)***	-.53 (.06)***
고향 (영남)	.22 (.05)***	.21 (.05)***	.21 (.05)***	.21 (.05)***	.21 (.05)***
세대 (전체)	.17 (.01)***				
촛불		-.74 (.09)***			-1.36 (.23)***
월드컵		-.62 (.08)***		.12 (.10)	-1.23 (.23)***
IMF		-.62 (.08)***		.12 (.09)	-1.23 (.23)***
386		-.36 (.06)***	.29 (.06)***	.38 (.09)***	-.97 (.22)***
유신			.62 (.07)***	.72 (.10)***	-.64 (.22)**
전후			.65 (.09)***	.74 (.11)***	-.61 (.22)**
전쟁			1.26 (.22)***	1.36 (.23)***	
계수	2.62 (.14)***	3.64 (.11)***	2.95 (.12)***	2.85 (.14)***	4.21 (.23)***
N	960	960	960	960	960
Prob 〉 F	0.0000	0.0000	0.0000	0.0000	0.0000
Adj R-sqd	0.2304	0.2337	0.2388	0.2386	0.2386

주: * 90% 신뢰수준, ** 95% 신뢰수준, *** 99% 신뢰수준

VI. 맺음말

2012년 국회의원선거와 대통령선거가 끝난 뒤 한국에서는 이념성향의 보수화에 대하여 광범위하게 논의되고 있는 중이다. 이 글에서는 2006년 이후 2014년 사이 지방선거 뒤에 실시된 설문조사를 통하여 한국 이념성향의 변화와 지속성을 추적하는 한편 2014년 한국의 이념지형에 있어서 특징을 찾고자 했다. 이 글은 2006년과 2014년 사이 지방선거에서 개인의 이념성향을 보다 더 정밀하게 추적할 수 있도록 동일인을 대상으로 8년 동안 자료를 축적시키는 패널서베이 자료가 없는 상황에서 최대한 학술적으로 이용할 수 있는 설문자료를 분석하는 방법을 취했다.

이 글에서는 먼저 과연 2006년 지방선거부터 4년마다 각 세대의 정치적 이념성향이 대체로 더 보수화된 것으로 나타난다. 이념의 평균값이나 빈도의 분포를 기준으로 볼 때 각 세대별로 2006년에 비하여 2014년에, 그리고 2010년에 비하여 2014년에 더 보수화되지 않은 경우는 거의 없었다. 각 세대가 세월이 지나가면서 정체성을 유지하기보다는 과거에 비하여 더 보수적으로 변했던 것이라고 보인다. 다만 IMF세대, 유신세대, 전후세대는 2006년에 비하여 2010년에 이념적 평균치가 전체적인 흐름과 달리 조금 더 왼쪽으로 움직였을 뿐이다.

그리고 2006년 지방선거부터 8년 동안 나이가 더 많은 세대일수록 정치적 이념성향이 더 보수화되었던 것이 확인되었다. 이념의 평균값을 기준으로 볼 때 과거 8년 동안 전쟁세대가 1.04라는 차이로 가장 보수화의 폭이 컸고 그 다음으로 유신세대(0.41), 386세대(0.33), 월드컵세대(0.30), 전후세대(0.24), IMF세대(0.09)가 뒤를 이었다. 2006년 투표권이 없었던 촛불세대는 여기에서 제외되었다. 386세대 이상 나이가 더 많은 세대에서 보수화의 폭이 더 컸다고 해석된다. 월드컵세대와 전후세대의 순서만 약간 이러한 추세에서 벗어나 있을 뿐이다. 이러한 현상은 이념적 평균치에 대한 t-test에서도 대체로 확인되었다.

2014년 한국 유권자의 이념성향을 결정하는 요인은 유권자의 고향(호남과 영남), 교육수준, 직업(관리직 및 전문직), 자산 규모 등으로 나타났다. 그리고 세대 차이도 통계적으로 유의미하게 한국 유권자의 이념성향에 영향을 주었던 것으로 드러났다. 다시 말해 젊은 세대에 비하여 그 반대 세대가 더 보수적이었다. 전체적으로 보았을 때 촛불세대와 월드컵세대 및 IMF세대는 이념성향에 있어서 통계적으로 유의미할 정도의 차이가 없으나 386세대부터는 그 차이가 주목할 만했다.

이러한 연구결과를 종합하면 2006년부터 2014년 사이 지방선거를 통해서 보았을 때 한국의 이념성향이 보수화된 것을 재확인할 수 있다고 하겠다. 그리고 여기에서는 한국의 이념성향에 있어서 보수화를 생애주기효과와 관련지어서 설명해보았다. 이미 앞에서 설명했듯이 생애주기효과는 개인이 노화과정을 거치면서 이념적으로 보수성향을 갖게 되는 것이다. 개인은 학교를 졸업한 뒤 취직을 하고, 결혼을 한 뒤 자식을 양육하며, 사회를 책임진 뒤 은퇴를 하는 경로를 밟는다. 이러한 삶의 과정에서 정치적 성향이 달라진다는 것이다.

물론 이러한 설명은 2006년부터 2014년 사이 지방선거가 끝난 뒤 실시된 설문조사자료를 분석하기 위하여 다른 사회경제적 변수나 환경을 단순화한 뒤에 가능한 것이다. 이미 앞에서 사례를 들었던 국내외의 많은 연구들은 시계열적인 이념성향의 변화를 추적하면서 생애주기효과와 세대효과의 관계를 설명해왔듯이 이 글에서도 두 효과가 한국사회에 파생시키는 영향에 초점을 두었다. 그외에 한국사회가 보수화되는 데 다양한 매스미디어의 역할이나 보수적인 정부 및 세계적인 신자유주의 조류와 환경도 영향을 주었을 것이다. 이러한 변수가 한국사회의 보수화에 미친 영향은 추후 다른 연구를 통하여 보완되어야 할 것이다.

【참고문헌】

강원택. 2003. 『한국의 선거정치: 이념, 지역, 세대와 미디어』. 서울: 푸른길.

_____. 2009. "386 세대는 어디로 갔나?: 2007년 대선과 2008년 총선에서의 이념과 세대." 김민전·이내영 공편. 『변화하는 한국유권자 3: 패널조사를 통해 본 18대 국회의원선거』. 서울: 동아시아연구원.

노환희·송정민·강원택. 2013. "한국 선거에서의 세대 효과: 1997년부터 2012년까지의 대선을 중심으로." 『한국정당학회보』 제12권 1호.

박원호. 2012. "세대 균열의 진화: '386 세대'의 소멸과 30대 유권자의 부상." 박찬욱·김지윤·우정엽 공편. 『한국 유권자의 선택 1: 2012 총선』. 서울: 아산정책연구원.

박찬욱·김경미·이승민. 2012. "제17대 대통령선거에서 유권자의 사회경제적 특성과 이념정향이 후보 선택에 미친 영향." 박찬욱 편. 『제17대 대통령선거를 분석한다』. 서울: 생각의 나무.

이갑윤·이현우. 2008. "이념투표의 영향력 분석: 이념의 구성, 측정 그리고 의미." 『현대정치연구』 제1권 1호.

이내영. 2002. "세대와 정치이념." 『계간사상』 가을호.

이내영·정한울. 2013. "세대균열의 구성 요소: 코호트 효과와 연령 효과." 『의정연구』 제40호.

이준한. 2014. "한국 이념의 보수화와 생애주기효과." 『국제정치연구』 제17집.

정진민. 2003. "한국 사회의 이념성향과 정당체계의 재편성." 『한국정당학회보』 제2권 1집.

_____. 2012. "한국 유권자들의 투표행태와 세대: 2010년 지방선거를 중심으로." 『한국정치연구』 제21권 2호.

정진민·황아란. 1999. "민주화 이후 한국의 선거정치." 『한국정치학회보』 제33집 2호.

중앙선거관리위원회. 2013. 제18대 대통령선거 투표율분석 자료. 서울: 중앙선거관리위원회.

함재봉. 2001. "한국의 이념적 갈등 구조와 그 역사." 『사상』 제51집.

Abramson, Paul R. 1976. "Generational Change and the Decline of Party Identification in America: 1952~1974." *American Political Science Review*, Vol.70.

Albright, Jeremy J. 2010. "The Multidimensional Nature of Party Competition." *Party Politics*, Vol.16, No.6.

Alwin, D. F., and J. A. Krosnick. 1991. "Aging, Cohorts and the Stability of Sociopolitical Orientations over the Life Span." *American Journal of Sociology*, Vol.97, No.1.

Bartels, Larry M., and Simon Jackman. 2014. "A Generational Model of Political Learning." *Electoral Studies*, Vol.33.

Bell, Danie. 1960. *The End of Ideology: On the Exhaustion of Political Ideas in the Fifties*. Glencoe, IL: Free Press.

Binstock, Robert H., and Jill Quadagno. 2001. "Aging and Politics." in R. H. Binstock, L. K. George, eds. *Handbook of Aging and the Social Sciences*. San Diego: Academic Press.

Campbell, Angus, Philip E. Converse, Warren Edward Miller, and Donald E. Stokes. 1960. *The American Voter*. New York: Wiley.

Cobb, R. W., and C. D. Elder. 1976. "Symbolic Identification and Political Behaviour." *American Political Quarterly*, Vol.4.

Cochrane, Christopher. 2011. "The Asymmetrical Structure of Left/right Disagreement: Left-wing Coherence and Right-wing Fragmentation in Comparative Party Policy." *Party Politics*, Vol.19, No.1.

Converse, Philip. 1964. "The Nature of Belief Systems in Mass Publics." In David Apter, ed. *Ideology and Discontent*. New York: Free Press.

_____. 1969. "Of Time and Partisan Stability." *Comparative Political Studies*, Vol.2.

_____. 1976. *The Dynamics of Party Support: Cohort-analyzing Party Identification*. Beverly Hills: Sage.

Cornelis, I., A. Van Hiel, A. Roets, and M. Kossowska. 2009. "Age Differences in Conservatism: Evidence on the Mediating Effects of Personality and Cognitive Style." *Journal of Personality*, Vol.77.

Dalton, Russell J. 2013. *The Apartisan American: Dealignment and Changing Electoral Politics*. Washington: CQ Press.

Dalton, Russell J., and Steven Weldon. 2006. "Social Modernization and the End of Ideology Debate: Patterns of Ideological Polarization." *Japanese Journal of Political Science*, Vol.7, No.1.

Dassonneville, Ruth. 2013. "Questioning Generational Replacement. An Age, Period and Cohort Analysis of Electoral Volatility in the Netherlands, 1971~2010." *Electoral Studies*, Vol.32.

Dinas, Elias, and Laura Stoker. 2014. "Age-Period-Cohort Analysis: A Design-based Approach." *Electoral Studies*, Vol.33.

Erikson, R. S., M. B. MacKuen, and J. A. Stimson. 2002. *The Macro Polity, Cambridge*. New York: University Press.

Franklin, M. N., T. Mackie, and H. Valen, eds. 2009. *Electoral Change: Responses to Evolving Social and Attitudinal Structures in Western Countries*. Colchester: ECPR Press.

Fuchs, Dieter, and Hans-Dieter Klingemann. 1990. "The Left-Right Schema." In M. K. Jennings and J. van Deth, eds. *Continuities in Political Action*. Berlin: de Gruyter.

Glenn, Norval D. 1974. "Aging and Conservatism." *Annals of the American Academy of Political and Social Science*, Vol.415.

_____. 2005. *Cohort Analysis*. Thousand Oaks: Sage.

Grasso, Maria T. 2014. "Age, Period and Cohort Analysis in a Comparative Context: Political Generations and Political Participation Repertoires in Western Europe." *Electoral Studies*, Vol.33.

Green, D., B. Palmquist, and E. Schickler. 2002. *Partisan Hearts and Minds*. New Haven: Yale University Press.

Highton, B., and W. Wolfinger. 2001. "The First Seven Years of the Political Life Cycle." *American Journal of Political Science*, Vol.45, No.1.

Inglehart, Ronald. 1977. *The Silent Revolution: Changing Values and Political Styles among Western Publics*. Princeton: Princeton University Press.

_____. 1990. *Culture Shift in Advanced Industrial Society*. Princeton: Princeton University Press.

Inglehart, Ronald, and Hans-Dieter Klingemann. 1976. "Party Identification,

Ideological Preference and the Left-Right Dimension among Western Publics." In Ian Budge, Ivor Crewe and Dennis Farlie, eds. *Party Identification and Beyond.* London and New York: Wiley.

Jennings, M. Kent, and Richard G. Niemi. 1981. *Generations and Politics: A Panel Study of Young Adults and Their Parents.* Princeton: Princeton University Press.

Johnston Conover, Pamela, and Stanley Feldman. 1981. "The Origins and Meaning of Liberal/Conservative Self-Identification." *American Journal of Political Science*, Vol.25, No.4.

Knutsen, Oddbjorn. 1995. "Value Orientations, Political Conflicts and Left-Right Identification: A Comparative Study." *European Journal of Political Research*, Vol.28.

Konzelmann, Laura, Corina Wagner, and Hans Rattinger. 2012. "Turnout in Germany in the Course of Time: Life Cycle and Cohort Effects on Electoral Turnout from 1953 to 2049." *Electoral Studies* 31.

Mannheim, Karl. 1928. *The Problem of Generations.* London: Routledge.

Markus, G. B. 1983. "Dynamic Modeling of Cohort Change: The Case of Political Partisanship." *American Journal of Political Science*, Vol.27, No.4.

McAllister, Ian, and Stephen White. 2007. "Political Parties and Democratic Consolidation in Post-Communist Societies." *Party Politics*, Vol.13, No.2.

Miller, Warren Edward, and J. Merrill Shanks. 1996. *The New American Voter.* Cambridge: Harvard University Press.

Neundorf, A., D. Stegmueller, and T. Scotto. 2011. "The Individual Level Dynamics of Bounded Partisanship." *Public Opinion Quarterly*, Vol.75, No.3.

Neundorf, Anja, and Richard G. Niemi. 2014. "Beyond Political Socialization: New Approaches to Age, Period, Cohort Analysis." *Electoral Studies*, Vol.33.

Niemi, Richard G., and Mary A. Hepburn. 1995. "The Rebirth of Political Socialization." *Perspectives on Political Science*, Vol.24, No.1.

Plutzer, E. 2002. "Becoming a Habitual Voter: Inertia, Resources, and Growth in Young Adulthood." *American Political Science Review*, Vol.96, No.1.

Sears, David O., and N. A. Valentino. 1997. "Politics Matters: Political Events as Catalysts for Preadult Socialization." *American Political Science Review*, Vol.91, No.1.

Shepsle, Kenneth. 2010. *Analyzing Politics 2nd Edition*. New York: Norton.

Shin, Doh Chull, and Byong-Kuen Jhee. 2005. "How Does Democratic Regime Change Affect Mass Political Ideology?: Study of South Korea in Comparative Perspective." *International Political Science Review*, Vol.26, No.4.

Smets, K., and A. Neundorf. 2014. "The Hierarchies of Age-period-cohort Effects: Political Context and the Development of Generational Turnout Patterns." *Electoral Studies* 33.

Steinberg, David I., and Myung Shin. 2006. "Tensions in South Korean Political Parties in Transition: From Entourage to Ideology?" *Asian Survey*, Vol.46, No.4.

Strate, J. M., C. J. Parrish, C. D. Elder, and C. Ford. 1989. "Life Span Civic Development and Voting Participation." *American Political Science Review*, Vol.83, No.2.

Tilley, James, and Geoffrey Evans. 2014. "Ageing and Generational Effects on Vote Choice: Combining Cross-Sectional and Panel Data to Estimate APC Effects." *Electoral Studies* 33.

Truett, K. R. 1993. "Age Differences in Conservatism." *Personality and Individual Differences*, Vol.14.

Walczak, Agnieszka, Wouter van der Brug, and Catherine Eunice de Vries. 2012. "Long-and Short-Term Determinants of Party Preferences: Intergenerational Differences in Western and East Central Europe." *Electoral Studies* 31.

Williamson, J. B., L. Evans, L. A. Powell, and S. J. Hesse-Biber. 1982. *The Politics of Aging: Power and Policy*. Springfield: Charles C. Thomas.

Wilson, G. D. 1973. *The Psychology of Conservatism*. London: Academic Press.

영호남 유권자들의 정당편향성: 6·4 지방선거 사례 분석

지병근 | 조선대학교 정치외교학과

I. 서론

이 연구는 제6회 지방선거에서 나타난 영호남 유권자들의 정당편향성에 관한 것이다. 이미 많은 이들이 영남 유권자들은 새누리당에게, 호남 유권자들은 새정치연합에게 편향된 선호를 갖고 있다고 주장해왔다. 그리고 1987년 대선을 비롯하여 민주화 이후 개최된 대선, 총선, 지방선거 등 모든 선거에서 예외 없이 영호남 유권자들이 보여준 '지역정당'에 대한 일방적인 투표는 이러한 주장의 근거가 되기에 충분하였다.

그런데 한 가지 주목할 것은 영호남을 포함한 한국 유권자들의 정당에 대한 신뢰와 지지수준은 그다지 높지 않다는 점이다. 이미 상당수의 여론조사를 통해 정당은 국가기관 가운데 가장 신뢰받지 못하는 기관들 가운데 하나일 뿐만 아니라 새누리당이나 새정치민주연합에 대한 지지율은 영호남 지역에서도 그다지 높지 않다는 점은 잘 알려져 있다. 그렇다면, 영호남 유권자들이 각 지역을 대표하는 양대정당에게 편향된 선호를 갖는 이유는 무엇일까?

이 연구는 한국사회과학데이터센터(KSDC)의 지방선거 후 여론조사자료를 이용하여 영호남 유권자들이 새누리당과 새정치민주연합 등 한국의 주요 정당들에 대한 태도에서 나타나는 특성을 탐색하고자 하였다. 이를 위해 이 연구는 먼저 영호남 유권자들의 전반적인 정치적 성향에 대한 분석을 시도할 것이며, 이를 위해 정치체제에 대한 만족도, 권력 효능감, 내재적·외재적 효능감, 정당 및 정치인에 대한 선호도와 이들의 이념적 성향, 박근혜 대통령의 국정운영 및 세월호 사건에 대한 여야의 대처방식, 정당 및 정치인의 대표기능에 대한 평가 등에 관한 여론조사결과를 활용하였다.

아울러 이 연구는 영호남 지역에서 유권자들의 이념적 성향이 영호남을 대표하는 새누리당과 새정치민주연합에 대한 정당선호도에 어떠한 영향을 미치는지, 그리고 유권자들의 이념적 성향이 영호남 거주여부에 따른 정당선호의 편향성에 어떠한 영향을 미치는지에 대한 분석을 시도하였다. 여기서는 다음의 두 가지 주장을 가정하고 있다: 첫째, 영호남 유권자들의 투표 결정과정에서 중요한 것은 단순히 영남과 호남을 각각 대표하는 새누리당과 새정치민주연합에 대한 개별적 선호가 아니라 양당에 대한 상대적 선호이다. 따라서 대안으로 선택할 수 있는 정당이 부재한 상황에서 각 지역정당에 대한 영호남 유권자들의 선호가 약화되더라도 선호도의 상대적 우위가 유지된다면 이들의 투표 선택에서도 정당편향성은 지속될 수 있다; 둘째, 민주화 이후 장기간에 걸친 선거경쟁 과정에서 영호남 지역정당이 추구하던 가치와 이념적 지향이 유권자들에게 내면화됨으로써 영호남 유권자들의 이념적 편향성이 강화되었으며, 이는 삼김시대가 종결된 이후에도 지역내집단 편애를 대신하여 유권자들의 정당편향성을 재생산하는 데 기여하고 있다.

이 연구는 이미 상당수의 선행 연구들이 영호남 유권자들의 투표행태에서 나타나는 정당편향성의 역사적 기원과 강도에 대한 다양한 논의를 진행해왔음에도 불구하고 여전히 영호남 유권자들의 정치적 성향, 특히 정당선호를 결정하는 요인에 대한 비교분석이 충분히 이루어지지 않았기에 이를 보완하는 데 조금이나마 기여할 수 있을 것이다. 아울러 이 연구는 이념적 성향이 영호남 유권자들의 정당선호에 미치는 영향을 분석함으로써 최근 한국사회에서 부상하고 있는 이념균열로 인해 지역균열에 기초한 기성사회균열구조의 변화 가능성에 대한 논의를 촉진하고, 더 나아가 지역주의적 투표행태를 완화시킬 수 있는 정책적 함의를 도출하는 데 기여할 수 있을 것으로 기대된다.

이 연구의 구성은 다음과 같다. 먼저 II절에서는 영호남 유권자들의 정당편향성의 원인과 함께 이들의 정당선호와 이념적 특성에 관한 선행 연구들을 검토하고, III절에서는 제6회 지방선거결과에서 나타난 정당편향성을 분석하였다. IV절에서는 영호남인들의 정치적 성향에서 나타나는 다양한 특성을 분석하고, 이들의 정당선호도를 결정하는 요인을 분석하였다. V절에서는 이 연구의 주요한 발견을 요약하고, 그 함의에 대하여 논하였다.

II. 선행 연구

한국 선거에 관한 수많은 연구들이 1987년 민주화 이후 영호남 유권자들이 지역정당에 대한 편향된 선호와 이에 기초한 투표행태를 지속해왔음을 지적하였다.[1] 하지만 2002년 대선에서 노무현이 당선되고, 2004년 총선에서 민주노동당이 원내에 진입하는 등 소위 '3김시대'가 종식되면서 일련의 연구들이 지역 이외에 이념, 세대, 계급 등 새로운 차원의 사회적 균열의

---

1) 이미 잘 알려져 있듯이 이들은 영호남 유권자들이 역사적으로 동일지역 출신의 정치인과 이들이 주도하여 설립된 정당에 대한 깊은 애정을 갖고 있으며, 이들의 정당편향적인 투표결정의 원인을 역사적으로 형성된 지역정체성이나 타지역민에 대한 혐오감, 정당의 동원, 혹은 사회경제적 이익갈등에서 찾았다. 이에 대해서는 조기숙(1997), 박상훈(2001), 최준영·조진만(2005), 지병근(2013) 참조.

심화와 이에 따른 투표행태의 변화 가능성을 제기해 왔다(강원택 2002; 최준영·조진만 2005; 이지호 2009). 예를 들어, 최준영·조진만(2005)은 2004년 제17대 총선에서 세대균열과 이념균열을 반영하는 투표행태가 나타났다는 점을 제기하였으며, 이용마(2014)는 1997년 제14대 대선 이후 개최된 역대 대선에서 계층균열이 선거결과에 미친 영향을 분석하여 상층과 신중간층 유권자들이 각각 보수적인 후보와 진보적인 후보에게 투표하는 경향성이 일관되게 나타났다고 주장하였다.[2]

　기존의 연구들이 대체로 선거 시기 유권자들의 지지후보를 결정하는 요인들에 초점을 두었던 것과 달리 한정훈(2012)은 정당일체감에 영향을 주는 요인들을 분석하였으며, 이를 통해 영호남 등 출신지역은 물론 연령과 이념이 새누리당 혹은 민주당에 대한 정당일체감에 영향을 주었다는 점을 밝혔다. 다시 말해 유권자들의 연령이 젊을수록, 이념이 진보적일수록 민주당에 대한 정당일체감이 강하다는 것이다. 아울러 그는 투표결정과정에서 정책과 정강보다 선거이슈가 미친 영향이 더 컸을 뿐만 아니라 정당일체감 형성에 더 강한 영향을 미친다는 점을 밝히고, 이는 정당들이 "일관된 정책기조"를 유지하지 못하고 있기 때문이며, 정당지도자의 능력과 자질이 정당일체감을 형성하는 데 가장 중요한 요소이며 이들이 "명확하고 차별적인 정책적 입장"을 제시해야 한다고 주장하였다(pp.123-124).[3]

---

2) 최준영·조진만(2005)은 제17대 총선에서 호남보다 영남에서 세대균열과 이념균열을 반영하는 투표성향이 강하게 나타났다는 점을 밝혔다. 이용마(2014)는 영호남지역의 경우 2002년 제16대 대선에서 계층투표가 지역주의 투표를 약화시켰다는 점을 밝히고, 이를 근거로 계층균열이 지역균열을 상쇄하였다고 주장하였다. 그런데 한 가지 더 주목해야 할 것은 이처럼 삼김의 퇴장 이후 탈지역주의적 투표행태가 부상하고 있다는 지적에도 불구하고 2007년 제17대 대선과 2008년 제18대 총선 이후 지역주의 투표행태가 다시 강화되었다는 점이다(김진하 2010; 김태완 2012). 김태완(2012)은 집합적 수준의 선거결과 자료를 이용하여 1990년대 이후 총선과 대선에서 영호남지역에서 나타난 '특정지역 유권자들의 특정정당(과 후보자)에 대한 지지편중 현상'(p.65)을 분석하였으며, 이를 통해 지역주의 투표가 1992년 개최된 제14대 총선 이후 약화되었으나, 2007년 개최된 제17대 대선과 제18대에서는 다시 강화되었다는 점을 밝혔다.

3) 박경미·한정택·이지호(2012, 147-148)는 유권자들의 이념적 성향에 따라 새누리당

　일부의 연구들은 영호남 지역사례에 초점을 두고 유권자들의 이념적 성향과 정당선호에서 나타나는 특성과 이들의 투표결정에 미치는 영향을 비교 분석하였다(하세헌 2005; 전용주·김도경·서영조 2008; 강원택 2010; 김태완 2012; 지병근 2013; 지병근 2014; 강명구·하세헌 2014). 예를 들어, 전용주 외(2008)는 영호남을 대표하는 부산시와 광주시 대학생들에 대한 여론조사자료를 분석하여 부산시보다 광주시 대학생들이 이념적으로 진보적이며, 특히 경제적 이슈뿐만 아니라 외교적 이슈에 대한 태도에서 이들 사이에 주목할 만한 차이가 있다는 점을 보여주었다. 지병근(2014) 또한 2012년 대선 후 여론조사자료를 이용하여 호남유권자들이 영남유권자들보다 이념적으로 진보적일 뿐만 아니라, 민주당에 대한 호남 유권자들의 이념적 거리가 새누리당에 대한 영남 유권자들의 이념적 거리보다 더 가깝다는 점을 근거로 영남보다 호남에서 지역정당 이념의 내면화가 더 효과적으로 이루어졌다고 주장하였다.[4]

　하지만 이러한 성과에도 불구하고 그동안 영호남 유권자들의 정치적 태도에 대한 비교연구가 충분히 이루어졌다고 보기는 힘들다.[5] 앞서 언급한

　　및 민주통합당에 대한 정당일체감에 통계적으로 유의미한 차이가 있으며, 특히 경제적 이슈로 이념을 인식하는 "경제적 이념 이미지 집단"의 경우 새누리당과 민주통합당에 대한 정당일체감의 차이가 가장 크다는 점을 밝혔다.

4) 아울러 그는 유권자들의 영호남 거주여부, 민주당과 새누리당에 대한 선호도와 이념적 거리가 문제인 후보에 대한 투표가능성에 영향을 준다는 점 또한 밝혔다. 강명구·하세헌(2014)은 대구와 광주 지역을 사례로 정당일체감이 정치적 태도에 미치는 영향을 분석하였으며, 정당일체감이 지방정치에 대한 만족도, 시정활동에 대한 인지도, 지방선거에 대한 관심과 참여를 촉진하지만, 영남의 경우 이러한 긍정적 기능이 정당의 대표성 인지를 매개로 이루어진다는 점을 근거로 광주보다 대구에서 지역정당에 대한 정당일체감이 "심리적이고 정서적 측면에 있어서" 약하며 변화가능성 또한 더 크다고 주장하였다(p.73).

5) 물론 이러한 연구의 한계는 1) 가용한 여론조사 표본 수의 제한에 따른 지역 간 비교연구의 어려움과 함께 2) 영호남 유권자들의 투표행태가 과거와 현격하게 달라지지 않았다는 사실, 그리고 3) 수도권-지방 사이의 갈등이 부상하면서 영호남 갈등에 대한 관심이 상대적으로 줄었다는 점에서 그 원인을 찾을 수 있다. 아울러, 정당선호에 대한 학계의 무관심은 '정당일체감'과 마찬가지로 정당선호가 쉽게 변화하지 않는 속성이 있다는 인식에서 비롯된 것일 수 있다. 하지만, 민주적 정당정치의 경험이 오래된 미국

일부의 연구들을 제외하면 기존의 연구들은 대체로 영호남 유권자들의 투표 결정 요인 이외에 정당일체감을 포함한 다양한 정치적 태도에는 별다른 관심을 기울이지 않았다. 아울러 대부분의 선행 연구들이 영호남 유권자들의 정치적 행태에 대한 비교를 위하여 다른 변수들에 대한 통제 없이 단순한 양원분석을 수행하는 데 머물러 왔다. 결국 이러한 한계로 인해 이들의 정당편향성을 재확인하는 것을 넘어 새롭게 부상하고 있는 사회적 균열요소들이 기성의 지역균열을 반영하는 정당선호에 어떠한 영향을 미쳤는지는 잘 알려져 있지 않다.

III. 6·4 지방선거 결과에서 나타난 영호남 유권자들의 정당편향

제6회 지방선거는 지난 4월 16일 전남 진도 앞바다에서 발생한 '세월호 참사'의 여파가 채 가시기도 전인 6월 4일 전 국민적인 추모 국면 속에서 진행되었다. 세월호 참사는 그 책임이 단순히 선장을 포함한 선원들만이 아니라 안전을 무시한 채 무분별하게 이윤을 추구해온 자본과 해상안전업무를 소홀히 다루어온 정부기관에게 있음이 밝혀지면서 여당에게 불리하게 작용했다. 새정치민주연합을 비롯한 야당은 이 참사사건의 진상규명과 책임자 처벌을 위한 국정조사와 특별검사 임명을 요구하며, 집권여당을 압박하였다.[6]

이나 서구와 달리 민주화의 역사가 그다지 길지 않은 '신생민주주의' 국가인 한국에서 주요 정당들에 대한 선호의 강도나 지속성이 그다지 크지 않다는 점에서 정당일체감의 결정 요인에 대한 분석 또한 매우 중요하다고 볼 수 있다.

6) 세월호 참사에 뒤이은 구조작업과 사체인양 작업이 진행되면서, 국민적 추모분위기가 전사회적으로 확산되면서 각 정당의 후보공천이 지연되고, 결과적으로 선거운동이 지체되었다. 아울러 무려 300여 명이 사망하거나 실종된 세월호 참사를 계기로 안전에 대한 국민들의 관심이 급증하면서 안전 문제가 선거의 핵심적인 이슈로 급속히 부상하

　　선거결과 새누리당은 경기, 인천, 제주, 그리고 영남의 5개 광역시도를 제외한 9개 광역시도지사선거에서 새정치민주연합에게 패배하였다. 그런데 이는 세월호 사건 이전만 하더라도 예상하지 못한 선거결과였다. 다양한 정치적 악재에도 불구하고 박근혜 정부가 출범한 이후 대통령은 물론 집권여

〈표 1〉 영호남지역 광역단체장선거 후보별 득표율

	새누리당	새정치민주연합	통합진보당	정의당	노동당	무소속	무소속
합계 [17]	8	9	0	0	0	0	0
영남 [5]	5	0	0	0	0	0	0
호남 [3]	0	3	0	0	0	0	0
부산광역시	서병수 (50.7)					오거돈 (49.3)	
대구광역시	권영진 (56.0)	김부겸 (40.3)	송영우 (1.0)	이원준 (1.2)		이정숙 (1.4)	
울산광역시	김기현 (65.4)			조승수 (26.4)	이갑용 (8.1)		
경상북도	김관용 (77.7)	오중기 (14.9)	윤병태 (2.6)	박창호 (4.7)			
경상남도	홍준표 (58.9)	김경수 (36.1)	강병기 (5.1)				
광주광역시	이정재 (3.4)	윤장현 (57.9)	윤민호 (3.3)		이병훈 (1.1)	강운태 (31.8)	이병완 (2.6)
전라남도	이중효 (9.6)	이낙연 (78.0)	이성수 (12.5)	–	–	–	–
전라북도	박철곤 (20.5)	송하진 (69.2)	이광석 (10.3)	–	–	–	–

[ ]는 전체 광역단체장 당선자 수; ( )는 후보자 득표율, **굵은** 글씨는 당선자
자료: 중앙선거관리위원회 선거통계시스템

　　였다. 더구나 세월호 참사에 뒤이어 서울의 상왕십리역 지하철 추돌사고(5.2)와 도곡역 방화사건(5.28), 전남의 효사랑 요양원 화재(5.30) 등 안전사고가 연이어 발생하면서 국민적인 불안감이 급증하였다(권혜정 2014; 김수영 2014).

당인 새누리당은 높은 지지를 받아 왔다.7) 비록 지방선거가 중앙정부와 집권당에 대한 중간평가의 장이라고는 하지만 세월호 사건 이전의 정치적 상황은 결코 야당에게 유리하다고 보기는 어려웠다. 더구나 새정치민주연합은 창당(2014.3.26) 이후 지도부가 효과적으로 지방선거를 이끌 수 있을 만큼 강고한 당내 리더십을 형성하지도 못하고 있었다.

〈표 1〉에서 나타나는 바와 같이 영호남지역의 모든 광역자치단체장선거에서는 새누리당과 새정치민주연합의 후보들만이 각각 당선되었다. 기초단체장선거에서도 영호남 유권자들의 선택은 명확하게 대조적이었다. 〈표 2〉에서 잘 나타나는 바와 같이 광주의 경우 모든 기초단체장선거의 당선자들이 새정치민주연합 소속이었다. 다만 전남과 전북의 경우 새정치민주연합 소속 후보가 차지하는 비율은 각각 50.0%와 63.6%에 그쳤으며, 상당수의 무소속 후보자들이 당선되었다. 전국의 기초단체장 당선자 226명 가운데 29명(12.8%)만이 무소속이었다는 점을 고려하면, 전남과 전북에서만 각각 8명(36.4%)과 7명(50.0%)의 무소속 후보가 당선된 점은 주목할 만하다. 기초단체장선거 당선자의 정당편향성은 호남지역보다 영남지역에서 더 두드러졌다. 대구와 울산의 기초단체장선거에서는 모두 새누리당 후보가 당선되었으며, 부산, 경북, 경남에서 새누리당 소속 당선자 비율은 각각 93.8%, 87.0%, 77.8%에 달하였다.

광역의회선거결과 또한 영호남지역 당선자의 정당편중현상은 더욱 심각하였다. 광주·전남·전북의 당선자들 가운데 새정치민주연합 후보가 차지하는 비율은 각각 100%, 92.3%, 94.1%였다. 영남지역의 광역의회선거를 살펴보더라도 대구, 부산, 울산의 경우, 새누리당 소속 당선자 비율은 모두 100%, 경남과 경북은 각각 94.0%와 88.9%였다(중앙선거관리위원회 선거통계시스템). 광역의회선거에 비해서 기초의회선거 당선자의 지역편중현상

---

7) 제6회 지방선거 당시 정당별 국회의원 수는 새누리당(122+27: 51.7%), 새정치민주연합(106+21: 44.1%), 통합진보당(4+2), 정의당(1+4), 무소속(1, 부산 정의화) 등의 순으로 총 288개 의석 가운데 새누리당이 과반수의 의석을 차지하고 있었으며, 궐석인 12개 의석을 채우기 위한 재보궐선거(7/30)가 예정되어 있었다.

〈표 2〉 기초단체장 당선인 수와 비율

시도명	새누리당	새정치민주연합	무소속
합계 [226]	117 (51.8)	80 (35.4)	29 (12.8)
영남 [70]	62 (88.6)	1 (1.4)	7 (10.0)
호남 [41]	0 (0.0)	26 (63.4)	15 (36.6)
서울특별시	5 (20.0)	20 (80.0)	0 (0.0)
부산광역시	15 (93.8)	0 (0.0)	1 (6.3)
대구광역시	8 (100.0)	0 (0.0)	0 (0.0)
인천광역시	6 (60.0)	3 (30.0)	1 (10.0)
광주광역시	0 (0.0)	5 (100.0)	0 (0.0)
대전광역시	1 (20.0)	4 (80.0)	0 (0.0)
울산광역시	5 (100.0)	0 (0.0)	0 (0.0)
경기도	13 (41.9)	17 (54.8)	1 (3.2)
강원도	15 (83.3)	1 (5.6)	2 (11.1)
충청북도	6 (54.5)	3 (27.3)	2 (18.2)
충청남도	9 (64.3)	5 (35.7)	1 (7.1)
전라북도	0 (0.0)	7 (50.0)	7 (50.0)
전라남도	0 (0.0)	14 (63.6)	8 (36.4)
경상북도	20 (87.0)	0 (0.0)	3 (13.0)
경상남도	14 (77.8)	1 (5.6)	3 (16.7)

자료: 중앙선거관리위원회 선거통계시스템

은 덜 심각한 것으로 나타났다. 하지만 기초의회선거에서도 새정치민주연합
은 광주광역시에서 79.7%, 전남과 전북에서 각각 73.5%와 68.8%의 지역구
의석을 차지하였다. 새누리당은 대구와 경북에서 각각 75.5%, 74.9%의 지
역구 의석을 차지하였다. 하지만 부산, 울산, 경남에서는 각각 58.2%,
69.8%, 67.1%의 지역구 의석을 차지하는 데 그쳤다(중앙선거관리위원회
선거통계시스템).

　각 지역 정당체제의 경쟁성을 고려하여 무소속 후보를 제외하여 분석할

경우 지역편중성은 더욱 심각해진다. 호남의 모든 광역 및 기초단체장선거
뿐만 아니라 광역의회선거(지역구)에서 당선자를 배출한 정당은 새정치민
주연합뿐이었다. 영남지역 가운데 경남의 1개 기초단체장선거에서 새정치
민주연합 후보가 당선되고, 1석의 광역의회의석을 노동당이 차지한 것을 제
외하면 무소속을 제외한 호남의 3개 광역단체장과 광역의회, 영남의 5개 광
역단체장과 광역의회가 각각 새정치민주연합과 새누리당에 의해 "독식"되었
으며, 선거이후 이들 사이의 "견제와 균형"을 기대하기는 힘들게 되었다.

Ⅳ. 영호남 유권자들의 정치적 성향과 투표행태

이 절은 전반적인 영호남인들의 정치적 성향을 분석한 것이다. 먼저, 여
기서는 한국의 민주정치에 대한 만족도, 권력에 대한 효능감, 내재적·외재
적 효능감, 정당 및 주요 정치인에 대한 정당선호도와 이념적 성향을 중심으
로 정치체제와 주요 정당 및 정치인들에 대한 영호남인들의 정치적 태도를
분석하였다.

1. 영호남 유권자들의 정치적 성향

1) 정치체제에 대한 만족도 및 효능감과 정당 및 정치인 선호도

〈표 3〉에서 잘 나타나듯이 민주주의 체제에 대한 영남이나 호남 거주 응
답자들(이하 영호남인)의 인식은 별다른 차이가 없는 것으로 보인다. 영호
남에서 "우리나라의 민주정치"에 대한 전반적인 만족도(4점 척도, 1~4: 1=
전혀 만족하지 못한다, 4=매우 만족한다)는 각각 2.39와 2.41로 영남지역에
비해서 호남 지역의 응답자들의 경우 조금 더 높았지만, 그 차이는 크지 않

〈표 3〉 영호남인의 정치적 성향 I

주요 항목	영남		호남	차이	나머지	F값
민주주의 만족도	261	2.39	88	2.41 -0.02	651 2.35	0.70
권력의 효능감	252	3.54	84	3.10 0.45	648 3.83	23.03***
내재적 효능감	261	3.09	88	2.91 0.18	651 2.89	8.68***
외재적 효능감	261	2.98	88	2.84 0.14	651 2.81	5.24***
선호도						
새누리당	261	5.96	88	3.16 2.80	649 5.50	51.45***
새정치민주연합	259	4.33	88	6.94 -2.61	647 5.45	63.93***
통합진보당	253	3.12	88	4.92 -1.80	646 3.64	28.73***
정의당	224	2.94	87	4.53 -1.59	628 3.69	28.32***
(새누리당-새정치민주연합)	259	1.64	88	-3.78 5.42	647 0.04	76.12***
박근혜	260	6.64	88	3.34 3.30	651 6.23	78.08***
김무성	213	5.46	85	4.04 1.42	526 5.03	19.50***
김문수	223	5.29	85	4.39 0.90	590 5.35	11.56***
이명박	261	4.32	88	2.31 2.01	651 4.49	43.76***
정몽준	261	5.05	88	3.83 1.22	645 5.14	18.18***
문재인	259	4.49	88	6.73 -2.23	646 5.25	38.49***
박원순	253	5.11	88	7.00 -1.89	645 5.59	28.88***
손학규	250	4.49	88	6.15 -1.66	634 4.87	33.10***
안철수	261	4.42	88	6.67 -2.25	649 5.14	37.53***
(박근혜-문재인)	258	2.13	88	-3.39 5.52	646 0.96	76.21***

** 유의도 .05, *** 유의도 .01
출처: KSDC 2014

은 것으로 나타났다. "누가 권력을 잡느냐에 따라 사회에 미치는 영향"에 대한 질문으로 측정한 권력효능감(5점 척도, 1~5: 1=없다, 5=있다)은 각각 3.54와 3.10으로 영남인들이 호남인들보다 조금 더 높은 것으로 나타났다.

정치적 효능감을 살펴보면, 호남인들에 비해 영남인들이 더 많은 내재적 혹은 외재적 효능감을 느끼는 것으로 나타났다. 유권자들이 "정치와 정부는 우리같은 사람들이 이해하기에 너무 복잡하고 어렵다"는 주장에 얼마나 공감하는지를 묻는 질문으로 측정한 내재적 효능감의 평균은 영호남에서 각각 3.09와 2.91이었으며, "공직자들은 나 같은 사람이 생각하는 것에 대해서 신경쓰지 않는다"는 주장에 얼마나 공감하는지를 묻는 질문으로 측정한 외재적 효능감의 평균은 영호남에서 각각 2.98과 2.84였다(4점 척도, 1~4: 1=전혀 공감하지 않는다, 4=매우 공감한다). 여기서 한 가지 더 주목해야 할 것은 외재적 효능감보다 내재적 효능감이 더 강하다는 것이다. 왜냐하면, 이들 사이의 불균형은 무엇보다 정치개혁의 수요와 공급의 불일치를 보여주기 때문이다.

정당차원에서 양당에 대한 영호남 응답자들의 선호도(11점 척도, 0~10)는 현격하게 차이가 있는 것으로 나타났다. 영호남에서 새누리당에 대한 선호도는 각각 5.96, 3.16으로 무려 2.8만큼 차이가 있었으며, 새정치민주연합에 대한 선호도 역시 각각 4.33과 6.94로 그 차이가 2.61이었다. 양당에 대한 선호도 격차(새누리당-새정치민주연합)는 영남(1.64)과 호남(-3.78) 사이에 무려 5.42에 달하였다. 〈표 3〉에는 나타나지 않지만, 선호도의 분포를 살펴보면 영남 응답자들(259명) 가운데 새누리당보다 새정치민주연합을 더 선호하는 응답자(18.53%)보다 새누리당을 새정치민주연합보다 더 선호하는 응답자(60.62%)가 차지하는 비율이 훨씬 높았다. 이에 반해 호남 응답자들(88명) 가운데 거의 모든 응답자(98.86%)가 새누리당보다 새정치민주연합을 더 선호하는 것으로 나타났다.

정치인 차원에서도 새누리당 소속 박근혜와 새정치민주연합 소속 문재인에 대한 영호남 유권자들의 선호도 차이가 현격한 것으로 나타났다. 영호남에서 박근혜에 대한 선호도는 각각 6.64와 3.34로 무려 3.30의 차이가 있었다. 문재인에 대한 선호도 역시 영호남에서 각각 4.49와 6.73으로 2.23만큼 차이가 있었다. 양당을 대표하는 이들 두 정치인, 즉 박근혜와 문재인에 대한 선호도 격차(박근혜-문재인)는 영남(2.13)과 호남(-3.39) 사이에 무려 5.52에 달하였다. 이 표에는 나타나지 않지만, 영남 응답자들 가운데 박근혜를 문재인보다 더 선호하는 응답자(18.22%)보다 문재인을 박근혜보다 더

선호하는 응답자(70.93%)가 차지하는 비율이 훨씬 높았던 반면, 호남 응답
자들 가운데 대부분의 응답자(88.64%)가 문재인을 박근혜보다 더 선호하는
것으로 나타났다.

정당 및 정치인 차원에서 영호남인들의 선호도 차이를 비교해보면, 첫째,
영호남을 대표하는 양당 및 양당의 대표적인 정치인에 대한 선호도의 차이
가 모두 영남보다 호남에서 더 컸다. 그리고 이는 김대중·노무현 정부와
달리 이명박·박근혜 정부에 이르러 호남인들에 대한 홀대가 더 심화되었다
는 호남인들의 인식과 이들이 느끼는 상대적 박탈감을 반영한 것일 수 있다.
둘째, 상대지역을 대표하는 정당 및 정치인, 즉 영남에서는 박근혜-문재인
사이의 선호도 차이(2.13)가 새누리당-새정치민주연합에 대한 선호의 차이
(1.64)보다 더 컸던 반면, 호남에서는 그 반대로 새누리당-새정치민주연합
에 대한 선호의 차이(-3.78)가 박근혜-문재인 사이의 선호도 차이(-3.39)보
다 더 컸다.[8]

2) 정당 및 정치인의 이념적 위치와 거리

〈표 4〉가 보여주는 바와 같이 정당차원에서 양당의 이념적 위치(11점 척
도, 0~10)에 대한 영호남 유권자들의 인식은 매우 유사한 것으로 나타났다.
새누리당의 이념적 위치는 각각 7.34와 7.20으로 영호남 유권자들로부터
매우 보수적인 정당으로 인식되며, 새정치연합의 이념적 위치는 각각 3.51
과 3.14로 상당히 진보적인 정당으로 인식되고 있는 것으로 나타났다.[9] 영

---

8) 이는 비록 일시적이거나 박근혜나 문재인의 개인적 특성에서 기인하는 현상으로 일반
화시키기 어려운 점이 없지 않겠지만, 영호남 지역의 정치적 갈등이 주로 표출되는
요소의 차이를 보여줄 수 있다는 점에서 주목할 만하다. 다시 말해, 호남에서는 새누리
당에 대한 평가가 이 당을 인격적으로 대표하는 박근혜에 대한 평가보다, 영남에서는
문재인에 대한 평가가 새정치민주연합에 대한 평가보다 더 부정적이었다는 것이다.
이명박을 제외하면 이 조사에 포함된 모든 정치인들을 비교대상에 포함하더라도 이는
마찬가지였다. 이러한 현상은 정당 및 정치인들에 대한 선호도 격차에서도 마찬가지였
다. 영남에서는 양당의 대표적인 정치인들에 대한 선호도 차이가 정당에 대한 선호도
차이보다 더 컸던 반면, 호남에서는 양당에 대한 선호도 차이가 정치인들에 대한 선호
도 차이보다 더 컸다.

<표 4> 영호남인의 정치적 성향 II(이념)

주요 항목	영남		호남	차이	나머지		F값
이념적 위치							
새누리당	256	7.34	88	7.20	0.14	639	7.56	3.31**
새정치민주연합	251	3.51	88	3.14	0.38	639	3.57	2.26
(새누리당-새정치민주연합)	251	3.86	88	4.07	-0.21	638	4.00	0.28
응답자	253	6.08	84	3.92	2.17	642	5.56	37.34***
박근혜	259	7.77	88	7.36	0.41	641	7.73	2.23
김문수	216	6.17	84	5.77	0.39	588	6.18	2.08
이명박	257	6.46	88	7.47	-1.01	641	7.00	12.61***
정몽준	256	6.59	88	6.90	-0.30	637	6.94	4.28**
문재인	247	3.68	88	3.40	0.29	632	3.51	1.32
박원순	243	4.56	88	3.75	0.81	635	3.91	13.16***
손학규	244	4.52	88	4.16	0.36	624	4.48	1.81
안철수	257	3.47	88	3.74	-0.27	641	3.78	3.29**
(박근혜-문재인)	247	4.13	88	3.97	0.16	630	4.23	0.41
이념적 거리							
|새누리당-응답자|	250	1.69	84	3.69	-2.00	635	2.34	33.80***
|새정치민주연합-응답자|	249	3.10	84	1.68	1.43	635	2.47	15.67***
|박근혜-응답자|	253	2.01	84	3.83	-1.83	637	2.54	27.61***
|문재인-응답자|	243	3.01	84	1.63	1.38	628	2.54	13.90***
|새누리당-새정치민주연합|	251	4.18	88	4.66	-0.48	638	4.25	1.43
|박근혜-문재인|	247	4.47	88	4.74	-0.26	630	4.45	0.62

** 유의도 .05, *** 유의도 .01
출처: KSDC 2014

호남 유권자들이 인식하는 새누리당의 이념적 위치의 차이는 0.14, 새정치

---

9) 전국적으로 새누리당과 새정치민주연합의 이념적 위치는 각각 7.47과 3.51이었다. 2012년 총선후 '한국사회 이념갈등' 조사에서 나타난 정당들의 이념적 위치는 새누리당이 6.83, 민주통합당은 4.27, 통합진보당은 3.72이었다(박경미 외 2012, 134-135).

민주연합의 경우 0.38로 거의 차이가 없었다. 아울러 양당의 이념적 위치 사이의 차이(새누리당-새정치민주연합) 또한 영호남에서 각각 3.86과 4.07 로 나타났으며, 그 차이는 불과 0.21에 지나지 않았다.[10)

하지만 양당과 응답자 사이의 이념적 거리는 영호남 사이에 상당한 차이 가 있었다. 새누리당의 경우 영호남인들과의 이념적 거리는 각각 1.69와 3.69였으며, 새정치민주연합의 경우 영호남인들과의 이념적 거리는 각각 3.10과 1.68이었다. 그리고 이러한 차이는 이미 앞서 살펴본 것처럼 양당의 이념적 위치에 대한 영호남인들의 인식이 그다지 차이가 없다는 점을 고려 할 때, 영호남 지역별 유권자들의 이념적 위치가 현격하게 상이하기 때문이 라고 할 수 있다. 전체 응답자들의 이념적 위치(평균)는 5.55였으며, 영호남 인들의 이념적 위치는 각각 6.08과 3.92로, 영남인들은 자신을 비교적 보수 적이라고 평가하고 있는 반면, 호남인들은 자신을 상당히 진보적이라고 평 가하고 있는 것으로 나타났다.[11)

그런데, 여기서 주목해야 할 것은 영호남 지역 유권자들과 각 지역을 대 표하는 정당들 사이의 이념적 거리, 즉 영남인들과 새누리당 그리고 호남인 들과 새정치민주연합 사이의 이념적 거리가 각각 1.69와 1.68로 그다지 멀 지 않은 반면, 영남인들과 새정치민주연합 그리고 호남인들과 새누리당 사 이의 이념적 거리는 각각 3.10과 3.69로 상당히 멀었다는 점이다.

정치인 차원에서 양당 소속 정치인들의 이념적 위치에 대한 영호남 유권 자들의 인식 또한 매우 유사하였다. 박근혜 대통령의 이념적 위치는 영호남 에서 각각 7.77과 7.36으로 매우 보수적인 정치인으로 인식하는 반면, 문재 인은 각각 3.68과 3.40으로 매우 진보적 정치인으로 인식하는 것으로 나타 났다. 그런데 이들 사이의 이념적 거리는 영호남 지역에서 각각 4.47과

---

10) 새누리당과 새정치민주연합 사이의 이념적 거리 또한 영호남에서 각각 4.18과 4.66으로 나타났으며, 그 차이는 불과 0.48에 지나지 않았다.

11) KSDC를 이용한 유권자의 이념성향을 보면 2002년 2.82, 2004년 4.59, 2007년 5.33, 2008년 5.54이었으며, 한국사회 이념갈등조사를 이용한 2012년에는 5.06이었다(박 경미 외 2012, 134-135, 2002년은 5점 척도).

4.74에 달하였다. 이처럼 새누리당과 새정치민주연합 사이의 이념적 거리보다 지난 18대 대선에서 경합을 벌였던 두 정치인들 사이의 이념적 거리가 더 크다는 점은 주목할 만하다.

영호남에서 박근혜와 응답자 사이의 이념적 거리는 각각 2.01과 3.83이었으며, 문재인과 응답자 사이의 이념적 거리는 각각 3.01과 1.63이었다. 이는 영남을 대표하는 박근혜와 영남의 유권자들, 그리고 호남을 대표하는 문재인과 호남의 유권자들 사이의 이념적 거리가 매우 근접한 반면, 박근혜와 호남의 유권자들, 그리고 문재인과 영남의 유권자들 사이의 이념적 거리는 현격하게 멀다는 것을 의미한다. 아울러 문재인과 영남의 유권자들 사이의 이념적 거리보다 박근혜와 호남 유권자들 사이의 이념적 거리가 더 컸다.

지금까지 논의한 것을 정리해보면, 첫째, 영호남인들은 각각 새누리당과 박근혜 혹은 새정치민주연합과 문재인과 같이 자신들의 거주지를 대표하는 주요 정당 및 정치인들에 대한 선호와 이념적 근접성이 상대지역을 대표하는 정당이나 정치인들의 경우에 비해서 현격하게 강했다. 둘째, 그리고 이러한 경향성은 새정치민주연합과 문재인에 대한 호남인들의 태도에서 더 강하게 나타났다. 다시 말해, 새누리당과 박근혜에 대한 영남 유권자들의 선호와 이념적 근접성보다 새정치민주연합과 문재인에 대한 호남 유권자들의 선호도와 이념적 근접성이 더 강했다. 양당 및 양당을 대표하는 정치인들에 대한 선호도의 차이와 이념적 거리 또한 영남보다 호남에서 더 컸다. 셋째, 영남인들의 경우 양당에 대한 선호도의 차이보다 양당을 대표하는 정치인들에 대한 선호도 차이가 더 컸지만, 호남인들은 그 반대였다.

3) 국정운영 및 지역대표기능에 대한 평가

다음의 〈표 5〉가 보여주는 바와 같이 정부 수준에서 박근혜 대통령의 국정운영에 대한 평가(4점 척도, 1~4: 1=매우 잘못하고 있다, 4=매우 잘하고 있다)는 영호남인 사이에 현격한 차이가 있는 것으로 나타났다. 영남인들 가운데 58.2%가 긍정적인 평가를 하는 반면, 호남인들 가운데 불과 18.2%가 긍정적인 평가를 하였다. 세월호 사건에 대한 정부의 대처와 야당의 대

〈표 5〉 국정운영 및 지역대표기능에 대한 유권자들의 평가

		영남		호남		차이	나머지		x^2
박근혜 국정운영	부정적	109	41.8	72	81.8	-40.1	343	52.7	42.4***
	긍정적	152	58.2	16	18.2	40.1	308	47.3	
세월호 정부대처	부정적	211	80.8	77	87.5	-6.7	552	84.8	3.0
	긍정적	50	19.2	11	12.5	6.7	99	15.2	
세월호 야당대처	부정적	230	88.1	75	85.2	2.9	573	88.0	0.6
	긍정적	31	11.9	13	14.8	-2.9	78	12.0	
지역대표정당 없다	부정적	174	66.7	61	69.3	-2.6	470	72.2	2.8
있다	긍정적	87	33.3	27	30.7	2.7	181	27.8	
지역대표정치인 없다	부정적	218	86.5	78	88.6	-2.1	496	79.1	9.6***
있다	긍정적	34	13.5	10	11.4	2.1	131	20.9	

** 유의도 .05, *** 유의도 .01
출처: KSDC 2014

처에 관한 영호남 유권자들의 평가의 경우 영호남 사이에 어느 정도 차이는 있었지만 그 차이가 그다지 크지 않았다. 영남인들 가운데 19.2%, 호남인들 가운데 12.5%가 정부의 대처에 긍정적이었다. 세월호에 대한 야당의 대처에 대해서는 영남인들 가운데 11.9%가 긍정적이었던 반면, 호남인들 가운데 14.8%가 긍정적이었다.

더욱 흥미로운 것은 정당차원에서 거주지를 대표하는 정당이 있다고 응답한 이들이 차지하는 비율이 매우 낮았을 뿐만 아니라 지역별로 별다른 차이가 없었다는 점이다. 통상적으로 새누리당과 새정치민주연합이 각각 영호남을 대표하는 정당으로 알려져 있음에도 불구하고, 영남인들 가운데 33.3%, 그리고 호남인들 가운데 30.7%만이 거주지를 대표하는 정당이 있다고 답변하였다. 정치인 수준에서 응답자의 "의견을 잘 대변해주는 정치 지도자"가 있다고 응답한 이들이 차지하는 비율 또한 마찬가지였다. 영남인들 가운데 13.5%, 그리고 호남인들 가운데 11.4%만이 자신을 잘 대변해주는

정치인이 존재한다고 답변하였다. 오히려 영호남을 제외한 지역에서 긍정적으로 답변한 응답자의 비율(20.9%)이 훨씬 높았다.

2. 영호남 유권자들의 이념성향에 따른 정당선호 및 투표정당

〈표 6〉은 영호남 거주지별로 응답자들의 이념성향(3점 척도, 0~4=진보, 5=중도, 6~10=보수)에 따른 정당선호도(산술 평균)와 광역비례대표선거에서 투표한 정당의 분포를 보여준다. 〈표 6〉에서 잘 나타나듯이 영호남지역에서 이념적 성향에 따라 정당선호도와 투표한 정당의 분포는 현격하게 차이가 있었다. 전반적으로 보수적인 응답자들에 비해서 진보적인 응답자들은 새누리당보다 새정치민주연합을 선호하는 강도가 컸을 뿐만 아니라 새누리당보다 새정치민주연합의 후보에게 투표한 이들의 비율도 높았다.

〈표 6〉 거주지별 이념성향(0~4=진보, 5=중도, 6~10=보수)과 정당선호 및 투표 선택

거주지	이념성향	사례수	정당 선호도			사례수	투표정당(광역비례)	
			새누리당(A)	새정치민주연합(B)	A-B		새누리당	새정치민주연합
호남	진보	54	3.2	7.0	-3.9	54	0.0	70.4
	중도	21	3.7	6.8	-3.1	21	4.8	38.1
	보수	9	2.3	6.8	-4.4	9	0.0	66.7
	F		3.5**	0.3	2.0		$x^2=8.7$	
영남	진보	47	4.1	5.2	-1.1	48	41.7	27.1
	중도	70	4.8	4.2	0.6	70	25.7	15.7
	보수	134	7.2	4.0	3.1	135	77.8	6.7
	F		63.2***	7.8***	46.6***		$x^2=64.6***$	

** 유의도 .05, *** 유의도 .01
출처: KSDC 2014

그리고 이러한 경향성은 호남보다 영남에서 비교적 더 강하게 나타났다. 영남에서는 새누리당과 새정치민주연합에 대한 선호도의 차이(A-B)가 일관되게 보수〉중도〉진보의 순으로 나타났다. 투표한 정당의 경우에는 비록 새누리당에 대한 투표자의 비율이 보수〉진보〉중도 성향의 응답자 순으로 나타났지만, 새정치민주연합에 대한 투표자의 비율은 진보〉중도〉보수 성향의 응답자 순으로 나타났다.

이에 반해 호남에서는 진보적이거나 중도적인 성향의 응답자들의 새정치민주연합과 새누리당에 대한 선호도의 차이(-3.9와 -3.1)가 보수적 성향의 응답자들의 경우(-4.4)보다 오히려 더 컸다.[12] 호남에서는 투표한 정당을 보더라도 보수적인 성향의 응답자들 가운데 새정치민주연합에게 투표한 이들이 차지한 비율(66.7%)이 중도성향의 응답자들의 경우(38.1%)보다 더 높았다.[13] 이러한 분석 결과는 호남보다 영남에서 유권자들의 이념적 성향과 정당선호, 그리고 투표 선택이 매우 밀접하게 연계되어있다는 점을 보여주는 것이다.[14]

---

12) 이 표에는 나타나지 않았지만, "가깝게 느끼는" 혹은 "조금이라도 더 가깝다고 느끼는" 정당이 있다고 답한 응답자들의 답변을 이용하여 영호남 지역에서 친근감을 느끼는 정당의 분포를 이념별로 살펴보면, 영남에서 진보·중도·보수 성향의 유권자들 가운데 각각 28.6%, 78.6%, 93.0%가 새누리당을, 57.1%, 14.3%, 5.8%가 새정치민주연합을 지목한 반면, 호남에서는 아무도 새누리당을 지목하지 않았으며, 94.6%, 100.0%, 80.0%가 새정치민주연합을 지목하였다.

13) 확실하지는 않지만 영남에서 새누리당에게 투표한 이들의 비율이 진보성향의 유권자들보다 중도성향의 유권자들 가운데 더 적고, 호남에서는 새정치민주연합에 대한 투표자의 비율이 보수성향의 유권자들보다 중도성향의 유권자들 가운데 더 적게 나타난 것은 영호남에서 중도성향의 유권자들이 각 지역을 대표하는 기성정당에 대한 투표를 거부하는 성향이 강하다는 점을 보여준다고 할 수 있다.

14) 영남의 보수적인 응답자들의 새누리당에 대한 선호도(7.2)와 투표자 비율(77.8%)은 호남에서 진보적인 응답자들의 새정치민주연합에 대한 선호도(7.0)와 투표자 비율(70.4%)보다 더 높았다.

3. 영호남인들의 정당선호 결정 요인

〈표 7〉은 최소자승모델(Ordinary Least Square Estimation Method)을 이용하여 유권자들의 정당선호 결정 요인을 분석한 것이다. 여기에서 종속변수는 새누리당과 새정치민주연합에 대한 선호도 차이이며, 독립변수로는 정당 및 정치인과의 이념적 거리(A=[ㅣ새누리당-응답자ㅣ-ㅣ새정치민주연합-응답자ㅣ], B=[ㅣ박근혜-응답자ㅣ-ㅣ문재인-응답자ㅣ]), 거주지(호남, 영남), 그리고 이들 사이의 상호작용변수가 포함되었다. 통제변수로는 박근혜 대통령의 국정운영에 대한 평가(1~4: 1=매우 잘못하고 있다, 4=매우 잘하고 있다), 성별(남성=1, 여성=0), 연령대(20대 이하, 30대, 40대, 50대, 60대 이상), 교육수준(중졸 이하=1, 고졸 이하=2, 전문대 이하=3, 4년제 대학 이상=4), 소득수준(200만 원 미만=1, 200만 원~399만 원=2, 400만 원~ 599만 원=3, 600만 원 이상=4) 등이 포함되었다.

이 표의 모델 1과 모델 2에는 각각 양당과 유권자의 이념적 거리의 차이와 양당을 대표하는 박근혜/문재인과 유권자의 이념적 거리의 차이가 독립변수로 포함되었으며, 모델 3에는 이들 모두가 포함되었다. 이 표의 모델 1에서 잘 나타나는 바와 같이 지역 더미변수(호남, 영남)들은 종속변수에 통계적으로 유의미한 영향을 미치는 것으로 나타났다. 영남에 거주하는 이들은 새정치민주연합에 비해서 새누리당에 대한 선호도가 증가하는 반면, 호남에 거주하는 이들의 경우는 감소하는 것으로 나타났다. 아울러 양당과 유권자들의 이념적 거리의 차이(A)가 이들에 대한 선호도 차이에 통계적으로 유의미하게 부정적인 영향을 미치는 것으로 나타났다. 이는 새정치민주연합에 비해서 새누리당과 유권자 사이의 이념적 거리가 멀수록 새정치민주연합보다 새누리당에 대한 선호도가 감소하는 것을 의미한다.

모델 1에서 두 지역변수와 양당과 유권자들 사이의 이념적 거리의 차이(A) 변수들의 상호작용변수 또한 통계적으로 유의미하게 종속변수에 영향을 미치는 것으로 나타났다. A의 부분효과(partial effect), 즉 A가 한 단위 증가할 경우 새누리당에 대한 상대적 선호도의 감소 규모는 영남과 호남에

〈표 7〉 정당선호도 결정 요인(새정치민주연합 대비 새누리당 선호도)

변수	모델 1 정당	모델 2 정치인	모델 3 정당 및 정치인
〈거주지〉 영남	0.73*** (0.185)	0.95*** (0.183)	0.78*** (0.185)
호남	-3.17*** (0.338)	-3.26*** (0.352)	-3.20*** (0.349)
〈정당이념〉 A=[새누리당과의 거리- 새정치민주연합과의 거리]	-0.69*** (0.029)		-0.40*** (0.053)
영남*A	0.13** (0.052)		0.05 (0.096)
호남*A	0.60*** (0.102)		0.35*** (0.134)
〈정치인이념〉 B=[박근혜와의 거리- 문재인과의 거리]		-0.70*** (0.030)	-0.37*** (0.053)
영남*B		0.15*** (0.052)	0.09 (0.094)
호남*B		0.60*** (0.103)	0.30** (0.133)
박근혜 국정운영	1.01*** (0.126)	0.93*** (0.129)	0.82*** (0.126)
남성	0.03 (0.151)	0.08 (0.154)	0.04 (0.149)
연령대	0.13 (0.064)	0.11 (0.066)	0.08 (0.064)
교육수준	-0.21** (0.089)	-0.17 (0.091)	-0.18** (0.088)
소득	0.00 (0.107)	-0.08 (0.108)	-0.02 (0.106)
상수	-2.33*** (0.521)	-1.93*** (0.535)	-1.76*** (0.519)
사례수	966	950	945
R-squared	0.648 (0.820)	0.646 (0.808)	0.670 (0.900)

괄호 안의 수는 표준 오차; ** 유의도 .05, *** 유의도 .01
출처: KSDC 2014

서 각각 -0.56(=-0.69+0.13)과 -0.09(=-0.69+0.60)로 호남보다 영남에서 더 컸다. 종속변수에 대한 A의 부정적 영향은 영호남에서 모두 완화되었지만, 그 완화효과(moderation effect)는 영남(0.13)보다 호남(0.60)에서 더 컸다. 새누리당과의 상대적 이념적 거리가 멀수록 새누리당에 대한 상대적 선호도는 감소하며, 이러한 경향성이 호남보다 영남에서 강하다는 것이다.

이러한 분석 결과는 최근에 부상한 이념균열이 한국 유권자들의 정당선호에 반영되고 있을 뿐만 아니라, 한국사회의 대표적인 사회적 균열인 지역균열과 교차함으로써 영호남, 특히 호남거주자들의 정당선호에서 나타나는 편향성을 완화시키고 있다는 점을 잘 보여준다. 하지만 여전히 영호남 지역의 정당선호에 미치는 새누리당과의 상대적인 이념적 거리(A)의 영향은 다른 지역에 비해서 작았다. 특히 호남의 경우 영남과 비교하더라도 그 영향은 더 제한적이었다. 모델 1에서 A가 산술평균인 -0.26일 때 새누리당에 대한 상대적 선호도는 영남거주자의 경우 0.70[=0.73+0.13*-0.26] 증가하는 데 그쳤지만, 호남거주자의 경우에는 무려 -3.33[=-3.17+0.60*-0.26]이나 감소하는 것으로 나타났다.

그 외에 이 모델에 통제변수로 포함된 박근혜 대통령의 국정운영에 대한 평가, 교육수준은 종속변수에 통계적으로 유의미한 영향을 미치는 것으로 나타났다. 박근혜 대통령의 국정운영에 대한 평가가 긍정적일수록 새정치민주연합보다 새누리당에 대한 선호도가 증가하는 반면, 교육수준이 높을수록 감소하는 것으로 나타났다. 하지만, 성별, 연령, 소득 등 나머지 통제변수들은 종속변수에 별다른 영향을 미치지 않는 것으로 나타났다.

〈표 7〉의 모델 2에서 종속변수인 새누리당에 대한 상대적 선호도에 '양당을 대표하는 박근혜 및 문재인과 유권자와의 이념적 거리 사이의 차이(B)'가 미치는 영향은 모델 1에서 '양당과 유권자와의 이념적 거리 사이의 차이(A)'의 영향과 매우 유사하였다. B가 클수록 새누리당에 대한 상대적 선호도가 감소하는 것으로 나타났다. 아울러, 영남 거주자인 경우 새누리당에 대한 상대적 선호도가 증가하는 반면, 호남 유권자인 경우에는 감소하는 것으로 나타났다. 아울러 종속변수에 B가 미치는 영향은 영호남에서 완화되

었으며, 그 규모는 영남보다 호남에서 더 컸다.[15] 이 모델에서 교육수준의 효과가 사라진 것을 제외하면 나머지 변수들이 종속변수에 미친 영향은 모델 1과 유사하였다.

양당 및 양당을 대표하는 정치인들에 대한 이념적 거리 사이의 차이(A와 B)를 모두 포함시킨 〈표 7〉의 모델 3의 분석 결과는 모델 1 혹은 모델 2와 대체로 유사하였다. 다만, 호남거주여부와 달리 영남거주여부와 관련된 상호작용변수들이 종속변수에 미치는 영향이 모두 통계적으로 유의미하지 않은 것으로 나타났다. 이러한 분석 결과는 양당 및 양당을 대표하는 정치인들과 응답자 사이의 이념적 거리가 정당선호도에 미치는 영향에 대한 거주지의 완화 효과가 영남보다 호남에서 더 안정적이라는 것을 보여준다는 점에서 주목할 만하다.

V. 결론

지금까지 이 연구는 2012년 개최된 제6회 지방선거 후 실시된 KSDC의 여론조사자료를 이용하여 영호남 유권자들의 전반적인 정치적 성향을 분석하고, 더 나아가 영호남 유권자들의 정당선호도를 결정하는 요인에 대한 분석을 시도하였다. 분석 결과 영남의 유권자들이 호남의 유권자들에 비해서 우리나라의 민주정치에 대한 만족감, 권력 효능감, 내재적·외재적 효능감을

---

15) 〈표 7〉에는 포함되지 않았지만, A와 B 대신 응답자의 이념적 위치(0~10)를 사용한 모델의 분석 결과 역시 모델 1, 2와 유사하였다. 그리고 이 모델에서 응답자의 이념적 위치와 영호남 사이의 상호작용변수의 회귀계수가 각각 -0.30과 -1.28이었으며, 결정계수는 0.586이었다. 이는 응답자의 이념적 위치가 정당선호에 미치는 영향력이 표 4의 모델에 포함된 정당 및 정치인들의 상대적인 이념적 거리의 경우에 비해서 호남에서 현격히 약화된다는 점과 함께, 〈표 7〉에 포함된 모델들에 비해서 이 모델의 설명력 또한 약하다는 점을 보여준다고 할 수 있다.

더 많이 느끼고 있는 것으로 나타났다. 아울러 영호남인들은 새누리당과 새정치민주연합, 그리고 이들을 대표하는 박근혜와 문재인에 대한 선호의 편향성이 심각한 것으로 나타났다. 영호남인들은 각각 새누리당과 새정치민주연합 그리고 박근혜와 문재인을 선호하며, 이들에 대한 선호도 격차는 각각 5.42(21점 척도, -10~10)와 5.52에 달하였다. 국정운영 및 지역대표성과 관련하여 영남인들이 호남인들에 비해서 박근혜 대통령의 국정운영, 세월호에 대한 정부대처, 지역대표정당 및 정치인의 존재에 대하여 긍정적으로 평가하고 있는 것으로 나타났다. 다만, 박근혜 대통령의 국정운영을 제외한 나머지 항목에 대한 평가는 영호남인들 사이에 별다른 차이가 없는 것으로 나타났다.

영호남인들의 이념적 성향 또한 매우 상이한 것으로 나타났다. 이들의 이념적 위치는 각각 6.08과 3.92로 현격히 차이가 있었으며, 상대지역을 대표하는 정당 및 정치인과의 이념적 거리는 매우 컸다: 새누리당-호남인(3.69), 새정치민주연합-영남인(3.10), 박근혜-호남인(3.83), 문재인-영남인(3.01). 하지만, 새누리당과 새정치민주연합 그리고 박근혜와 문재인의 이념적 위치에 대한 영호남인들의 평가는 매우 유사하였으며, 거주지역을 대표하는 정당 및 정치인들과의 이념적 거리 또한 상당히 가까웠다: 새누리당-영남인(1.69), 새정치민주연합-호남인(1.68), 박근혜-영남인(2.01), 문재인-호남인(1.63).

영호남 유권자들의 정당선호와 투표 선택은 대체로 이념적 성향에 따라 차이가 있는 것으로 나타났다. 진보적인 유권자들 가운데 새누리당을 선호하거나 이들에게 투표한 이들의 비율이, 보수적인 유권자들 가운데 새정치민주연합을 선호하거나 이들에게 투표한 이들의 비율이 높았다. 이러한 성향은 호남보다 영남의 경우에 두드러졌다. 한국 유권자들의 정당선호도 결정 요인에 대한 회귀분석결과 영호남 거주여부와 새누리당과 새정치민주연합 그리고 박근혜와 문재인과 유권자 사이의 이념적 거리의 차이(A와 B)는 통계적으로 유의미하게 양당선호도 차이에 영향을 미치는 것으로 나타났다. 영남에 거주할 경우, 그리고 새누리당보다 새정치민주연합과의 이념적 거리가 멀수록 새정치민주연합 대비 새누리당에 대한 상대적 선호도가 증가하는 반면, 호남에 거주할 경우, 그리고 새정치민주연합보다 새누리당과의 이념적 거리가 멀수록 새누리당에 대한 상대적 선호도는 감소하는 것으로 나타났다.

그런데 이보다 더 흥미로운 것은 영호남 거주여부와 양당 및 양당을 대표하는 정치인들과 유권자 사이의 이념적 거리차이의 상호작용변수가 통계적으로 유의미하게 종속변수에 영향을 미치는 것으로 나타났다는 점이다. 정당 및 정치인과 유권자 사이의 이념적 거리의 차이가 정당선호도에 미치는 영향이 영호남 거주에 따라 완화되는 것으로 나타났으며, 특히 호남 거주자의 경우 이러한 완화 효과가 더 큰 것으로 나타났다. 결국 호남보다 영남에서 정당 및 정치인과 유권자 사이의 이념적 거리의 차이가 종속변수인 새정치민주연합 대비 새누리당에 대한 선호도에 미치는 영향이 더 강한 것으로 나타났다.

이러한 분석 결과는 한국에서 이념적 균열의 부상과 이에 따른 지역주의의 약화 가능성에 대한 선행 연구들의 주장과 일치하며, 영호남 유권자들, 특히 영남에 거주하는 유권자들의 정당선호가 단순히 전통적인 지역균열에 의한 지역연고나 지역이익에만 기초하지 않는다는 점을 보여주는 것이다. 아울러, 이러한 분석 결과는 최소한 지역균열과 이념균열의 교차현상으로 인한 기성 사회적 균열구조의 변화 가능성뿐만 아니라 이들이 미치는 영향의 지역별 이질성(heterogeneity)을 보여준다는 점에서 주목할 만하다고 할 수 있다. 이미 잘 알려져 있듯이 2002년 제16대 대선과 2004년 제17대 총선을 계기로 본격적으로 표출되기 시작한 한국사회의 이념균열은 영호남거주 효과를 약화시킴으로써 정당선호만이 아니라 정당체제의 변화를 촉진하고 있지만, 그 영향력은 지역적으로 불균등하다는 점에서 이에 대한 지속적인 관찰이 필요하다고 할 수 있다.

【참고문헌】

강명구·하세헌. 2014. "지역정당에 대한 정당일체감과 지방정치."『한국정치학회
　　보』48(1): 55-77.
강원택. 2010. "지역주의는 약화되었을까: 지역주의와 2007년 대통령 선거."『한국
　　선거정치의 변화와 지속: 이념, 이슈, 캠페인과 투표참여』. 서울: 나남.
권혜정. 2014. "도곡역 방화범 "상왕십리역 추돌사고 보고 범행"."『뉴스원』, 2014.05.
　　28. http://news1.kr/articles/1697581(접근일: 2014.06.01).
김수영. 2014. "2호선 상왕십리역 열차추돌 6명 영장…신호오류 보고안해."『매일경
　　제』, 2014.05.26. http://news.mk.co.kr/newsRead.php?no=816370&year=
　　2014(접근일: 2014.06.01).
김진하. 2010. "한국 지역주의의 변화."『현대정치연구』3(2): 89-114.
김태완. 2012. "한국 선거에서의 영호남 지역주의 투표성향에 대한 분석."『로컬리티
　　인문학』(7): 57-104.
박경미·한정택·이지호. 2012. "한국사회 이념갈등의 구성적 특성."『한국정당학회
　　보』11(3): 127-154.
박상훈. 2001. "한국의 유권자는 지역주의에 의해 투표하나: 제16대 총선의 사례."
　　『한국정치학회보』35(2): 113-134.
이용마. 2014. "2000년대 이후 한국 사회 계층균열 구조의 등장."『한국정치학회보』
　　48(4): 249-270.
이지호. 2009. "정당 위치와 유권자 정향."『현대정치연구』2(1): 123-149.
전용주·김도경·서영조. 2008. "부산·광주지역 대학생들의 정치성향 비교연구."『한
　　국정치학회보』42(4): 289-314.
조기숙. 1997. "지역주의 논쟁: 비판이론적 시각에 대한 비판."『한국정치학회보』
　　31(2): 203-232.
지병근. 2013. "호남지역에서 나타난 정당후보득표율의 지역편향: 제18대 대선 사례
　　분석."『한국정당학회보』12(1): 141-172.
＿＿＿. 2014. "호남 유권자들의 이슈에 대한 태도 및 이념적 특성."『21세기정치학

회보』 24(1): 33-56.

최준영·조진만. 2005. "지역균열의 변화 가능성에 대한 경험적 고찰: 제17대 국회의
   원선거에서 나타난 이념과 세대 균열의 효과를 중심으로."『한국정치학회
   보』 39(3): 375-394.

하세헌. 2005. "영남 지역주의의 변화."『한국정치외교사논총』 27(1): 161-191.

한정훈. 2012. "정당일체감 형성요인 분석: 정강, 정당지도자 및 정당활동가."『한국
   과 국제정치』 28(3): 93-128.

제4장

주택이 정책 태도와 투표행태에 미치는 영향:
2014년 지방선거 결과를 중심으로

서복경 | 서강대학교 현대정치연구소

I. 왜 주택에 주목하는가?

본 장은 주택변수가 한국 유권자 투표행태에 미치는 영향에 관심을 가지며, 2014년 제6회 전국동시지방선거 직후 한국선거학회가 조사한 유권자 조사 자료를 활용하여 이를 검증해보고자 한다.

한국에서 주택변인은 이미 그 현실 정치적 영향력으로 주목을 받아왔으며, 이를 나타내는 상징적 담론 중 하나가 소위 '강남3구현상'이었다. 이 현상은 여러 측면에서 해석이 가능하지만, 주택과 거주지를 매개로 한 정치현상이라는 점에서 특히 관심의 대상이 되었다. 높은 집값과 학군으로 유명했던 '강남3구'는, 2000년대 어느 즈음에 높은 투표율과 특정 정당에 대한 지지율이 결합되어 하나의 정치현상으로 인지되었다. 손낙구(2010)는, 집합자료를 활용해 주택 가격과 투표율, 선거에서 정당 지지율의 관계를 추적했고 상관성이 있음을 보여주었다. 또한 박원호(2009)는 주택가격의 변동이 유권자의 정치행위와 상관성이 있는지에 관심을 가졌으며, 부동산가격 상승률이 높을수록 자가 소유자들의 집권당 지지가 높아지는 현상을 발견하기도 했다.

그러나 현실정치의 주목과는 별도로, 학술연구에서 이 현상이 과연 개별 유권자 수준의 미시적 기초를 갖는 현상인지, 서울을 벗어나 전국적으로도 경험적 근거를 갖는 것인지 등에 관한 연구는 체계적으로 진척되어 오지 못했다. 한국에서 유권자 투표행태 연구를 위한 조사에 주택 변수가 포함되기 시작한 것도 비교적 최근의 일이다.[1]

그러나 서구에서 주택이 정치에 미치는 영향에 대한 관심은 19세기 말까지 거슬러 올라갈 정도로 오랜 역사를 가지며, 경험 자료를 통해 이를 확인하려는 노력도 꾸준히 이어져오고 있다. 오랜 가정들에 따르면, 주택은 개별 유권자와 정치를 여러 단계에 거쳐 매개하는 요인이다. 개별유권자 수준에서 주택을 매개로 한 주거형태는 거주지, 특정 장소에서의 거주기간, 주택가격의 변동에 따른 가처분소득의 크기 등에 영향을 미치며, 이로부터 비롯되는 이해관계는 주택소재지 지방정부 및 중앙정부의 정책에 대한 선호를 형성하고, 나아가 전체 사회변동의 방향에 대한 인식 틀에도 영향을 미쳐 정치 참여의 능동성과 투표 선택의 방향에 이르기까지 광범위한 영향력을 행사할 수 있다고 가정된다.

물론 이러한 이론적 가정들이 모든 사회에서 동일한 방식으로 확인되는 것은 아니다. 한 사회가 역사적으로 형성해 온 주택소유와 점유의 구조가 다르고, 개별유권자의 자산구조에서 주택자산이 갖는 지위도 다르며, 정당들의 집권경쟁에서 주택을 매개로 한 정책들이 다루어지는 방식도 다르기 때문에 각 사회에서 주택변수가 정치에 영향을 미치는 매개와 경로가 같을 수는 없다. 하지만 최근 들어 몇몇 경험 자료들은 한국에서도 주택변인과

---

1) 2012년 국회의원선거에 대한 한국정치학회 조사, 2010년~2014년 서강대학교 현대정치연구소 조사에서 이 변수를 포함하고 있으며, 금번 선거학회 조사에서도 주택변수를 포함하였다.

유권자의 정치참여, 투표 선택, 정책 태도가 일정한 연관성을 가질 가능성을 확인시켜주고 있고, 본 연구는 이런 흐름에 주목하며 2014년 지방선거 경험자료를 가지고 경험적 검증을 시도한 것이다.

예컨대 2012년 19대 국회의원선거 직후 수행된 한국정치학회 조사 자료는 자가소유 변수를 포함했는데 이 변수와 투표참여는 유의한 상관관계를 나타낸 바 있으며, 2012년 18대 대통령선거 후 수행된 서강대학교 현대정치연구소 조사 자료에서는 자가 소유 변수와 후보 선택 사이에 유의한 관계가 있는 것으로 나타났다. 또 2014년 서강대 현대정치연구소 지방선거 수도권 유권자 대상 조사 자료에서도 자가소유 및 자가거주 변수가 투표 선택과 유의한 관계가 있는 것으로 확인된다(서복경·허신열 2014). 하지만 한국에서 주택변수의 정치적 영향력에 대한 탐색은 시작단계에 있으며, 본 연구역시 서구의 경험을 토대로 한 몇몇 가설을 탐색해보는 수준을 넘어서지 못한다. 그럼에도 이런 과정을 거쳐 반복적인 확인이 이루어진다면, 향후보다 체계적인 연구 디자인과 경험조사가 가능해질 것으로 기대한다.

II. 기존 연구: 주택과 정치의 관계

캐나다 사례를 토대로 주택과 정치의 관계를 분석했던 Verberg(2000)은, 정치에서 주택의 영향력에 주목했던 오랜 두 흐름으로 마르크시즘에서 출발한 '정치적 체제내화 이론(political incorporation thesis)'과 신베버리안(neo-Weberian) 계보의 '소비부문 이론(consumption sector theories)'을 꼽는다. 마르크시즘적 관심은 주택에 대한 Engels(1872; 1972)의 논의를 발전시킨 것이지만, 현대 민주주의 정치체제에서 주택소유자들의 정치행태를 설명하는 데 많은 함의를 전달한다. 체제내화란, 과거 무산계급에 속했던 노동자들이 정치공동체 자산의 일부인 주택을 소유하게 됨으로써 자산소유자 계급과 유사한 정치행태 및 정책선호 등을 갖게 되어 자본주의 체제내로 통합되고 체제부정을 통한 문제 해결 방식으로부터 멀어져 간다는 의미를 담는다. 주택을 소유하게 된 노동자들은 혁명의 방식이 아닌 선거참여, 주택을 매개로 한 주거지공동체 활동에 대한 참여, 주택가치의 하락을 막고 가치상승에 도움 되는 정책을 선호하는 등 자본주의와 민주주의가 공존하는 정치체제 안의 활동을 통해 삶의 조건을 개선하는 방식에 익숙해지고, 다른 한편으로 여전히 주택소유 능력을 갖지 못하는 노동자들과의 계층적 분리를 용인하게 됨으로써 계급사회에 적응하게 된다는 것이다. 이 주장에서 주택소유는 노동자들을 체제 내로 순응시키는 핵심수단이 되지만, 다른 편에서 보면 대의제 민주주의에서 시민적 참여를 추동하는 핵심매개가 되는 것이기도 하다.

소비부문(consumption sectors) 혹은 소비균열(consumption cleavage) 이론은 1960~70년대 주택계급(housing class)에 관한 논의나 집단적 소비(collective consumption) 이론 등을 포괄하는 흐름으로, 생산관계에서의 자산소유 여부만이 아니라 세습적 신분, 상품의 소비를 둘러싼 관계 등에서도 사회적 계층화가 발생한다는 베버의 고전적 이론을 계승하고 있다. 이 이론들은 주로 도시사회학 연구에서 발전했는데, 도시에서 집합적으로 소비되는 주택, 교육, 교통 등의 소비재가 사회적 신분을 계층화시키는 핵심매개가 되어 사회균열을 야기한다는 것이다. 영국 버밍햄 도시지역 스파크브룩(Sparkbrook)의 사례연구를 통해 주택계급이 어떻게 형성되는가를 보여주었던 Rex & Moore(1967)에 따르면, 도시근교 고급주택가에 대한 접근성에 따라 주택을 매개로 한 계급이 형성되었는데 여기에는 인종이나 민족적 편견이 핵심변인으로 작용했다고 한다. 당대 영국에서 도시근교 고급주택가 거주 여부는 주택소유자와 도심 내 공공임대주택 거주자 계층을 나누는 상징이었고, 가족중심의 중산층 이상 소비문화를 공유하는 자신들만의 공동체를 구성하여 차별적 사회균열을 만들어내는 요인이었다는 것이다.

1970년대까지 다분히 이론적 가정에 토대를 두고 몇몇 사례연구를 통해서 주장되었던 흐름들은, 1980년대에 전환적 계기를 맞이하게 되면서 선거 경험연구와 접목되었다. 1979년 집권한 영국의 대처 정부는 당시 영국 가구의 32%가 거주하고 있던 공공임대주택을 개인소유 주택으로 민영화하는 정책을 추진했고 그 결과로 불과 10년 만에 영국의 자가소유율[2]은 50%에서 70%로 비약적인 증가를 나타내었는데, 이 시점을 계기로 자가거주자와 차가거주자의 투표참여, 투표 선택 및 정책 태도의 차이에 관한 경험연구가 활발히 일어나기 시작했다. 비슷한 시기 미국에서도 주택소유 여부가 정치행태에 미치는 영향에 관한 관심이 집중되기 시작했으며, 특히 이런 관심은 2000년대 초반 부시 정부가 표방한 '자산소유자 사회(ownership society)' 정책으로 가속화되었다. 자산소유자들은 시장원리에 따라 자신의 책임으로 많은 문제를 해결해 갈 것이므로 국가에 대한 의존도가 낮아지고 정치사회 참여는 늘어나며 그 결과로 작은 정부가 가능해지고 민주주의는 더 튼튼해질 것이라는 논리하에 주택과 주식, 채권 등의 소유가 독려되었고 다수의 무주택자들이 주택을 구매했다. 이렇게 늘어난 자가거주자들은 여전히 남아 있는 차가거주자들과 정치행태에서 어떤 차이를 나타내는지 역시 정치와 선거연구자들 사이에서 중요한 관심사가 되었다.

  주택변인이 유권자의 정치 태도에 미치는 영향은 크게 세 가지로 나누어 볼 수 있다. 첫째, 전반적인 정책 태도의 보수성이다. 한 사회 내에서 자가(自家)거주자들은 차가(借家)거주자들보다 물려받거나 축적한 자산의 규모가 더 크고 자가를 획득하고 유지할 정도의 소득이나 사회적 지위를 가졌을 가능성이 크며, 이런 조건은 차가거주자들에 비해 전반적인 사회변화에 대해 소극적인 태도를 가지게 하고 현재의 시장질서나 사회질서의 유지에 더 큰 이해관계를 갖게 할 가능성이 크다는 것이다. Verberg(2000)는 캐나다 전국 유권자 조사 자료를 활용해 자가거주자들은 차가거주자들에 비해 정치적·경제적·도덕적 보수주의를 더 지지한다는 가설을 증명했다.

---

2) 우리나라에서 자가소유와 자가거주는 같은 개념이 아니다. 2012년 주거실태조사에 따르면, 우리나라 자가보유 가구 가운데 자신들은 전·월세 집에 살면서 현 거주지가 아닌 타지에 주택을 소유하고 있는 비율이 13.1%에 이른다고 한다. 하지만 영국이나 미국, 캐나다 등에서는 이런 사례가 매우 드물기 때문에 자가소유자와 자가거주자는 분리되지 않고 homeowner로 사용된다.

둘째, 투표참여다. 주택보유자 혹은 자가거주자일수록 더 능동적으로 정치에 참여하며, 그 한 결과로 투표에도 더 참여한다는 것이다(Alford & Scoble 1968; Pattie & Johnson 1998). 기존 연구가 주장해온 투표참여 영향 가설은 두 가지 근거에서 비롯된다. Hollian은 이를 투자효과와 소비효과로 나누어 설명한다(Hollian 2011, 268). 투자효과란 지방정부이든 중앙정부이든 간에 정부정책에 따라 거주하고 있는 주택의 가격이 영향을 받을 것이므로 어떤 정부가 들어서는가에 대해 더 민감해질 수밖에 없으며, 그 결과 투표에 더 참여한다는 것이다. 소비효과란 자가거주자일수록 이동성이 떨어지고 현재 거주지에 더 오래 살아야 하므로 현 거주지를 관할하는 지방정부가 제공하는 정책과 서비스가 개선되는 데 관심이 더 크고, 그 결과 투표에 더 참여한다는 것이다.

투표참여에 대한 소비효과 가설은 다시 두 가지의 세부 가설을 포함한다. 그 하나는 주택보유 여부는 거주지에 대한 애착을 매개로 정치참여에 영향을 미친다는 것이다. Cox(1982)에 따르면, 자가거주자들은 한 곳에 더 오래 거주할 가능성이 크고 이로 인해 거주지와 이웃들에 대해 더 큰 애착을 가지기 때문에 차가거주자들보다 공동체의 문제 전반에 대해 더 능동적이라는 것이다. 다른 한 가지 가설은 거주지에 더 오래 살아왔고 앞으로도 더 오래 살아가야 할 것이기 때문에 지방정부정책이나 서비스에 더 민감하며, 특히 지방정부 서비스에 대해 불만이 많은 자가거주자일수록 더 투표에 참여해서 더 나은 서비스를 추구할 것이라는 것이다(Hollian 2011; Verberg 2000).

주택변인이 정치 태도에 영향을 미치는 세 번째 방식은 자신에게 더 유리한 정당을 선택함으로써 이익을 추구한다는 것이다. 1980년대 대처의 공공임대주택 민영화 추진 이후 자가거주자들일수록 보수당을 더 지지했다는 발견(McAllister 1984; Garrett 1992)이나, 차가거주자들이 노동당을 더 지지했다는 발견(Johnston & Pattie 1996) 등이 여기에 해당한다. 두 번째 방식의 영향력은 국가마다 차이가 있을 수밖에 없으며, 한 국가 안에서도 시기에 따라 서로 다른 패턴이 나타나게 된다. 선거에서 경쟁하는 정당들이 주택정책을 매개로 자가거주자와 차가거주자에게 편익을 제공하는 정책을 표방하지 않는 한 주택소유 여부에 따른 이해관계가 정당지지로 곧바로 이어지지는 않을 수 있다.

또한 주택변인에 따른 이해관계가 동일하다 하더라도 이것이 특정 정당에 대한 선호로 전환되는 양식은 역사적 시기에 따라 달라질 수 있다. 1992년부터 2005년까지 4번의 선거에 대한 선거 데이터를 활용해 주택변인의 영향력을 추적한 Huberty(2011)는, 시기효과를 통제할 경우 자가거주자들이 보수당을 더 지지한다는 근거는 없으며 오히려 다른 변인들을 통제할 때 약하지만 노동당에 더 투표하는 경향이 나타났다고 밝힌다. 영국에서 1980년대 보수당 주도 정책 추진으로 자가소유자들이 급격하게 증가했고 이것은 일시적으로 보수당 지지를 확대시킨 것은 사실로 확인된다. 그러나 결과적으로 보면 2008년 경제위기 당시 200만 명 이상이 부채를 견디기 못해 자가를 팔아 치웠고 차가거주자가 되었는데, 추정컨대 이런 부채부담은 1990~2000년대 초반을 경과하면서 보수당에 대한 부정적 선호 형성에 기여했을 가능성도 있다.

주택과 정치의 관계에 대한 해외연구들은 가구자산 중 주택자산이 차지하는 비중이 높고 주택보유 및 주택점유율이 높지 않은 한국적 현실에 전달하는 함의가 크다. 2012년 주거실태조사에 따르면, 우리나라 가구의 자가 점유율은 53.8%, 자가 보유율은 58.4%로 나타난다. 자가 점유율이 50%를 넘긴 하지만 수도권의 자가 점유율은 45.7%에 그치며 대도시지역과 농촌지역의 격차는 크다. 이런 조건에서 만약 주택이 유권자의 정치참여 정도와 정책 태도 등에 상이한 영향을 미친다는 가설이 한국에서도 적실성을 가진다면, 향후 각 정당 및 정부들은 주택정책의 내용뿐 아니라 기존의 주택정책으로 형성된 유권자 지형에 대해서도 매우 섬세한 진단과 대안이 필요하게 될 것이다.

Ⅲ. 연구가설

본 연구는 한국의 경험 자료를 활용하여 위 해외연구들을 통해 가정된 몇 가지 가설들이 한국에서는 어떤 효과를 갖는지 검증해보고자 한다.

〈가설 1〉 자가거주자는 차가거주자보다 더 보수적일 것이다.
〈가설 2〉 자가거주자는 차가거주자보다 더 투표에 참여할 것이다.
〈가설 2-1〉 자가거주자는 거주지 거주기간 변수를 매개로 더 참여할 것이다.
〈가설 3〉 자가거주자는 차가거주자보다 보수정당을 더 지지할 것이다.

주택변인은 자가소유 변인과 자가거주 변인의 두 가지 방법으로 조작화할 수 있는데 여기에서는 자가거주 변인으로 더미변수화하였다. 주택소유와 거주에 일정한 괴리가 있는 우리나라와 달리 해외에서는 소유와 거주가 거의 일치하기 때문에 두 변수가 구분되지 않는다. 우리나라의 경우 대통령선거에서는 자가소유 변수가 더 유의할 수 있겠으나 선거구가 있는 국회의원 선거나 지방선거에서는 자가거주 변수가 주택을 매개로 한 이해관계 형성 등에 더 유의한 변수가 될 수 있다. 〈표 1〉은 본 연구가 사용하는 자료에서 자가거주 변수의 분포를 나타낸 것이다. 자료에서 자가거주자는 792명, 차가거주자는 208명으로 집합적 통계에 비해 자가거주자가 과대 대표되어 있으며 차가거주자는 과소 대표되어 있다.

첫 번째 이념적·정책적 보수성 가설의 검증을 위하여, 주관적 이념성향

〈표 1〉 주택변인의 분포

(단위: 명)

자가소유 자가거주	자가소유 차가거주	차가거주	합계
792	100	108	1,000
자가거주(1)	차가거주(0)		

과 정책 태도에서 자가거주자와 차가거주자가 차이를 분석할 것이다. 본 조사에서 주관적 이념성향은 보수-진보 11급 간으로 측정되었으며, 정책 태도는 한미동맹 강화, 국가보안법 폐지 등 총 10가지의 정책에 대한 태도를 찬성-반대 11급 간으로 물었는데, 집단별로 유의한 차이가 있는지를 검증함으로써 보수성 가설을 검증해 볼 것이다.

다음으로 주택의 투표참여 영향 가설을 검증한다. 〈가설 2〉는 자가거주 변수와 함께 거주기간 변수를 포함하여 투표참여 영향 가설의 세부가설이 한국에서도 적용이 되는지 여부를 검증하고자 한다. 만약 한국에서도 거주기간 변수를 매개로 투표참여가 이루어진다면, 자가거주 변수만 사용한 모형에서보다 이 변수를 각각 추가한 모형에서 자가거주 변수의 설명력은 낮아져야 할 것이며, 모형의 설명력은 더 높아져야 할 것이다. 거주기간 변수는 본 자료에서 거주지 거주기간에 대해 개방형으로 물은 문항을 조작하여 사용한다.

〈표 2〉는 거주기간을 구간 별로 재구성한 분포표로, 차가거주자들이 과소 대표되어 있는 자료의 성격을 고려할 때, 5년 이하 혹은 10년 이하 구간 역시 과소 대표되어 있다고 가정할 수 있다. 그러나 자가거주자와 차가거주자의 평균 거주기간을 비교한 결과, 자가거주자의 평균 거주기간은 19.4년, 차가거주자의 평균 거주기간은 13.8년으로 양 집단의 차이는 유의한 것으로 나타났다($p < 0.000$, $t=5.540$). 모형에서는 거주기간을 연속변수로 사용하지 않고 기준구간을 두어 조작화한 더미변수를 사용한다. 이 방식은 Hollian (2011) 모델에서 차용한 것으로, 자가 소유 여부에 상관없이 거주기간 변수가 독립적인 영향력을 가진다고 가정할 경우 이는 연속효과로 나타나기보다 단기로 이동하는 거주자와 일정 기간 이상 동일 공간에 거주한 사람의 차이

〈표 2〉 거주기간 변수의 분포

기간	5년 이하	6~10년	11~15년	16~20년	21~30년	31년 이상	합계
빈도	138	232	147	176	183	124	1,000

를 가정한 것이기 때문에 더미변수 방식을 채택한 것이다. 모형에서 거주기간 변수는 11~20년 거주기간을 기준으로 5년 이하, 5~10년, 21년 이상의 3개 더미변수로 조작화하였다. 11~20년을 기준변수로 둔 것은 차가거주자의 평균 거주기간인 13년과 자가거주자 평균 거주기간인 19.4년을 고려하여 설정한 것이다.

〈가설 2〉 및 〈가설 2-1〉을 검증하는 데 통제변수로 성, 연령, 학력, 소득, 지지정당 유무 변수를 사용했다. 최근 연구에서 투표참여에 성별 변수는 유의한 영향을 미치지 않는 것으로 나타나지만, 2014년 지방선거의 경우 저널리즘 수준에서 '앵그리 맘' 효과 등으로 40~50대 여성유권자의 과거와 다른 투표행태를 가정하기도 하였으므로 통제하는 것이 타당하다고 판단하였다. 연령변수는 한국에서 투표참여에 영향을 미치는 것으로 확인된 대표적인 변수로 자연연령 형태로 사용했다. 지지정당이 있는 집단은 지지정당이 없는 집단보다 투표에 더 참여할 것이므로 통제변수로 포함했다. 학력은 선거에 따라 혹은 모형에 따라 투표참여에 비일관된 효과가 나타난 변수이긴 하지만 소득과 마찬가지로 일반가설에 따라 여전히 유력한 통제변수가 된다. 학력은 일반적인 3급 간 연속변수가 아니라 대학 재학 이상 구간을 전문대와 4년제 대학으로 구분하여 4급 간 연속변수로 포함했으며, 소득변수는 8급 간 연속변수를 사용했다.

〈가설 3〉은 지방선거에서 광역단체장과 기초단체장 투표 선택을 종속변수로 사용했으며, 새누리당 선택과 기타를 더미변수로 처리하였다. 〈가설 3〉은 대안적 선택이 아니라 자가거주자일수록 보수정당을 선택한다는 것인데, 2014년 지방선거에서 보수정당은 분열되지 않았고 한국적 맥락에서 보수정당은 새누리당을 의미한다고 보았다. 〈가설 3〉의 검증을 위해 성, 연령, 학력, 소득 변수와 함께 주관적 이념변수와 지역변수, 중앙정부에 대한 평가변수를 포함했다. 역시 한국적 맥락을 반영한 것으로, 한국에서 대통령 임기 중간에 실시되는 지방선거는 중앙정부에 대한 중간평가의 의미를 갖는다는 가정이 강력했으며 이 변수를 통제해야 주택변수의 영향력을 확인할 수 있을 것이라고 판단하였다. 지역변수는 호남, 경남, 경북을 각각 더미변수로 하여 통제하였고, 중앙정부 평가는 박근혜 정부에 대한 평가로 잘함-못함 4급 간 측정문항을 사용했다.

IV. 분석 결과

1. 자가거주자들은 차가거주자들보다 보수적인가?

이념적 스펙트럼 상에서 유권자의 위치를 판단하는 방법은 개인이 주관적으로 인지하는 이념 위치를 기준으로 하는 방법과, 한 사회의 이념적 스펙트럼을 구성한다고 가정되는 대표적인 정책 혹은 관점들에 대한 태도를 기준으로 하는 방법이 있다. 우선 주관적 이념 위치를 중심으로 두 집단의 차이를 살펴보았다. 자가거주자들의 주관적 이념 위치 평균값은 5.63, 차가거주자들의 값은 5.24로 유의한 차이가 있었고(t=2.420, sig.=0.016), 자가거주자들은 차가거주자들보다 스스로를 더 보수적이라고 인식하고 있었다.

다음으로 정책 태도의 차이를 살펴보기 위해, 먼저 유권자가 스스로 인식하는 이념 위치와 본 조사에 포함된 정책 태도 문항의 상관관계를 확인함으로써 유의한 정책 태도들을 선별하였다. 총 10가지 문항 가운데 3가지 정책 태도는 주관적 이념성향과 유의한 관계를 나타내지 않았고 나머지 7개 태도는 유의한 관계를 나타냈다. 총 10개 문항 가운데 비정규직 문제, 고소득자 과세, 공기업 민영화에 대한 태도에는 차이를 나타내지 않았는데, 이는 현재 한국사회에서 유권자들의 이념 위치가 사회경제정책 태도보다는 한미동맹, 대북지원, 국가보안법 등 전통적인 이념이슈를 중심으로 구성되어 있음을 보여준다.

7개 정책 태도에 대해 자가거주자 집단과 차가거주자 집단의 평균값을 비교한 결과, 한미동맹, 국가보안법, 집회시위의 자유, 사형제 폐지에 대한

<표 3> 주관적 이념성향과 정책 태도의 상관관계[3]

	한미동맹	대북지원	국가보안법	집회시위자유	사형제	경쟁력교육	성장복지	비정규직	고소득자과세	공기업민영화
주관적 이념	.427 ***	-.237 ***	-.271 ***	-.376 ***	-.216 ***	.067 *	-.140 ***	.010 -	.041 -	-.008 -
N	973	975	972	975	977	974	975	971	977	972

※ *=p〈.05, **=p〈.01, ***=p〈.001

태도에서는 차이를 나타냈지만 대북지원, 교육, 성장과 복지에 대한 태도에서는 유의한 차이가 나타나지 않았다. 한미동맹에 대한 태도를 제외할 때 평균비교에서 유의한 차이를 나타낸 3개 정책 태도는 모두 자유주의 이슈에 해당한다고 볼 수 있으며, 이슈의 성격상 연령효과로 인한 차이를 쉽게 추정할 수 있다. 후속작업으로 연령과 자가거주 변수로 회귀분석을 수행하였고, 그 결과 연령효과를 통제한 상태에서도 자가거주 변수가 유의하게 나타난 것은 국가보안법에 대한 태도 하나였지만 유의수준이 0.048로 낮았다.

이런 결과는 캐나다 전국 유권자 조사결과를 토대로 자가거주자들의 보수성을 검증했던 Verberg(2000)의 결과와는 다르다. 캐나다 사례에서 자가거주자들은 여성일자리정책, 퇴직자정책, 과세정책, 주택정책, 노동자의 파업권 등 사회경제정책 태도에서 유의한 보수적 태도를 보였으며 Verberg는 이를 토대로 자가거주자의 경제적 이해관계가 차가거주자들과 상이한 정책 태도를 형성했다고 해석했다. 그러나 위 결과를 토대로 하면, 한국에서 자가

---

3) 각각의 문항은 다음의 주장진술에 대한 반대-찬성 11급 간으로 측정되었다. "한미동맹을 더욱 강화해야 한다." "대북지원을 확대해야 한다." "국가보안법을 폐지해야 한다." "집회 및 시위의 자유는 최대한 보장되어야 한다." "사형제를 폐지해야 한다." "평등교육보다는 경쟁력을 강화하는 교육을 실시해야 한다." "경제성장보다는 복지에 더욱 힘을 기울여야 한다." "비정규직 노동자 문제는 기업에게 자율적으로 맡겨야 한다." "고소득자들이 현재보다 세금을 더 많이 내게 해야 한다." "철도 등 공기업 민영화를 추진해야 한다."

거주자들은 차가거주자들과 상이한 경제적 이해관계로부터 보수적 태도를 형성하고 있는 것은 아니며, 이념적으로 유의한 보수성을 나타내는 것도 아니라고 결론 내릴 수 있겠다.

　다만 본 조사에서 포함한 경제이슈들이 제한되어 있기 때문에 확인이 되지 않았을 수 있다는 가능성에 대한 고려해야 할 것이다. 조사디자인 단계에서 포함했던 사회경제 이슈들―교육이나 비정규직, 공기업 민영화, 고소득자 과세―이 자가거주자와 차가거주자의 경제적 이해관계에서 비롯된 상이한 정책 태도를 측정할 수 있는 대상이 아닐 수 있다는 것이다. 예컨대 정부의 주택공급정책, 주택과세정책이나 고용정책, 연금정책 등 보다 구체적인 사회경제이슈들을 포함했다면 다른 결과가 나타났을 수도 있을 것이다.

〈표 4〉 정책 태도와 자가거주 변수의 관계

		Mean	N	t(sig.)
한미동맹 강화	자가거주	6.12	782	3.38(***)
	차가거주	5.65	207	
대북지원 확대	자가거주	4.35	784	-1.16
	차가거주	4.54	207	
국보법 폐지	자가거주	4.16	780	-2.97(**)
	차가거주	4.69	207	
집회시위 자유	자가거주	5.70	786	-3.14(**)
	차가거주	6.17	207	
사형제 폐지	자가거주	3.81	788	-2.24(*)
	차가거주	4.22	207	
경쟁력강화 교육	자가거주	5.22	784	-0.06
	차가거주	5.23	207	
성장보다 복지	자가거주	5.25	785	-0.10
	차가거주	5.26	207	

※ *=p〈.05, **=p〈.01, ***=p〈.001

2. 자가거주자들은 차가거주자들보다 더 투표에 참여하는가?

〈표 5〉는 주택변수가 투표참여에 미치는 영향을 확인하기 위한 로지스틱 회귀분석 모형이며, 모형1)은 〈가설 2〉의 검증을 위해 자가거주 변수만 포함했고, 모형2)는 〈가설 2-1〉의 검증을 위해 거주기간 변수를 추가한 것이다. 모형1)에서 자가거주 변수는 다른 변수를 통제하고도 투표참여에 유의한 영향을 미치고 있음을 확인해주며, 그 영향력의 크기 또한 작지 않음을 보여준다. 예상 가능한 바대로 연령과 지지정당 유무는 투표참여에 높은 영향을 미쳤으며, 나이가 많을수록 더 투표했고 지지정당이 있는 집단은 없는 집단보다 유의하게 더 투표에 참여했다. 학력과 소득 변수 역시 투표참여에 영향을 미쳤는데, 학력이 높을수록 매우 유의하게 투표에 더 참여했고, 소득 변수는 0.059수준에 유의하긴 하지만 소득이 높을수록 더 투표에 참여한 것으로 나타난다.

학력효과는 모형2)에서도 유의하고 강한 영향력을 가진 것으로 확인되는데, 본 분석에서 학력효과가 이처럼 강하게 나타나는 이유는 과거와 다른 측정방식의 차이 때문일 수 있다. 본 자료에서 학력의 측정은 중졸 이하, 고졸 이하, 대재 이상이라는 기존의 3급 간 방식이 아니라 전문대와 4년제 대학을 구분한 4급 간 방식으로 이루어졌기 때문이다. 본 자료에서 중졸 이하 표본은 101명, 고졸은 430명, 전문대졸은 176명, 4년제 대학 이상은 293명이었다. 모형3)에서는 학력 구간 가운데 어느 구간에서 특히 투표참여에 영향을 나타내는지를 살펴보기 위해 중졸 이하를 기준으로 3개의 더미변수를 포함하였다. 고졸과 전문대졸 학력자들은 중졸 이하 학력자들에 비해 유의한 차이를 나타내지 않았으나 4년제 대학 이상 구간에서는 중졸 이하 학력자들과 유의한 차이로 더 투표에 참여하는 것으로 나타났다. 1990년대 이후 대학진학률이 급증한 현실을 고려할 때, 향후 다른 조사에서도 학력측정방식의 변화가 필요할 것으로 보인다.

모형1)에서 주택변수는 투표참여에 유의하게 영향을 미쳤으며, Exp(B)값을 기준으로 할 때 지지정당 유무 변수 다음으로 영향력이 큰 것으로 확인

〈표 5〉 주택이 투표참여에 미치는 영향

	투표참여(투표1, 기권0)								
	모형1			모형2			모형3		
	B	S.E.	Exp(B)	B	S.E.	Exp(B)	B	S.E.	Exp(B)
주택 (자가1, 차가0)	.496 *	.201	1.642	.468 *	.206	1.597	.453 *	.208	1.573
거주기간1 (5년 이내1, 기타0)	–	–	–	-.643*	.266	.526	-.638 *	.266	.528
거주기간2 (6~10년)	–	–	–	-.295	.236	.745	-.287	.237	.750
거주기간3 (21년 이상)	–	–	–	-.358	.225	.699	-.361	.225	.697
성별(남1, 여0)	.252	.172	1.286	.241	.173	1.273	.242	.173	1.274
자연연령	.064 ***	.007	1.066	.062 ***	.008	1.064	.062 ***	.008	1.064
학력(저 → 고)	.364 ***	.104	1.439	.383 ***	.105	1.466	–	–	–
학력1 (고졸1, 기타0)	–	–	–	–	–	–	.331	.383	1.393
학력2 (전문대1, 기타0)	–	–	–	–	–	–	.580	.433	1.787
학력3 (4년제1, 기타0)	–	–	–	–	–	–	1.119 ***	.438	3.062
가구소득 (저 → 고)	.125 +	.067	1.134	.102	.067	1.107	.102	.068	1.108
지지정당 (있다1, 없다0)	2.039 ***	.209	7.680	2.054 ***	.211	7.802	2.055 ***	.211	7.807
Constant	-4.444 ***	.575	.012	-4.028 ***	.602	.018	-3.538 ***	.656	.029
-2 Log likelihood	864.06			857.73			857.24		
Cox & Snell R Square	0.24			0.25			0.25		
N	1,000			1,000			1,000		

※ +=p〈0.1, *=p〈.05, **=p〈.01, ***=p〈.001

된다. 자가거주자는 차가거주자에 비해 다른 조건이 같다면 투표할 확률이 1.64배 더 높다는 것이다. 거주기간 변수를 추가한 모형2)에서 주택변수는 거주기간 변수를 통제하고도 여전히 유의한 영향을 미쳤으며, Exp(B)값은 약간 떨어지는 것으로 나타나지만 여전히 자가거주자가 차가거주자에 비해 투표할 확률은 1.6배 높다.

거주기간 변수는 11~20년 거주자들을 기준으로 5년 이내, 6~10년, 21년 이상의 3개 더미변수로 조작화하였는데, 5년 이내 거주자들일수록 11~20년 사이 거주자들에 비해 유의하게 투표에 덜 참여했으며 다른 기간 거주자들에서는 유의한 차이가 발견되지 않았다. 이 결과로부터 유추할 수 있는 것은, 적어도 지방선거에서 자가거주자는 차가거주자에 비해 투표에 더 참여했으며 자가거주 여부와 무관하게 5년 미만 단기거주자일수록 투표참여는 낮아진다는 것이다. 이 결과로는 자가거주자가 지방선거에 더 참여하는 이유에 대해 알 수는 없다. 그 이유가 해외사례에서 확인된 바처럼 주택에 대한 투자효과에서 기인하는 것인지, 소비효과에서 기인하는 것인지는 향후 후속연구를 통해 밝혀져야 할 것이다. 그러나 주택을 매개로 투표참여가 분기된다는 것은 다른 형태의 정치참여나 지방공동체 활동 참여에도 영향을 미칠 수 있으며, 더 나아가 지방정치 대표체계에서 대표편향이 발생하는 문제까지 영향을 미칠 수 있다. 또한 거주기간이 짧을수록 지방선거에 덜 참여하는 것은 지방공동체에 대한 애착형성 가설에 따르면 당연해 보일 수 있지만, 짧은 기간 주거지를 이동하는 유권자 집단의 특성을 고려하면 이 역시 대표편향의 문제를 야기할 수 있는 문제일 수 있다.

3. 자가거주자들은 보수정당에 더 투표하는가?

〈표 6〉은 2014년 지방선거 광역단체장선거에서 자가거주 변수의 영향을 탐색한 것으로, 자가거주자가 비자가거주자보다 더 새누리당 후보를 지지했다는 근거는 없었다. 지역을 제외할 경우, 주관적 이념변수의 영향력이 가장

⟨표 6⟩ 주택이 투표 선택에 미치는 영향: 광역단체장

	광역단체장 투표(새누리당1, 기타0)					
	모형1			모형2		
	B	S.E.	Exp(B)	B	S.E.	Exp(B)
주택(자가1, 차가0)	-.090	.272	.914	-.110	.275	.896
성별(남1, 여0)	.243	.212	1.275	.215	.213	1.240
자연연령	-.004	.009	.996	-.007	.009	.993
학력(저 → 고)	-.332**	.119	.718	-	-	-
학력1(중졸1, 기타0)	-	-	-	1.873***	.516	6.507
학력2(고졸1, 기타0)	-	-	-	.422	.257	1.525
학력3(전문대1, 기타0)	-	-	-	.671*	.309	1.955
가구소득(저 → 고)	.019	.080	1.020	.059	.082	1.060
주관적 이념(진보 → 보수)	.674***	.068	1.962	.689***	.069	1.991
지역1(pk1, 기타0)	-.434	.288	.648	-.535	.295	.586
지역2(tk1, 기타0)	.477	.380	1.612	.471	.384	1.602
지역3(호남1, 기타0)	-3.859***	1.041	.021	-3.972***	1.061	.019
정부 평가	-.749***	.173	.473	-.776***	.176	.460
Constant	-.515***	.931	.598	-1.875***	.885	.153
-2 Log likelihood	607.02			598.30		
Cox & Snell R Square	0.42			0.43		
N	728			728		

※ †=p⟨0.1, *=p⟨.05, **=p⟨.01, ***=p⟨.001

컸으며 다음으로 학력, 정부 평가 변수의 영향이 유의하게 나타났다. 학력이 낮을수록 새누리당에 더 투표한 것으로 나타났는데, 학력변수의 영향력이 크고 유의도도 높아 이를 단계별로 더미 변수화하여 살펴본 것이 모형2)다. 4년제 대학 이상을 기준으로 3개의 더미변수를 포함했는데, 중졸 이하 학력

구간에서 계수값이 매우 크게 나타났으며 유의도도 높았고 다음으로 전문대 졸업 구간에서도 유의한 영향력이 확인되었다.

중졸 이하 학력자들일수록 새누리당에 유의하게 더 투표한다는 결과는 〈표 6〉에서 연령효과가 나타나지 않은 점에 대한 설명을 제공한다. 한국적 맥락에서 중졸 이하 학력자들은 고령층일 가능성이 매우 높은데, 지금까지는 학력효과와 연령효과가 구분되지 않고 연령효과 측면에서만 설명된 측면이 많았다. 그러나 〈표 6〉의 결과는 연령효과에서 학력효과를 구분해내는 보다 정교한 모델들이 필요함을 보여준다. 만약 연령이 아니라 학력효과에 따른 투표 선택의 차이가 유의하다면, 학력을 매개로 한 정치정보 유통경로 등에 대한 관심이 더 필요할 것으로 보인다.

〈표 7〉은 유사한 모델로 기초단체장 투표 선택에 미치는 효과를 분석한 것으로, 역시 자가거주 변인은 새누리당 투표 선택에 유의한 영향을 미치지 않는 것으로 확인된다. 광역단체장과 마찬가지로 다른 변인을 통제할 경우 연령효과는 나타나지 않았으며, 주관적 이념성향과 정부 평가, 지역변인이 효과를 나타냈다. 지역변인의 경우 광역단체장에서는 영남지역효과가 없었으나 기초단체장에서는 효과가 나타났는데, 이는 금번 선거에서 광역단체장 경쟁구도로 인한 결과로 해석된다.

기초단체장선거에서는 학력효과가 약하게 나타난 대신 소득효과가 발견되어 모형2)에서는 소득구간을 나누어 구간효과를 살펴보았다. 저소득가구일수록 새누리당을 더 선택했다는 모형1)의 결과에 따라 400만 원 이상 집단을 기준으로 300~399만 원 구간, 200~299만 원 구간, 199만 원 이하 구간을 나누어 그 효과를 살펴보았는데, 0.1 유의수준이긴 하지만 299만 원 미만 집단에서 새누리당에 더 투표한 것으로 확인되었다. 이런 결과는 과거 다른 선거에서 저소득유권자집단이 한나라당-새누리당에 더 투표하는 현상을 발견한 것과 유사한 결과다. 299만 원 미만의 저소득가구 유권자일수록 새누리당을 더 선택한 이유에 대해선 밝혀져야 할 문제로, 정당경쟁구도, 정책경쟁의 내용, 유권자 측면에서 정책인식이나 태도 등에 대한 규명이 선행되어야 합리적 설명이 가능해질 것으로 판단된다.

〈표 7〉 주택이 투표 선택에 미치는 영향: 기초단체장

	기초단체장 투표(새누리당1, 기타0)					
	모형1			모형2		
	B	S.E.	Exp(B)	B	S.E.	Exp(B)
주택(자가1, 차가0)	-.225	.283	.798	-.243	.285	.785
성별(남1, 여0)	.291	.219	1.338	.279	.220	1.322
자연연령	-.007	.010	.993	-.007	.010	.993
학력(저 → 고)	-.239	.123	.787	-.247*	.121	.781
가구소득(저 → 고)	-.167*	.080	.846	–	–	–
가구소득1(300~399)	–	–	–	.151	.256	1.163
가구소득2(200~299)	–	–	–	.591 †	.326	1.806
가구소득3(~200)	–	–	–	.922 †	.526	2.514
주관적 이념(진보 → 보수)	.628***	.069	1.875	.621***	.069	1.861
지역1(pk1, 기타0)	1.477***	.328	4.379	1.479***	.328	4.388
지역2(tk1, 기타0)	1.825***	.420	6.203	1.846***	.422	6.331
지역3(호남1, 기타0)	-20.335	4624.295	.000	-20.422	4577.245	.000
정부 평가	-.899***	.181	.407	-.898***	.182	.408
Constant	.296	.971	1.344	-.546	.949	.579
-2 Log likelihood	581.35			580.23		
Cox & Snell R Square	0.44			0.45		
N	728			728		

※ †=p〈0.1, *=p〈.05, **=p〈.01, ***=p〈.001

V. 주택변수의 영향력과 함의

이상의 결과를 종합하면, 2014년 시점 한국에서 자가거주자들은 차가거주자들에 비해 주관적으로는 더 보수적이라고 인식하나 정책 태도 등에서 이념적으로 더 보수적이라고 판단할 근거는 약하며, 차가거주자들보다 더 적극적으로 투표에 참여하고, 투표 선택에서 특정정당에 대한 선호를 나타내지는 않는 것으로 정리할 수 있다. 자가거주자들이 더 투표에 참여하는 이유에 대한 한 가설로 거주기간 가설을 검증하였는데, 한국에서는 주택을 매개로 한 투표참여에서 5년 미만의 단기거주자들만이 유의하게 투표참여가 낮은 것으로 확인되었다. 그리고 이를 통제하고도 여전히 자가거주 여부는 유의한 차이를 야기했다.

자가거주자들의 상대적으로 높은 투표참여에 대한 투자효과 가설이나 소비효과 가설 등을 검증하려면, 주택가치의 상승이나 하락에 영향을 미치는 정책에 대한 태도, 각 정책을 표방하는 정당에 대한 태도와 함께, 주택 소재지 지방정부가 제공하는 공공서비스에 대한 인지도, 중요도, 만족도 등에 대한 유권자 조사 자료가 필요하며 후속연구에 이런 고민이 반영되기를 기대한다.

특히 지방정치에서 주택이 갖는 효과는 해외사례에서 확인되었을 뿐 아니라 한국적 맥락에서도 상당한 직관적 설명력을 갖기 때문이다. 오랫동안 한국의 중앙정치와 지방정치에서 '내 집 마련' 지원정책이나 공공임대주택 건설, 전월세 대책 등 유권자들의 주거 문제 해결을 위한 정책은 항상 우선순위에 배치되어 왔는데 이는 단순히 주택시장 활성화를 통해 전체 경기를 진작하려는 단기목표 이외에도 주거 문제 해결이 선출직 공직자의 성과평가의 중요한 기준이 되고 있다는 정치적 판단이 중요하게 작용한 결과로 보인다. 그런데 주거 문제 해결을 위한 각 정책들은 모두 자가거주자와 차가거주자, 1주택 보유자와 다주택 보유자 등에 대해 편향적 혜택을 미치게 되기 때문에 특정 방향을 설정하기 위해서는 주택을 매개로 한 유권자들의 정책 태도나 인식을 확인하는 작업이 필요하다. 또한 지방정치에서 주택은 단순히 주거문제에 국한되지 않고 주택 소재지 공간의 보육과 교육, 교통, 다분야의 복지 등의 정책방향에 대해서도 유의한 영향을 미칠 수 있으므로 향후 이 분야 연구에 대한 관심이 더욱 필요할 것으로 판단된다.

【참고문헌】

박원호. 2009. "부동산 가격 변동과 2000년대의 한국선거: 지역주의 "이후"의 경제투표에 대한 방법론적 탐색." 『한국정치연구』 18(3): 1-28.

서복경·허신열. 2014. "6·4 지방선거와 자산효과: 주택자산을 중심으로. 내일신문·SSK 좋은정부 연구단." 『민주주의의 질과 지방선거』 학술회의 자료집, 67-84.

손낙구. 2010. 『대한민국 정치사회 지도_집약본: 동네가 보인다 선거가 보인다』. 후마니타스.

Aitken, Andrew. 2014. "Do housing wealth shocks aect voting behaviour? Evidence from the UK." 2014 The European Association of Labour Economists Conference paper. http://www.eale.nl/Conference2014/Program/papers/Poster%20III/3.1.3.Aitken.pdf

Alford, Robert R., and Harry M. Scoble. 1968. "Sources of Local Political Involvement." *American Political Science Review* 62, 1192-1205.

Cox, Kevin. 1982. "Housing Tenure and Neighborhood Activism." *Urban Affairs Quarterly* 18, 107-129.

DiPasquale, D., and Edward L. Glaeser. 1999. "Incentives and social capital: are homeowners better citizens?" *Journal of Urban Economics* 45, 354-384.

Dunleavy, P. 1979. "The urban basis of political alignment: social class, domestic property ownership and state intervention in consumption processes." *British Journal of Political Science* 9(4), 409-443.

Engels, Friedrich. 1972. *The Housing Question*. London: Martin Lawrence.

Fischel, W. 2001. *The Homevoter Hypothesis*. Harvard University Press, Cambridge, MA.

Garrett, G. 1992. "The political consequences of Thatcherism." *Political Behav-*

ior 14(4), 361-382.

Heath, A. F. 1991. *Understanding Political Change: The British Voter, 1964-1987.* Pergamon Press, London.

Hollian, Matthew J. 2011. "Homeownership, dissatisfaction and voting." *Journal of Housing Economics* 20, 267-275.

Huberty, Mark. 2011. "Testing the ownership society: Ownership and voting in Britain." *Electoral Studies* 30, 784-794.

Johnson, R. J., and C. J. Pattie. 1996. "The strength of party identification among the British electorate: an exploration." *Electoral Studies* 15(3), 295-309.

McAllister, I. 1984. "Housing tenure and party choice in Australia, Britain and the United States." *British Journal of Political Science* 14(4), 509-522.

Pattie, C. J., and R. J. Johnson. 1998. "Voter turnout at the British General Election of 1992: rational choice, social standing or political efficacy?" *European Journal of Political Research* 33(2), 263-283.

Rex, John, and Robert Moore. 1967. *Race, Community and Conflict: A Study of Sparkbrook.* Oxford University Press.

Studlar, Donley T., Ian McAllister, and Alvaro Ascui. 1990. "Privatization and the British electorate: microeconomic policies, macroeconomic evaluations, and party support." *American Journal of Political Science* 34(4), 1077-1101.

Verberg, Norine. 2000. "Homeownership and Politics: Testing the political Incorporation Thesis." *The Canadian Journal of Sociology* 25(2), 169-195.

제5장

지방선거와 정부:
중앙정부 대 지방정부[*]

경제희 | 경남대학교 극동문제연구소

I. 서론

지방선거가 부활한지 약 20년이 지났다. 1995년 이후 2014년까지 6회의 지방선거가 실시되었지만 한국의 지방선거는 여전히 중앙선거의 대리전이라는 평가가 우세하다. 실제로 지방선거는 지방자치단체장(이하 단체장)과 지방의회의원(이하 지방의원)을 선출하는 선거이지만 지방선거에서 논의되는 주요 쟁점은 각 지역의 현안보다 중앙이슈에 집중되어 있는 경우가 많았다. 지방선거는 소속된 지방자치단체(이하 지자체)와 관련된 권한만을 행사하는 단체장과 지방의원을 선출하는 선거임에도 불구하고 이들을 선출하는

* 이 글은 2012년 정부(교육부)의 재원으로 한국연구재단의 지원을 받아 수행된 연구이다 (NRF-2012S1A5B5A07037827). 또한 "지방선거는 중앙선거의 대리전인가?: 제5회·제6회 기초단체장선거를 중심으로," 2014년 한국정치학회 하계특별학술회의 발표논문을 수정한 것이다.

기준이 이른바 '정권심판론'으로 인식되는 경우가 대부분이었다.

하지만 지방선거에서 논의되는 정권심판론에 대한 판단 근거 대부분이 선거 결과에 기인하고 있는데 이는 유권자의 민의를 정확히 판단하지 못한 다는 한계를 가진다. 유권자 선택의 집합 결과인 의석률을 놓고 유권자 개 개인의 정당 선택 이유를 판단하기 어렵기 때문이다. 정권심판론의 타당성 을 검증하기 위해서는 선거 결과인 의석률이 아니라 유권자 개개인의 생각 을 물은 설문조사를 통해 유권자의 판단이 과연 정권심판에 따른 것인가를 따져보아야 한다.

또한 정권심판이라는 틀 안에서도 구체적으로 그 근거가 무엇인지를 파 악해야 한다. 지방선거는 중간선거적 성격을 가질 수는 있지만 그 자체로 정권교체는 불가하다. 이를 잘 알고 있는 유권자가 지방선거를 통해 집권여 당에 대한 평가를 내린다면 자신들의 불만이 어디에 있다는 것을 알리고자 하는 메시지의 표현으로 볼 수 있다. 따라서 단순히 중앙정치에 대한 평가 를 했느냐 아니냐의 문제보다 유권자가 무엇에 대해 평가했는가를 찾는 것 이 중요하다. 이 글의 목적은 지방선거가 중앙선거의 대리전인가에 대한 논 의와 함께 이를 판단하는 구체적인 내용을 파악하는 데 있다.

2010년에 실시된 제5회 지방선거의 경우, 선거 결과로 볼 때 정권심판론 에 따른 선거로 보인다. 또한 이러한 결과가 발생한 이유, 즉 유권자들이 상대적으로 한나라당을 덜 선택한 데에는 천안함 사건으로 인한 역풍의 영 향이 컸던 것으로 보인다. 제5회 지방선거에서는 4대강사업, 초·중학교 무 상급식, 세종시 등의 이슈가 비교적 큰 관심을 모았으나 여러 이슈 중 가장 큰 이슈는 천안함 사건이었다. 이른바 북풍(北風)으로 언급되는 북한 관련 이슈는 과거 여러 선거에서 보수당에 유리하게 작용하였고 그러한 영향이 2010년 지방선거에서도 당시 한나라당에 일정 정도 유리하게 움직일 것으 로 예상되었다. 하지만 실제 결과는 예상과 달랐다. 다수의 유권자들은 정 부·여당이 선거 과정에서 천안함 사건을 정치적으로 이용하는 듯한 인상을 얻었고 이러한 부정적 인상은 한나라당에 오히려 역풍으로 작용하였다. 이 러한 결과가 초래된 이유는 단순히 천안함 사건에 대한 유권자의 뜻을 잘 파악하지 못했기 때문만이 아니라 지방선거를 통해 유권자가 표현하고자 했던 민의를 잘 파악하지 못했기 때문으로 볼 수 있다. 유권자들이 정부가 해결해주길 바라는 과제는 양극화해소, 경제성장, 국민통합 등의 이슈였지만 정부·여당이 이러한 유권자의 바람에 제대로 부응하지 못한 것이다(강원택 2010, 5-7).

이러한 결과로 볼 때 경제 문제도 유권자의 주요 관심으로 볼 수 있다. 달리 이야기하면 유권자의 경제인식이 후보·정당 선택에도 어느 정도 관여할 수 있음을 유추할 수 있다. 유권자가 경제 문제를 중요하게 여긴다고 상정할 때 경제인식도 정부 평가에 반영될 것으로 판단된다. 경제에 대한 긍정적 또는 부정적 인식은 정부에 대한 긍정적 또는 부정적인 평가로 이어질 것이고 이는 후보·정당 선택에도 영향을 미칠 것이다. 즉, 경제인식의 영향력이 후보·정당 선택에 직접적으로 영향을 미치거나, 혹은 직접적인 영향을 미치지 못한다면 정부 평가를 매개로 간접적인 영향력을 행사할 것으로 추측해 볼 수 있다.

한편, 제6회 지방선거에서는 세월호 참사라는 이슈가 지방선거 결과에 큰 영향을 미쳤다. 세월호 사건이 발생하면서 지방선거에서 다루어져야 할 생활정치에 관한 이슈들은 관심 대상에서 제외되었고 세월호 참사에 대한 정부 및 야당의 대응에 대한 평가가 지방선거를 둘러싼 주요 이슈로 자리 잡았다. 세월호 참사 이전의 지방선거 결과는 여당에 유리할 것으로 예상되었다. 이에 대한 근거는 대통령 지지율이다. 역대 지방선거에서 대통령지지율과 지방선거의 결과가 비례하는 경향이 나타나는데 2014년 지방선거 전 박근혜 대통령의 지지율이 상대적으로 낮지 않아 여당에게 유리한 선거가 될 것으로 보는 견해가 많았다(가상준 2014, 17-18). 하지만 지방선거를 얼마 남기지 않은 상황에서 세월호 참사가 발생하였고 이에 대한 정부의 미진한 대응에 국민들이 실망하면서 6·4 지방선거의 승리는 야당으로 기울 것으로 예상되었다. 하지만 점차 시간이 지남에 따라 야당의 대응 역시 국민들의 기대에 부응하지 못하면서 여당과 야당 어느 한쪽의 승리가 뚜렷이 예상되지 않는 상황이 되었다. 결과적으로 여당인 새누리당이 기초단체장선거와 광역의원선거(비례대표 제외)에서는 과반을 넘는 의석률을 점하게 되었고 상대적으로 광역단체장선거와 기초의원선거(비례대표 제외)에서는 야당이 여당보다 높은 의석률을 점하게 되었다.[1] 이러한 결과에 대해 여당과 야당 모두 승리하지 못했다고 평가되고 있으나(가상준 2014, 18-19) 과거의 지방선거와 비교한다면 2014년 6·4 지방선거는 여당의 승리로 볼 수 있다. 지방선거에서는 항상 정권심판론이 대두되었고 그에 따른 결과로 여당의 의석률이 30%대를 넘지 못했던 반면 6·4 지방선거에서 여당인 새누리당은 기초단체장선거와 광역의원선거에서 과반 이상의 의석률을 차지했을 뿐만 아니라 광역단체장선거와 기초의원선거에서 절반에 가까운 40% 후반대의 의석률을 기록했기 때문이다.

6·4 지방선거의 결과는 세월호 참사를 둘러싼 제6회 지방선거만의 특성으로 볼 수도 있겠지만 한편으로는 지방선거에 대한 투표행태의 변화 측면에서도 살펴볼 필요가 있다. 한국의 지방선거에서 정당의 영향력이 강한 이유는 여러 가지가 있겠지만 아직까지 그 역사가 짧기 때문으로도 볼 수 있다. 아직 지방선거의 경험이 적기 때문에 정당의 영향이 강하지만 유권자들이 지역발전을 위해 정당보다 다른 요인이 중요하다는 것을 인식하기 시작하면 정당의 영향력이 줄어들 가능성도 있다(김찬동 2014, 27). 이 같은 변화의 가능성을 경제인식의 영향력을 통해 유추해 보고자 한다.

국내의 선거 연구 결과에서 경제인식(economic consciousness)이 투표행태에 유의하게 작용한 경우는 상대적으로 적은 편이다. 국내에서는 유권자의 경제인식을 경제 투표(economic voting)의 관점에서보다 경제 문제를 포함한 과거에 대한 평가와 미래에 대한 전망을 포괄적으로 논의하는 회고적 투표(retrospective voting)와 전망적 투표(prospective voting)의 관점에서 고찰하는 경우가 다수이다(김재한 1993; 박경산 1993; 이현우 1998;

---

1) 새누리당은 기초단체장선거와 광역의원선거(비례대표 제외)에서 각각 51.8%와 53.2%의, 광역단체장선거와 기초의원선거(비례대표 제외)에서 각각 47.1%와 47.9%의 의석률을 기록하였다.

황아란 2000; 이재철 2008). 또한 이러한 연구 대부분이 대통령선거(이하 대선) 또는 국회의원선거(이하 국선) 대상의 연구로 지방선거 대상으로 경제인식을 논의한 경우는 소수에 그친다(정진민 2012). 또한 지방선거 결과에 미치는 경제인식의 영향력이 제한적인 경우가 대부분이다. 이념을 비롯하여 국내 선거에서 비교적 높은 영향력을 미치는 요인들에 비해 경제인식의 영향력이 상대적으로 저조한 경우가 대부분이기 때문이다. 하지만 직접적인 영향력이 약하다고 해서 경제인식의 영향력을 완전히 무시할 수는 없다. 경제인식이 비록 후보 또는 정당 선택에 직접적으로 영향을 미치지는 못하여도 간접적으로 다른 요인에 유의한 영향을 미치고 이를 통해 간접적으로 후보 또는 정당 선택에 영향을 미칠 수 있기 때문이다. 더욱이 개인경제에 대한 책임이 국가에 있다고 생각하는 유권자가 다수 존재하기 때문에[2] 생활과 밀접한 지방정치에 대한 관심은 경제인식과 투표행태 간의 변화로 판단할 수 있을 것이다. 하지만 기존 연구 결과에 기초해 보면 경제인식 변수들을 다른 변수들과 동일한 선상에서 대입했을 때 그 유의성을 검증하기가 쉽지 않다. 따라서 본 연구에서는 경제인식 등 각 변수의 정당 선택에 미치는 간접적인 영향력도 파악할 수 있는 경로분석(path analysis)을 실시하기로 한다.

제5회와 제6회 지방선거의 상황으로 볼 때 유권자들이 지방선거에서 중앙정치를 판단하는 기준은 다양하겠지만 본 연구에서는 언론 등을 통해 자주 언급되는 중앙정치 관련의 주요 이슈, 대통령지지율과 밀접한 현 정부에 대한 평가, 그리고 생활정치와 밀접한 경제인식에 대한 논의를 통해 지방선거에서의 유권자 투표행태를 분석하고자 한다. 이를 통해 지방선거가 과연 중앙선거의 대리전인가를 판단하고자 한다. 즉, 의석률 등의 선거결과를 바탕으로 정권심판론을 판단하는 것이 아니라 선거의 주요 이슈, 정부 평가, 경제인식의 측면에서 정권을 심판했는가를 살펴 지방선거에서의 중앙정치

---

2) 17대 대선 대상의 설문조사 결과에 따르면 가계에 미치는 정부의 영향에 대해 응답자 가운데 65.1%가 영향을 미친다고 답하였다(경제희(2014), p.67 〈표 1〉 참조).

의 영향력을 고찰한다.

이 글이 표현만 다를 뿐 기존의 회고적 투표(retrospective voting) 연구와 차별성이 없다고 판단하는 견해도 있을 수 있다. 결과적으로 지방선거에서의 회고적 투표에 관한 연구에 지나지 않는다 하더라도 본 연구는 접근 자체가 지방선거와 중앙선거의 의미를 구별하고 지방선거에서 나타나는 중앙정치의 영향력을 의식하고 분석하는 데 그 의의가 있다. 지방선거를 대상으로 한 기존의 투표행태 연구들은 대부분 특별한 전제 없이 중앙정치에 관한 변수들을 자연스럽게 지방선거에서의 유권자 투표행태로 해석한다. 지방선거 연구임에도 불구하고 아무런 전제 없이 중앙선거 분석과 같은 변수들을 분석하고 이를 유권자의 투표행태로 해석하는 것 자체가 한국 지방정치의 현실을 반영한다고 보여진다. 또한 유권자들의 정부심판에 미치는 기준 가운데 생활정치와 상대적으로 가까운 경제인식의 영향력을 분석하는 것에 또 하나의 의의를 둘 수 있다. 중앙정치에 대한 판단이 과연 선거에서 다루어지는 주요 이슈와 정부 평가에만 의존하는 것인지, 생활정치에 상대적으로 큰 영향을 미칠 수 있는 경제인식도 정권심판론에 관여하는지를 분석하여 유권자들이 표현하고자 하는 민의를 파악하고자 한다.

본 연구의 분석 대상은 제5회와 제6회 지방선거에서의 기초단체장선거이다. 제5회와 제6회 지방선거 시의 여당은 같은 정당으로 볼 수 있는 한나라당과 새누리당이었지만 기초단체장에서 획득한 의석률은 각각 약 37%와 약 52%로 승패가 갈리었다. 이러한 차이는 다양한 측면에서 논의될 수 있겠지만 이 글에서는 이슈, 정부 평가, 경제인식의 차원에서 살피고자 한다. 이를 위해 다음 Ⅱ절에서 기존 연구를 검토한 후, Ⅲ절을 통해 실증분석을 실행하고, Ⅳ절에서 본 연구를 통한 결론 및 함의를 정리하기로 한다.

II. 기존 연구[3]

기존 연구 가운데 중앙정치가 지방선거에 미치는 영향은 주로 선거 시 유권자가 인식하는 쟁점에 관한 영향과 선거 시 유권자가 판단하는 현 정부의 업적에 관한 영향을 중심으로 논의되어 왔다. 중앙정치에 해당하는 이슈가 지방선거에 미치는 영향에 관한 연구들도 다소 존재한다. 이에 반해 상대적으로 현 정부에 대한 유권자의 평가가 지방선거 결과에 미치는 영향에 관한 연구는 소수에 불과하다. 더욱이 그러한 연구 대부분은 유권자의 다양한 투표행태 가운데 일부로 소개될 뿐 중앙정치에 대한 유권자의 평가 측면에서의 구체적인 내용에 대한 논의는 충분하지 않다.

지방선거 시에 논의되는 중앙정치의 이슈는 여러 선거에서 검증되어 왔다. 현재까지 6회가 진행된 지방선거는 거의 매회 현 정부의 심판론이 커다란 이슈였으며 이를 바탕으로 중간선거적 성격을 띠었다. 1995년 제1회 지방선거와 1998년 제2회 지방선거에서 당시의 지방선거를 중간평가로 간주하는가에 대한 질문에 대해 1995년 제1회 지방선거에 대해서는 약 66%가 동감한다고 응답하였고 1998년 제2회 지방선거에 대해서는 약 47%가 그렇다고 답하였다(강원택 1999, 89). 이러한 인식은 정당 선택에도 유의하게 작용하였다. 2002년 제3회 지방선거에서도 당시 16대 대통령선거를 6개월 앞둔 평가적 선거라는 점이 유권자들에게 인지되어 선거 결과에 영향을 미쳤고(송건섭·이곤수 2011) 2006년 제4회 지방선거에서도 '노무현 정부 심판론'이 선거 결과에 주요 요인으로 작용하였다(정원칠·정한울 2007). 2010년 제5회 지방선거 역시 '이명박 정부 심판론'이 주요 이슈로 논의되었다.

지방선거에서 이슈 측면의 '현 정부 심판론'은 거의 매회 지방선거에서

---

3) 선거와 경제에 관한 일부 논의는 "회고적 투표와 전망적 투표의 한일 비교 연구: 17대·18대 대통령선거와 44회·45회 중의원선거를 중심으로,"『동서연구』제26권 제1호(2014)에 발표되었음을 밝힌다.

주요 쟁점으로 작용하였고 유권자들의 선택에도 영향을 미쳤다. 하지만 정작 해당 정부에 대한 국정운영 등의 구체적인 평가에 대한 논의는 드물다. 특히 유권자들이 경제 문제 해결에 대한 요구가 강하다고 강조되면서도 경제인식에 대한 논의는 소수에 불과하다. 2010년 제5회 지방선거를 대상으로 유권자의 투표행태 모형을 기본모형, 세대모형, 지역모형, 이념모형, 통합모형으로 구분하고 유권자의 투표행태를 분석하였는데 정책평가, 경제평가, 정부심판이 모두 포함된 통합모형에서는 정책평가와 정부심판은 통계적으로 유의한 결과가 나타났으나 경제평가는 유의하지 못하였다. 다른 요인을 제거한 다른 모형에서는 국가경제에 대해 부정적으로 평가할수록 한나라당에 투표하지 않는 경향이 유의하기도 하였다(정진민 2012). 정진민(2012)의 연구 외에는 지방선거에서 중앙정부 평가에 따른 정당 선택의 논의를 찾아보기 어렵다. 하지만 이 역시 통합 모형에서는 경제에 대한 인식이 유의하지 않은 것으로 나와 경제인식의 영향력을 면밀히 보이지 못한다는 한계가 있다.

정부 자체에 대한 평가 외에 경제에 대한 평가와 전망을 아우르는 경제인식도 현 정부에 대한 평가를 나타내는 지수로 볼 수 있다. 국가가 가정경제에 대한 책임이 있다고 보는 유권자의 비율이 높기 때문에 국가 또는 개인 경제에 대한 판단은 국가에 대한 평가의 한 측면이다. 투표행태에 영향을 미치는 경제인식은 크게 두 가지 축으로 분류된다.

이를 설명하기 전에 먼저 선거와 경제 요인에 관한 연구를 살펴보면 선거와 관련된 경제 요인에 관한 연구는 다양한 관점으로 전개되고 있으나 크게 거시적 관점과 미시적 관점의 연구로 구분할 수 있다. 거시적 관점의 연구에서는 집합자료(aggregate data)를 이용한 거시경제 요인과 득표율 등과 같은 선거결과의 관계를, 미시적 관점에서는 여론조사자료(survey data)를 이용하여 유권자의 경제인식과 투표향방의 관계 등을 분석한다.

초창기 경제 요인과 선거 간의 관계는 거시적 차원에서 시작되었다. 하지만 점차 연구가 발전하면서 경제 요인과 선거결과 및 내각·정부지지와의 관계는 유권자 개인의 투표행태에 의한 것으로 이를 설명하기 위해 개인

차원의 조사가 필요하다고 지적되었다. 그 후 개인의 경제상황에 대한 인식이 후보자 선택 및 여당 지지율 등에 미치는 영향에 관한 연구들이 축적되어 왔다(Kramer 1971; Bloom and Price 1975; Tufte 1975; 1978; Fiorina 1978; Kinder and Kiewiet 1979; Hibbing and Alford 1981; Kiewiet 1981; 1983; Kuklinski 1981; Abramowitz 1985; Hibbs 1987; Lewis-Beak 1988; Markus 1988; Lockerbie 1991; Lanoue 1994; Abramson et al. 1999; Nadeau and Lewis-Beck 2001; Lewis-Beak and Paldam 2002). 힙스(Hibbs 1987)의 주장처럼 실업, 물가, 경기 등에 대한 인식은 시대나 지지정당 등에 따라 변화하고 그러한 인식의 차이는 상이한 투표행태로 이어진다. 가령 경제 관련 의식이 직접적으로 투표행태에 반영되기도 하고 간접적으로 영향을 미치기도 한다. 일본의 경우 경제상황이 선거 결과에 직접 관계하는 것이 아니라 개인의 경제인식을 통해 간접적으로 영향을 미친다고 주장되기도 한다. 즉, 객관적인 경제지표보다 유권자가 경제상황을 주관적으로 어떻게 인식하는가가 경제투표에 보다 밀접하게 영향을 미친다는 것이다(十川 1993).

미시적 관점에 의한 유권자 개인의 경제인식은 크게 두 가지 기준을 중심으로 논의된다. 하나는 유권자가 경제인식을 개인중심으로 판단하는가, 아니면 국가중심으로 판단하는가라는 대상에 관한 기준이다. 또 하나의 기준은 유권자가 여당의 과거 업적을 평가하고 그 평가에 근거하여 투표하는가, 아니면 앞으로의 기대에 근거해 투표하는가라는 시점에 관한 기준이다.

거시경제라는 객관적인 경제 요인으로부터 개인의 경제인식으로 연구의 관심이 확장되면서 개인의 경제상황과 투표향방의 결정 관계가 주목을 받게 되었고 이에 따라 여론조사에서 개인의 경제인식에 관한 질문이 포함되기 시작하였다(Wides 1976; Tufte 1978). 개인의 경제상황으로 인한 투표행태, 즉 개인의 경제상황으로부터 경제인식이 형성되고 이러한 인식이 후보자 또는 정당 선택까지 이어진다는 투표행태는 돈지갑투표(pocketbook voting)라 한다. 한편, 돈지갑투표와 달리 유권자는 개인의 경제상황보다 국가 또는 사회전체의 경제상황을 염두에 두고 투표를 행한다는 주장도 있다. 국가의 경제상황에 기초한 경제인식으로 투표향방을 결정한다는 투표행태는 사회경제적 투표(sociotropic voting)로 개념화되었다.

유권자가 개인중심의 돈지갑투표를 행한다는 주장이 검증되는 한편(Bloom and Price 1975; Tufte 1978), 개인의 경제상황보다 국가전체의 경제상황에 기초하여 후보자 또는 정당을 선택한다는 주장도 상당수 진행되어 왔다(Kinder and Kiewiet 1979; 1981; Kiewiet 1983; Kramer 1983; Weatherford 1983; Kinder et al. 1989; Nannestad and Paldam 1994). 한편 유권자가 행하는 사회경제적 투표는 롤즈(Rawls 1971)가 말하는 사회경제적(sociotropic) 의식에 의거해 행하는 것이 아니라 국가의 경제가 자신의 장래로 이어진다고 판단하여 행하는 것이기 때문에 정확하게는 돈지갑투표로 간주해야 한다는 견해도 제시되고 있다(Markus 1988).

경제투표의 또 하나의 주요 논점은 유권자가 투표향방을 정하는 시간적인 기준이다. 먼저 회고적 투표(retrospective voting)는 유권자가 현직의 정치가, 또는 여당이 수행한 과거의 업무 결과를 긍정적으로 판단하면 '상(reward)'으로 현직의 후보자 또는 여당을 선택하고 부정적으로 판단하면 '벌(punishment)'로 현직의 후보 또는 여당에 투표하지 않는 투표행태를 의미한다(Key 1964; Lewis-Beck 2006). 이에 반해 전망적 투표(prospective voting)는 유권자가 과거가 아니라 앞으로의, 즉 장래의 경제가 좋아질 것인가 등에 대한 기대에 기초하여 후보자 또는 정당을 선택하는 투표행태를 말한다.

상술한 바와 같이 회고적 투표와 전망적 투표는 상호배타적이지 않다. 피오리나(Fiorina 1981)에 따르면 경제 문제는 장래의 기대감으로 이어진다. 전망적 투표에 관한 연구는 회고적 투표를 부정하는 것이 아니라 전망적 투표도 회고적 투표와 비슷한 영향력을 미치거나 선거에 따라서는 회고적 투표보다 높은 영향력을 미친다고 주장되는 경우가 많다. 유권자는 과거뿐만 아니라 장래의 경제상황도 고려하여 투표한다. 즉, 유권자의 경제 관련 평가는 과거와 미래 양방향을 향하고 있다는 것이다(Miller and Wattenberg 1985; Clarke and Stewart 1994). 본 연구의 관심은 국가경제와 개인(가정)

경제 양쪽 모두에 있지만 제5회 지방선거에서는 설문조사 항목에 따른 제한으로 인해 국가경제에만 초점을 두고 논의한다.

III. 실증 분석

1. 데이터 및 분석 방법

본 연구에서 사용하는 데이터는 한국사회과학데이터센터와 한국선거학회가 2010년 6월 2일 지방선거와 2014년 6월 4일 지방선거 다음날부터 지역별, 성별, 연령별로 층화추출한 전국의 만 19세 이상 남녀 1,000명씩을 대상으로 면접조사한 데이터이다. 이 데이터를 바탕으로 광역단체장과 기초단체장선거에서의 유권자 인식을 분석한다.

경로분석은 AMOS를 사용하여 실시한다. 경로분석을 실시하는 이유는 상술한 바와 같이 경제인식의 간접적인 영향력을 검증하기 위해서이다. 지방선거는 특히 생활정치와 밀접한 선거이기 때문에 경제 요인의 영향이 무시할 수 없을 것으로 판단되지만 다른 주요 변수들과 대등한 관계에서 영향력을 분석할 경우 유의성이 검증되는 경우가 제한적이다. 따라서 본 연구에서는 비록 경제인식이 직접적으로 정당 선택에 영향을 미치지는 못하여도 어떠한 경로를 통해 간접적으로 정당 선택에 영향을 미치는가를 파악하고자 한다. 경로분석은 간접적인 영향 분석뿐만 아니라 직접적인 분석도 가능하기 때문에 다른 주요 변수들의 영향력 검증도 가능하다. 본 연구에서 다루고자 하는 내용은 특정 정당을 선택한 유권자의 인식을 분석하는 것이기 때문에 1,000명의 응답자 가운데 투표에 참여한 응답자로 제한된다. 또한 AMOS를 이용한 경로분석은 모든 데이터의 결측값을 제거해야 분석 결과가 도출되는 특성으로 인해 결과적으로 실제 사용되는 사례 수는 1,000명에 미치지 못한다.

2. 변수 설명

이 글에서 사용되는 변수들은 〈표 1〉과 같다. 분석에는 주요 이슈, 정부 평가, 경제인식 외에 유권자 투표행태를 분석하는 기초적 변수인 사회경제적 배경과 이념, 정당지지를 포함한다. 주요 이슈 변수로는 제5회 지방선거의 경우, '천안함 사건과 관련하여 강력한 대북제재가 필요하다'는 의견에 대해 매우 공감하지 않는다(1)부터 매우 공감한다(4)까지 4척도로 조사되었다. 제6회 지방선거에서는 세월호 참사에 대한 여당의 대처를 물은 항목을 사용하였다(매우 잘못하고 있다(1)~매우 잘하고 있다(4)). 정부 평가('이명박 정부/박근혜 정부 평가')에 관한 독립변수는 현재 이명박/박근혜 대통령이 국정운영을 어떻게 하고 있는가에 대한 질문에 대해 '매우 잘못하고 있다'부터 '매우 잘하고 있다'까지 4척도로 조사된 변수를 사용한다. 국가경제 인식에 대한 독립변수는 '경기평가'와 '경기전망'의 두 변수를, 개인(가정) 경제인식에 대한 독립변수는 '가계평가'와 '가계전망' 변수를 이용한다. 먼저 '경기평가/가계평가'는 과거의 국가경제/가정경제 평가에 대한 유권자 인식을 나타내는 변수로 1년 전과 비교하여 한국/선생님 댁의 경제 상태가 어떠한가를 물은 질문에 대해 '나빠졌다', '비슷하다', '좋아졌다'의 3척도로 조사되었다. '경기전망/가계전망'은 앞으로의 국가경제/개인(가정)경제에 대한 기대치를 측정한 변수로 앞으로 1년 후 한국/선생님 댁의 경제 상태가 어떻게 될 것인가에 대한 질문에 '나빠질 것이다', '비슷할 것이다', '좋아질 것이다'의 3척도 변수로 수집되었다. 종속변수는 기초단체장선거에서 각각 한나라당과 새누리당에 투표한 경우를 더미화하여 분석한다.

<표 1> 모델의 사용 변수[4]

선거	2010년 제5회 지방선거	2014년 제6회 지방선거
성별	1: 남자, 2: 여자	
연령	1: 20대(만 19세 포함), 2: 30대, 3: 40대, 4: 50대, 5: 60세 이상	
교육	1: 중졸 이하, 2: 고졸, 3: 전문대학, 4: 4년제 대재 이상	
수입	한 달 가구 소득(가족의 월급, 상여금, 은행이자 모두 포함) 1: 100만 원 미만, 2: 100~199만 원, 3: 200~299만 원, 4: 300~399만 원, 5: 400~499만 원, 6: 500~599만 원, 7: 600~699만 원, 8: 700만 원 이상	
거주 지역	영남거주: 거주 지역에서 부산, 대구, 울산, 경북, 경남을 1로, 그 외를 0으로 더미화	
	호남거주: 거주 지역에서 광주, 전북, 전남을 1로, 그 외를 0으로 더미화	
이념	1: 매우 진보적이다, 2: 다소 진보적이다, 3: 진보도 보수도 아니다, 4: 다소 보수적이다, 5: 매우 보수적이다	진보(좌파) 0부터 보수(우파) 10까지 11 척도
이슈	'천안함 사건과 관련하여 강력한 대북제제가 필요하다'는 의견에 대해 1: 전혀 공감하지 않는다, 2: 별로 공감하지 않는다, 3: 대체로 공감한다, 4: 매우 공감한다	Q: 선생님께서는 세월호 사고 이후 정부의 대처를 어떻게 평가하십니까? 1: 매우 잘못하고 있다, 2: 대체로 잘못하고 있다, 3: 대체로 잘하고 있다, 4: 매우 잘하고 있다
정부 평가	Q: 선생님께서는 현재 이명박 대통령이 국정운영을 어떻게 하고 있다고 생각하십니까? Q: 선생님께서는 현재 박근혜 대통령의 국정운영에 대해 어떻게 생각하십니까? 1: 매우 잘못하고 있다, 2: 대체로 잘못하고 있다 3: 대체로 잘하고 있다, 4: 매우 잘하고 있다	
경기 평가	Q: 선생님께서 생각하시기에 1년 전과 비교할 때 한국의 경제 상태가 어떻다고 보십니까? Q: ○○님께서는 지난 1년 동안 우리나라 경제 상태가 어떻게 변했다고 생각하십니까? 1: 나빠졌다, 2: 비슷하다, 3: 좋아졌다	
경기 전망	Q: 선생님께서 생각하시기에 앞으로 1년 후 한국의 경제 상태가 어떻게 될 것으로 전망하십니까? Q: ○○님께서 생각하시기에 앞으로 1년 후 우리나라의 경제 상태가 어떻게 될 것으로 전망하십니까? 1: 나빠질 것이다, 2: 비슷할 것이다, 3: 좋아질 것이다	

4) 편의상 설문조사 선택 항목의 순서를 전환한 경우도 있다.

가계 평가	문항 없음	Q: ○○님께서는 지난 1년 동안 선생님 댁의 경제 사정은 어떠했다고 생각하십니까? 1: 나빠졌다, 2: 비슷하다, 3: 좋아졌다
가계 전망	문항 없음	Q: ○○님께서는 앞으로 1년 후 선생님 댁의 경제 사정이 어떻게 변화할 것으로 예상하십니까? 1: 나빠질 것이다, 2: 비슷할 것이다, 3: 좋아질 것이다
정당 지지	한나라당지지: 현재 어느 정당을 지지하고 있는가에 대한 질문에 한나라당 1, '그 외 정당 지지 및 없다를 0으로 더미화	새누리당지지: 매우 싫어한다 0부터 매우 좋아한다 10까지 11척도
	민주당지지: 현재 어느 정당을 지지하고 있는가에 대한 질문에 민주당 1, 그 외 정당지지 및 없다를 0으로 더미화	새정치민주연합지지: 매우 싫어한다 0부터 매우 좋아한다 10까지 11척도
정당 선택	한나라당/새누리당 투표: 이번 선거에서 어느 정당 후보를 선택했는가에 대한 질문에 한나라당/새누리당 선택 1, 그 외를 0으로 더미화	
	민주당/새정치민주연합 투표: 이번 선거에서 어느 정당 후보를 선택했는가에 대한 질문에 민주당/새정치민주연합 선택 1, 그 외를 0으로 더미화	

3. 기초 분석

1) 정부 평가와 정당 선택

2010년 지방선거에서 한나라당의 성적은 매우 저조하였고 이에 대한 원인으로 이명박 정부 심판론이 우세하였지만 이명박 정부에의 국정운영에 대한 평가는 한나라당이 획득한 의석률과 비교해 상대적으로 매우 저조한 편이 아니다. 〈표 2〉와 같이 기초단체장선거에서 특정 정당 또는 무소속을 선택한 680명의 응답자 가운데 이명박 정부가 국정운영을 잘못하고 있다고 평가한 비율은 약 54%(매우 잘못하고 있다(20.0%) + 대체로 잘못하고 있다(34.3%))

<표 2> 이명박 정부 평가와 정당 선택

	한나라당	민주당	기타 정당 및 무소속	N(%)
	%	%	%	
매우 잘못하고 있다	5.9	73.5	20.6	136(20.0%)
대체로 잘못하고 있다	25.3	57.1	17.6	233(34.3%)
대체로 잘하고 있다	62.6	22.0	15.4	254(37.4%)
매우 잘하고 있다	73.7	15.8	10.5	57(8.4%)
통계량	x^2=179.5, d.f.=6, p<0.001, N=680			

이고 잘하고 있다고 평가한 비율은 약 46%로 약 8%의 차이가 난다.

하지만 이명박 정부 평가에 따른 정당 선택에는 확연한 차이를 보인다. 이명박 정부의 국정운영에 대해 부정적으로 평가할수록 민주당 또는 기타 정당 및 무소속을 선택하는 비율이 높다. 이명박 정부가 매우 잘못하고 있다고 답한 136명 가운데 약 6%만이 한나라당을 선택한 반면, 민주당과 기타 정당 및 무소속을 선택한 비율은 각각 약 74%와 약 21%이다. 이에 반해 매우 잘하고 있다고 답한 응답자 중 약 74%가 한나라당에 투표하였고 약 16%와 약 11%가 각각 민주당과 기타 정당 및 무소속에 투표하였다. 이명박 정부에 대한 국정운영을 긍정적으로 평가할수록 한나라당을 선택하는 비율을 비례적으로 증가하는 추이를 보여 국정운영에 따른 정당 선택이 비례적으로 관계한다는 것을 짐작하게 한다.

박근혜 정부에 대한 평가는 이명박 정부와 비교해 상대적으로 긍정적인 응답비율이 높다. 잘하고 있다(대체로 잘하고 있다(46.5%) + 매우 잘하고 있다(4.7%))의 비율이 약 51%로 잘못하고 있다는 비율보다 높다. 또한 매우 잘못하고 있거나 대체로 잘못하고 있다고 생각하는 응답자 가운데 새누리당을 선택한 비율이 <표 2>의 한나라당을 선택한 비율보다 크게는 10%p 넘게 높게 조사되었고 잘하고 있다고 답한 응답자 가운데에서도 제5회 지방

<표 3> 박근혜 정부 평가와 정당 선택

	새누리당	새정치 민주연합	기타 정당 및 무소속	N(%)
	%	%	%	
매우 잘못하고 있다	21.7	71.7	6.7	60(8.1)
대체로 잘못하고 있다	26.3	67.0	6.7	300(40.6)
대체로 잘하고 있다	71.5	23.0	5.5	344(46.5)
매우 잘하고 있다	88.6	11.4	0.0	35(4.7)
통계량	x^2=177.2, d.f.=6, p<0.001, N=739			

선거와 비교해 높게 나타났다. 세월호 사건으로 인해 박근혜 정부에 대한 평가가 낮을 것으로 예상되는 측면도 있었지만 상대적으로 박근혜 정부에 대한 평가는 긍정적으로 볼 수 있다.

2) 경제 평가와 정당 선택

제5회 지방선거에서 1년 전과 비교해 한국 경제에 대해 나빠졌다고 평가하는 비율은 절반에 가까웠다. 623명의 응답자 가운데 약 50%가 1년 전에 비해 한국 경제가 나빠졌다고 평가하였다. 비슷하다고 답한 비율은 각각 약 35%였고 좋아졌다고 답한 비율은 약 15%에 불과하였다. 제5회 지방선거 시에 국가경제에 대한 유권자 인식이 비교적 부정적인 경향이 강하다는 것을 알 수 있다.

한국 경제에 대해 부정적으로 평가하는 비율이 높은 가운데 국가경제를 부정적으로 평가할수록 야당인 민주당 또는 기타 정당 및 무소속을 선택한 비율이, 긍정적으로 평가할수록 여당인 한나라당에 투표하는 비율이 높았다. '나빠졌다'에서 '좋아졌다'로 갈수록 여당인 한나라당에 투표한 비율이 약 32%, 약 39%, 62%로 꾸준히 증가한 반면 민주당 또는 기타 정당 및 무소속에 투표한 비율 역시 꾸준히 감소하였다. 이러한 경향으로 볼 때 유

〈표 4〉 제5회 지방선거에서의 국가경제 평가와 정당 선택

	한나라당	민주당	기타 정당 및 무소속	N(%)
	%	%	%	
나빠졌다	32.2	49.5	18.3	311(49.9%)
비슷하다	38.6	45.5	15.9	220(35.3%)
좋아졌다	62.0	26.1	12.0	92(14.9%)
통계량	x^2=26.8, d.f.=4, p<0.001, N=623			

권자의 국가경제 평가에 따라 정당 선택이 다르다는 것을 알 수 있다. 지방선거에서 유권자들의 국가경제 평가는 정당 선택의 기준이 될 수 있음을 시사한다.

제6회 지방선거에서의 국가경제와 가정경제에 대한 판단은 제5회 지방선거와 다른 모습을 보인다. 1년 전과 비교해 국가경제나 가정경제가 좋아졌다고 응답한 비율은 제5회 지방선거와 비교해 낮다. 이와 함께 나빠졌다고 응답한 비율 역시 제5회 지방선거의 응답비보다 줄었다. 즉, 1년 전과 비교해 국가경제와 가정경제 모두 비슷하다고 응답한 비율이 크게 늘었는데 이는 판단하기에 따라 다르게 평가할 수 있으나 나빠졌다는 응답이 줄었다는

〈표 5〉 제6회 지방선거에서의 국가경제 평가와 정당 선택

	새누리당	새정치 민주연합	기타 정당 및 무소속	N(%)
	%	%	%	
나빠졌다	43.7	49.3	7.0	357(48.6)
비슷하다	54.4	40.9	4.7	362(49.3)
좋아졌다	93.3	6.7	0.0	15(2.0)
통계량	x^2=20.2, d.f.=4, p<0.001, N=734			

<표 6> 제6회 지방선거에서의 가정경제 평가와 정당 선택

	새누리당	새정치민주연합	기타 정당 및 무소속	N(%)
	%	%	%	
나빠졌다	41.0	52.9	6.2	227(30.9)
비슷하다	54.2	40.2	5.6	498(67.8)
좋아졌다	55.6	44.4	0.0	9(1.2)
통계량	x^2=11.8, d.f.=4, p<0.05, N=734			

점을 감안할 때 비교적 경제인식이 긍정적이라고 볼 수 있다. 특히 국가경제보다 가정경제에서 비슷하다는 응답률이 약 68%로 높게 나타나 국가경제보다 가정경제를 긍정적으로 보는 경향이 나타났다.

국가경제와 가정경제 평가에 따른 정당 선택을 보면 <표 6>의 가정경제에서 좋아졌다를 제외하고 다른 모든 평가 항목에서 새누리당을 선택한 비율이 제5회 지방선거에서 한나라당(<표 4>)을 선택한 비율보다 높다. 국가경제와 가정경제의 차이점은 각 구간(나빠졌다, 비슷하다, 좋아졌다) 차이가 상대적으로 국가경제에서 크게 벌어지는 반면, 가정경제에서는 그 차이가 적다. 이러한 차이에 따른 영향력 검증은 경로분석을 통해 알아보기로 한다.

3) 경제 전망과 정당 선택

제5회 지방선거의 경우 1년 전과 비교해 현재의 한국 경제가 나빠졌다고 평가한 응답자 비율이 절반에 가까울 정도로 부정적인 견해가 많았던 반면 현재보다 1년 후의 한국 경제에 대해서는 상대적으로 좋아질 것으로 전망한 비율이 높게 나타났다. <표 7>에서 보이는 바와 같이 현재보다 좋아질 것으로 전망한 비율은 약 30%로 조사되었고 비슷할 것으로 전망한 비율도 약 52%로 응답되었다. 상대적으로 나빠질 것으로 전망한 비율이 낮게 나타났

〈표 7〉 제5회 지방선거에서의 국가경제 전망과 정당 선택

	한나라당	민주당	기타 정당 및 무소속	N(%)
	%	%	%	
나빠질 것이다	26.9	56.5	16.7	108(18.1)
비슷할 것이다	36.0	44.8	19.2	308(51.7)
좋아질 것이다	50.6	36.1	13.3	180(30.2)
통계량	x^2=38.8, d.f.=4, p<0.001, N=614			

다(약 18%).

제6회 지방선거에 대한 국가경제와 가정경제 전망에서도 경제평가와 비슷한 양상이 보인다. 1년 후 현재보다 나빠질 것 또는 좋아질 것으로 전망하는 응답률은 줄어든 반면 비슷할 것으로 보는 비율이 늘어났다. 제5회 지방선거와 비교해 보면 국가경제 전망의 경우 약 12%p의 차이가 나고 가정경제 전망의 경우 국가경제와의 비교이긴 하지만 약 20%p 가까이 차이가 난다. 경제평가뿐만 아니라 경제전망에서도 제5회 지방선거보다 제6회 지방선거에서의 인식이 긍정적으로 나타난다.

새누리당 선택 비율 역시 전반적으로 제5회 지방선거에서의 한나라당 선

〈표 8〉 제6회 지방선거에서의 국가경제 전망과 정당 선택

	새누리당	새정치 민주연합	기타 정당 및 무소속	N(%)
	%	%	%	
나빠질 것이다	40.2	52.7	7.1	79(10.9)
비슷할 것이다	52.4	42.0	5.6	464(63.8)
좋아질 것이다	59.5	39.2	1.3	184(25.3)
통계량	x^2=12.8, d.f.=4, p<0.05, N=727			

〈표 9〉 제6회 지방선거에서의 가정경제 전망과 정당 선택

	새누리당	새정치 민주연합	기타 정당 및 무소속	N(%)
	%	%	%	
나빠질 것이다	42.4	29.2	8.3	132(18.0)
비슷할 것이다	52.3	42.5	5.3	511(69.8)
좋아질 것이다	48.3	48.3	3.4	89(12.2)
통계량	x^2=2.2, d.f.=4, N=732			

택 비율보다 높다. 가정경제가 좋아질 것으로 전망하는 집단 외에 국가경제와 가정경제 각각의 집단에서 새누리당을 선택한 비율이 높게 조사되었다. 이러한 경제인식이 정당 선택에 어떠한 영향을 미치는지에 대해 알아보기로 한다.

4. 경로 분석

경로 분석은 각 변수 간의 직접적 영향과 함께 간접적 영향도 분석할 수 있다는 장점이 있다. 국내 유권자의 후보·정당 선택에 영향을 미치는 주요 요인으로는 크게 지역주의 투표를 의미하는 출신지역 또는 거주지역, 세대 균열의 차이로 표현되는 연령(age), 16대 대선 이후 뚜렷한 영향력을 보이는 이념(ideology), 그리고 정당지지 등을 들 수 있다. 이러한 경향은 대선과 국선을 포함하여 지방선거에서도 비슷하게 나타난다.

다양한 투표행태 요인 가운데 경제에 관한 인식은 상기한 바와 같이 후보 또는 정당 선택에 직접적으로 관계하지 않는 경우가 상당수이다. 유권자가 선거를 통해 해결되기를 바라는 요구가 경제 문제와 밀접한 관계를 보이면서도 경제인식은 유권자의 후보·정당 선택의 판단기준이 되지 못하는 경우

가 많다. 더욱이 지방선거에서 국가경제 인식에 따른 결과가 밝혀진 사례는 매우 드물다.

이러한 상황하에서 2010년 제5회 지방선거는 천안함 사건을 중심으로 한 이명박 정부 심판론이 선거 결과에 큰 영향을 미쳤다고 논의되는 가운데 이는 단순히 천안함 사건으로 인한 역풍이 아니라 지방선거에서 경제 문제 등 민생 문제 해결을 원하는 유권자들의 민의를 제대로 파악하지 못했기 때문으로 지적된다(강원택 2011, 5-7). 이러한 이명박 정부 심판론에 대한 지적이 타당하다면 이명박 정부를 평가하는 유권자 인식이 정당 선택에 유의하게 영향을 미칠 것이고 경제에 관한 인식이 정당 선택에 직접적으로 영향을 미치거나 혹은 정부 평가에 영향을 미쳐 간접적으로 정당 선택에 관계할 것으로 보인다. 이명박 정부 심판론은 중앙정치의 차원으로 경제인식 역시 지역에 대한 경제보다 국가 전반에 걸친 국가경제에 대한 인식을 바탕으로 논의되어야 한다. 이러한 이명박 정부 심판론에 대한 타당성을 경로 분석을 통해 검증하기로 한다.

한편 2014년 제6회 지방선거에서는 세월호 사건으로 박근혜 정부에 대한 심판론이 제기될 것으로 예상되었으나 야당의 부실한 대응에 실망한 민심의 변화로 결과를 예측할 수 없는 상황이 되었다. 결과적으로 여당과 야당이 대략 반반 정도의 의석률을 점하였고 누구도 승리하지 못한 선거로 평가되고 있으나 기존 선거 결과에서 여당이 약세였던 경험이 많았던 점을 감안하면 상대적으로 여당의 승리로 볼 수 있다. 이와 같은 제6회 지방선거의 결과는 과연 세월호 참사와 관련된 주요 이슈에 의한 평가였는지, 경제에 대한 민심이 반영된 평가였는지를 알아볼 수 있는 기회이기도 하다.

이 글에서는 이른바 정권심판론을 선거 결과가 아닌 유권자의 투표행태를 통해 파악하기 위해 2010년 제5회 지방선거와 2014년 제6회 지방선거에서의 기초단체장선거를 대상으로 경로 분석을 실시하였고 그 결과를 표시한 것이 〈그림 1〉~〈그림 3〉이다. 각 선거 시의 주요 이슈와 함께 각 정부 평가와 경제에 대한 인식(국가경제·가정경제 평가 및 전망)이 여당인 한나라당 또는 새누리당 투표에 어떠한 영향을 미치는가가 본 모델의 주요 관심사이

다. 이와 더불어 각 변수의 영향력은 사회경제적 배경과 함께 국내 선거에
주요 영향을 미치는 이념으로 통제되어야 본연의 영향력을 밝힐 수 있기
때문에 분석의 바탕에는 사회경제적 배경과 이념을 단계적으로 투입하였다.
또한 민주주의 체제하의 정당정치가 활성화된 현실에서 지지하는 정당에 따
른 정당 선택은 매우 높은 상관관계를 가지므로 모든 변수 가운데 정당 선
택과 가장 가까운 곳에 위치하도록 모델을 구성하였다. 물론 다른 변수들이
정당지지에 영향을 미치기도 하지만 그 역방향이 형성되기도 한다. 즉, 특정
정당을 지지하기 때문에 현 정부에 대한 평가를 달리할 수도 있고 경제인식
을 주관적으로 인식할 수도 있다. 하지만 유권자 인식에 대한 정당지지의
영향은 본 연구의 논점에서 벗어나므로 이에 대한 논의는 논외로 한다.

종속변수는 상술한 바와 같이 각각 한나라당 투표와 새누리당 투표로 하
였고 지역주의 투표의 관점에서 영남지역 거주 변수와 호남지역 거주변수를
투입하였다.

〈그림 1〉은 제5회 지방선거에서의 기초단체장선거를 대상으로 경로 분석
을 실시한 결과이다. 먼저 사회경제적 요인을 살펴보면 한국에서 논의되는
세대(generation)는 정확히 세대를 표현하기보다 연령(age)에 따른 차이를
의미하는 경우가 많다.[5] 연령에 따른 정당 선택이 여러 선거를 통해 확연히
구분되어 왔는데 2010년 지방선거 기초단체장선거에서는 높은 연령대의 유
권자일수록 한나라당 후보를 직접적으로 선택하는 경향이 유의하지 않았다.
이는 한나라당 후보가 다양한 연령대에 따라 고른 지지를 받았다고 볼 수
있다. 연령에 따른 정당 선택의 경로를 살펴보면 연령이 높을수록 이명박
정부를 긍정적으로 평가하고 이명박 정부에 대한 긍정적인 평가는 한나라당
지지로 이어지는데 이는 궁극적으로 한나라당 선택으로 연결된다. 연령의
영향은 이 외에도 연령이 높을수록 보수적인 경향이 유의하게 나타나고 1년

---

5) 세대 효과(generation effect)는 일정 기간을 같이 보낸 특정 세대에서 나타나는 특성
을 표현하는 용어로 시간의 흘러도 그 특성이 계속 유지되는 것이 특징이다. 이에 반해
연령효과(age effect)는 연령의 변화에 따라 행위자의 행태가 변화하는 특성을 표현하
는 용어로 시간의 흐름과 함께 그 특성이 변화하는 것이 특징이다.

〈그림 1〉 제5회 지방선거에서의 정부 심판론 모델 I(국가경제)

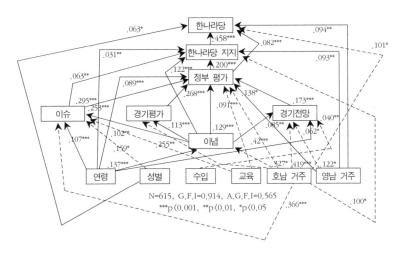

N=615, G.F.I=0.914, A.G.F.I=0.565
***p〈0.001, **p〈0.01, *p〈0.05

* 주) 실선: 정(+)의 관계, 점선: 부(-)의 관계

후의 한국 경기에 대해 연령이 높을수록 긍정적으로 전망하는 경향이 보였다. 경기전망은 비록 정당지지와 정당투표에 직접적인 영향은 미치지 않았지만 이명박 정부 평가를 통해 한나라당 투표와 민주당 투표에 간접적인 영향을 미쳤다.

　경기평가에는 수입에 따른 차이가 통계적으로 유의하지 않았으나 경기전망에 대해서는 수입별 차이가 유의하게 나타난 점이 흥미롭다. 수입이 높을수록 앞으로 1년 후의 한국 경기에 대해 부정적으로 인식하는 것으로 조사되었다. 교육의 영향은 경기평가와 경기전망에 유의하지 않았으나 정부 평가에 유의한 영향을 미치는 것으로 나타났다. 교육수준이 높을수록 이명박 정부의 국정운영을 부정적으로 평가하고 교육수준이 낮을수록 긍정적으로 평가한다. 학력이 낮은 유권자일수록 한나라당을 지지하는 경향이 여러 선행 연구에서 발견되는데 교육수준에 따른 이명박 정부 평가의 차이는 이러한 맥락과 같은 선상에서 논의해 볼 수 있다. 하지만 일반적으로 젊은 유권자의 학력이 높기 때문에 이러한 결과를 단순히 학력에 의한 차이로 단정하기에는 좀 더 세밀한 분석이 뒷받침되어야 한다. 한국의 특성인 지역주의 투표를 나타내는 거주 변수는 본 모델에서도 중요한 영향력을 행사하였다. 영남거주자는 비영남거주자에 비해 한나라당을 지지하거나 투표하는 경향이 유의한 것으로 조사되었고 이명박 정부에 대해서도 긍정적으로 평가하는 것으로 나타났다. 한편, 호남거주자들은 비호남거주자보다 한나라당을 지지하지 않거나 한나라당에 투표하지 않는 경향이 있고 이명박 정부에 대해 부정적으로 평가하는 것으로 분석되었다. 한편 한국사회에서 유권자의 선택을 결정하는 또 하나의 주요 요인인 이념(ideology)은 기초단체장선거에서 한나라당 투표에 직접적으로 유의하게 작용하지 않았지만 정당지지를 통해 정당 선택으로 유의하게 이어지고 있기 때문에 2010년 지방선거에서도 이념의 영향력은 유효한 것으로 보인다. 이와 함께 이념은 정부 평가와 함께 경기평가 및 경기전망에도 유의하게 작용하였다. 유권자의 이념이 보수적일수록 한국 경제를 1년 전과 비교해 긍정적으로 평가하고 앞으로 1년 후에 대해서도 긍정적으로 전망한다.

유권자의 이념에 따라 경제평가 또는 경제전망이 달라진다는 것은 유권자가 경제인식을 주관적으로 인식하고 있음을 반영한다. 이는 경제인식을 경제적 차원이 아니라 정치적 차원에서 판단한 것이기 때문에 이념으로부터 영향을 받은 경제전망 또는 경제평가 역시 본래의 경제인식으로 간주하기 어렵다고 지적될 수 있다. 하지만 가령 소비자 전망과 같은 경제인식은 소비자(유권자)들의 주관적 판단이다. 국내에 같은 지역에 거주하여 국가 수준의 또는 지역 수준의 같은 경제지표를 접하는 유권자들 내에서도 경제에 대한 평가 또는 전망이 모두 동일하지 않다. 소비자 또는 유권자들이 판단하는 경제인식이 무엇으로 결정되는가의 문제는 또 다른 연구테마이다. 한국인의 이념분포가 북한 이슈에 많은 영향을 받기는 하지만 국내 유권자의 이념에도 경제적 성장과 분배 등의 경제적 기준의 진보-보수 논의가 포함된다. 따라서 이념이 이명박 정부 평가와 경기평가 및 경기전망에 영향을 미친다 하여 완전히 경제와 무관한 정치적 인식에 의한 결과로 간주해서는 안 된다.

 결론적으로 2010년 제5회 지방선거에서 주장된 이명박 정부에 대한 정권심판론은 기초단체장을 대상으로 한 유권자의 투표행태 측면에서 볼 때 타당한 것으로 보여진다. 정권심판론의 주요 세 가지 측면 가운데 먼저 천안함 사건에 대한 의견에 따른 차이가 제5회 지방선거에서 직접적으로 한나라당투표에 영향을 미친 것은 아니지만 정부 평가와 한나라당 지지를 통해 간접적으로 영향을 미치고 있다. 두 번째로 정부 평가인 이명박 정부 평가는 정당 지지를 통해 정당 선택에 간접적인 영향을 미치기도 하지만 직접적으로 한나라당 선택에 관여한다. 이명박 정부의 국정 운영에 불만인 유권자들은 이에 대한 심판으로 한나라당에 투표하지 않은 것으로 보인다. 마지막으로 경제인식에 대해서는 경기평가와 경기전망 모두 한나라당 선택에 직접적으로 연결되지 않는다. 하지만 간접적으로 정부 평가를 통해 한나라당 선택에 영향을 미치는 것으로 보여진다. 중앙정치와 관련된 이슈, 중앙정부 평가, 경제인식의 영향이 직접 또는 간접적으로 한나라당 선택 여부에 영향을 미쳤다는 것은 유권자가 기초단체장 선택에도 중앙정치와 관련된 요인들을 염두에 두고 투표한다는 것을 알 수 있다.

 한편, 제5회 지방선거와 다른 양상을 보였던 제6회 지방선거에서의 기초단체장선거 결과가 〈그림 2〉와 〈그림 3〉이다. 〈그림 2〉는 〈그림 1〉의 제5회 지방선거의 정권심판론모델과 동일한 모델이고 〈그림 3〉은 경제인식의 변수를 국가경제 대신 개인(가정) 경제를 사용한 모델이다. 두 모델을 분리한 것은 제5회 지방선거와 제6회 지방선거와의 균형을 맞추려는 생각과 함께 국가경제와 개인경제를 분리하여 생활정치에 직접적인 영향을 미치는 개인경제의 영향력이 국가경제와 비교해 어떻게 다른지를 보기 위해서이다.

 〈그림 2〉와 〈그림 3〉을 보면 제6회 지방선거의 기초단체장선거에서도 거주지역변수의 유의성이 뚜렷하여 지역주의 투표의 강세를 보인다. 연령의 경우 새누리당 선택에 직접적으로 영향을 미치지는 않지만 연령이 높은 유권자일수록 보수적이고, 정부에 대해 긍정적으로 평가하며, 새누리당을 지지하는 경향을 보여 연령에 따른 정당 선택이 유의하게 작용함을 알 수 있다.

 정권심판론의 주요 세 가지 측면 가운데 먼저 이슈를 살펴보면 제5회 지

〈그림 2〉 제6회 지방선거에서의 정부 심판론 모델 Ⅰ(국가경제)

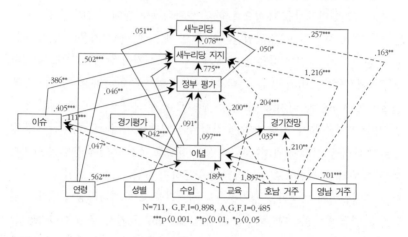

N=711, G.F.I=0.898, A.G.F.I=0.485
***p〈0.001, **p〈0.01, *p〈0.05

* 주) 실선: 정(+)의 관계, 점선: 부(-)의 관계

방선거와 마찬가지로 정부 평가와 새누리당 지지를 통해 간접적으로 영향을 미치기는 하지만 직접적으로 영향을 미치는 정도는 아니다. 정부 평가는 연령, 성별, 이념, 교육, 호남거주 등의 영향을 받고 이는 직·간접적으로 새누리당 선택으로 이어져 기초단체장선거에도 정부 평가에 대한 판단이 주요한 기준을 작용하는 것으로 나타났다. 한편 국가경제 대상의 경기평가와 경기전망은 정부 평가 등을 통한 간접적인 영향도 미치지 않아 제6회 지방선거에서는 상대적으로 국가경제에 대한 경제인식의 영향이 약하다고 보여진다. 이에 반해 흥미로운 것은 개인(가정)경제, 즉 가계에 대한 평가가 정부 평가에 긍정적으로 작용하고 정부 평가와 새누리당 지지를 거쳐 새누리당 투표로 이어진다는 점이다. 제6회 지방선거에서는 유권자들이 국가경제에 대해서는 크게 관심이 없었지만 개인생활에 관한 가계에 대한 평가는 정부 평가의 기준으로 작용한 것으로 보인다.

제6회 지방선거의 기초단체장선거에서는 새누리당이 획득한 의석률이 과반수를 넘었다. 또한 〈표 6〉에서 개인경제에 대해 1년 전과 비슷하다고 평

〈그림 3〉 제6회 지방선거에서의 정부 심판론 모델 II(가정경제)

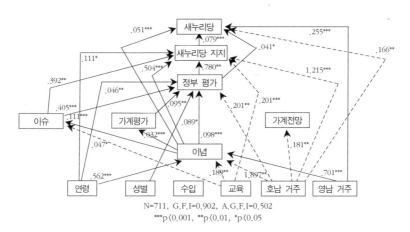

N=711, G.F.I=0.902, A.G.F.I=0.502
***p〈0.001, **p〈0.01, *p〈0.05

* 주) 실선: 정(+)의 관계, 점선: 부(−)의 관계

가하는 비율이 높았다. 이는 제5회 지방선거의 국가경제에 대한 결과와 비교해 볼 때 상당히 긍정적인 결과로 볼 수 있다. 이러한 결과로 미루어 제6회 지방선거 기초단체장선거에서는 개인경제를 긍정적으로 평가하는 유권자가 많았고 또한 개인경제를 긍정적으로 평가할수록 새누리당을 선택하는 경향이 정부 평가에 유의하게 작용하여 결과적으로 새누리당에 유리한 영향을 미쳤다고 볼 수 있다.

IV. 결론 및 함의

이 글의 목적은 중앙 이슈, 정부 평가, 경제인식을 중심으로 한 경로 분석을 통해 중앙정치가 지방선거에 미치는 영향을 검토하는 것이다. 2010년 제5회 지방선거에서 우세했던 이른바 이명박 정부 심판론은 집합적인 선거

결과에 의한 주장이지 이를 유권자의 투표행태 측면에서는 검증되지 않았다. 과연 유권자들이 이명박 정부에 대해 어떻게 평가하고 그러한 평가가 정당 선택으로 이어졌는가가 이 글의 주요 질문이다. 또한 2010년 제5회 지방선거에서 한나라당이 패배한 원인이 경제 문제 등 민생 문제 해결을 요구했던 유권자의 민의를 정확히 판단하지 못했다는 점에 있다는 지적으로 미루어 볼 때 유권자들의 이명박 정부 평가에는 경제인식이 관계할 것으로 판단된다. 구체적으로 보면 국가경제에 대해 어떻게 인식하느냐에 따라 중앙정부의 평가가 달라질 것으로 보인다. 한편 제6회 지방선거에서는 기존에서 나타난 정권심판론이 유의하지 않았다. 제6회 지방선거에서 나타난 현상이 단순히 제6회 지방선거만의 특징일 수도 있지만 생활정치에서의 정당의 영향력이 약해지는 선거의 시작점이 될 수도 있다. 본 연구에서는 중앙 이슈, 정부 평가, 경제인식을 중심으로 정권심판론의 타당성 여부를 검증하고 제5회 지방선거와 제6회 지방선거의 차이점을 통해 정권심판론의 내용 등을 논의하였다.

특히 경제인식은 기존 선거에서 주로 유의하게 나타나는 출신 또는 거주 지역, 세대 간의 균열을 표현하는 연령, 최근 그 중요성이 떠오르고 있는 이념, 정당지지 등에 비해 후보 또는 정당 선택에 유의하게 영향을 미친 결과는 드물다. 하지만 경제인식이 직접적으로 후보·정당 선택에 영향을 미치지 않는다 하여 무의미한 것으로 볼 수는 없다. 투표행태를 결정짓는 수많은 요인들 가운데 일부 요인들은 직접적으로는 후보·정당 선택에 영향력을 발휘하지 못하여도 간접적으로 다른 매개를 통해 영향을 미칠 수 있다.

이 글에서는 이러한 측면을 찾아내기 위해 기초단체장선거를 대상으로 경로 분석을 실시하였다. 결과적으로 이명박 또는 박근혜 정부의 국정운영에 대해 긍정적으로 평가할수록 한나라당 또는 새누리당을 지지하거나 투표하는 경향이 유의하게 나타났다. 또한 이명박 정부 평가에는 과거의 국가경제 평가와 미래의 국가경제 전망이 모두 관여하는 것으로 조사되었다. 경기평가와 경기전망이 직접적으로 정당 선택으로 이어지는 것은 아니지만 이명박 정부 평가를 통해 정당 선택으로 연결되는 점은 국가경제에 대한 인식이 지방선거에 영향을 미친다는 점을 시사한다.

이러한 결과는 중앙정치에 대한 유권자 인식이 지방선거 결과에 영향을 미친다는 것을 보여준다. 2010년 제5회 지방선거에서 논의된 이명박 정부 심판론은 유권자 투표행태의 측면에서 검증한 결과 타당하다고 볼 수 있다. 여기에는 국가경제에 대한 인식도 관여한다. 즉, 국가경제에 대한 인식이 정부 평가로 이어진다는 점은 유권자의 경제인식도 간과해서는 안 될 요인이라는 점을 시사한다.

경기평가와 경기전망에는 이념과 거주지역 등의 요인이 영향을 미친다. 따라서 국가경제에 대한 인식이 순수하게 경제에 대한 인식이 아니라 이념을 바탕으로 한 주관적인 판단이기 때문에 경제 문제로 해석하기 어렵다고 지적할 수 있다. 하지만 경제인식은 경제지표가 아닌 소비자 또는 유권자의 자의적인 해석에 기인한다. 같은 경제지표를 접한 유권자라 하더라도 성장지향적 사고의 소유자 혹은 분배지향적 사고의 소유자인가에 따라 해당 경제지표를 해석하는 방향은 다르다. 국내 유권자들의 이념이 지역색, 연령, 정당지지 등과 밀접한 관계가 있는 것은 여러 연구를 통해 검증되어 왔지만 이념의 모든 내용을 지역색, 연령, 정당지지로 설명할 수 있는 것은 아니다. 이념의 내용에는 경제 관련 가치도 포함되고 사회를 바라보는 가치의 방향에 따라 경제인식은 달라질 수 있다. 따라서 본 연구에서 나타난 경제평가와 경제전망의 통계적 유의성이 이념의 영향을 받는다고 해서 무의미하다고 판단하기는 어렵다.

한편, 제6회 지방선거의 결과는 제5회 선거 결과와 비슷한 면과 다른 면이 공존한다. 제5회 지방선거와 마찬가지로 중앙정치와 관련된 주요 이슈가 새누리당 선택에 간접적으로 영향을 미치기는 하였지만 직접적인 영향을 미쳤다고 보기는 어렵다. 이에 반해 박근혜 정부에 대한 평가는 직접 또는 간접적으로 새누리당 선택에 영향을 미쳐 기초단체장 선택 시에도 유권자들은 정부 평가를 바탕으로 투표방향을 결정하는 것을 알 수 있다. 이러한 공통점에 비해 제5회 지방선거와 다른 점은 국가경제에 대한 평가와 전망 모두 직접적으로는 물론 간접적으로도 새누리당 선택에 영향을 미치지 않았다는 점이다. 이는 다시 말해 제6회 지방선거에서는 국가경제에 대한 관심이 정당 선택 시에 별다른 영향력을 작용하지 못했다는 것을 말한다. 하지만 이에 반해 개인(가정)에 대한 평가가 간접적으로 정부 평가와 새누리당 지지를 통해 새누리당 지지에 영향을 미쳤다. 이는 개인경제에 대한 유권자의 인식이 기초단체장선거 결정에 유의하다는 것이다.

이러한 결과가 6회 지방선거만의 특징인지, 아니면 기존의 지방선거에서의 투표행태와의 차이점의 발현인지는 앞으로의 선거를 통해 지속적으로 살펴보아야 한다. 하지만 지방선거가 중앙선거의 대리전이 아닌 개인의 삶과 관련된 생활정치가 우선이라는 인식이 발전될 경우 지방선거에서 정당과 상관없이 개인의 삶에 유리하다고 생각하는 후보를 선택할 가능성이 있다. 제6회 지방선거가 이러한 시발점이 되는 선거인지의 여부는 앞으로의 과제로 남기기로 한다.

결론적으로 제5회와 제6회 지방선거에서의 기초단체장선거 분석을 통한 결과는 지방선거에서의 중앙정치의 영향력을 확인하게 한다. 지방선거를 중심으로 한 지방자치가 이론적으로는 중앙정치와 별개로 지방의 특성에 따라 운영되어야 한다고 주장되지만 현실과의 괴리는 크다. 지방선거에서는 지방의 특수성에 맞는 후보, 지방의 특성 등을 고려하여 투표하는 것이 바람직하다고 생각하지만 실제로 많은 유권자들은 대통령선거나 국회의원선거와 비슷한 패턴으로 투표행태에 임한다. 이는 중앙정치가 지방정치에 미치는 영향이 크기 때문으로 볼 수 있는 측면과 각 후보들의 공약이 지역에 따른 차이, 해당 지역만의 특수성에 대한 공약이 유권자들의 판단의 잣대로 역할하지 못한다는 측면의 해석이 가능하다. 또한 2010년 제5회 지방선거뿐만 아니라 지방선거들이 중간선거적 특성을 띠고 현 정부 심판론의 장으로 이용당하는 경우가 많았다. 지방선거에 미치는 중앙정치의 영향을 무조건 부정적으로 볼 필요는 없지만 지방정치 본연의 목적을 살리기 위해서는 중앙정치의 영향이 어느 정도 감소되어야 할 필요가 있다. 이를 위해서는 지방선거는 물론 지방정치가 지방정치 본연의 목적을 살리기 위한 정치로 전환되어야 한다.

【참고문헌】

가상준. 2004. "6.13 지방선거에서 유권자의 투표행태: 정당 및 후보자의 영향력을 중심으로." 『한국정당학회보』 3(1), 5-29.

_____. 2014. "6.4지방선거 결과분석." 『지방행정』 63(729), 16-19.

강원택. 1998. "유권자의 이념적 성향과 투표행태." 이남영 편. 『한국의 선거 II: 제15대 대통령선거를 중심으로』. 푸른길, 45-96.

_____. 1999. "지방선거에 대한 중앙정치의 영향―지방적 행사 혹은 중앙정치의 대리전?" 조중빈 편. 『한국의 선거 III: 1998년 지방선거를 중심으로』, 77-114.

_____. 2010. "천안함 사건은 지방선거의 변수였나?" 『EAI OPINION Review』 201006-01.

경제희. 2014. "회고적 투표와 전망적 투표의 한일 비교 연구: 17대·18대 대통령선거와 44회·45회 중의원선거를 중심으로." 『동서연구』 26(1), 53-85.

김병준. 2002. 『한국지방자치론』. 법문사.

김재한. 1993. "제14대 대선과 한국경제." 『한국정치학회보』 27(1), 99-120.

김정도·안용흔. 2013. "지방의회선거를 통해 본 정치의 전국화." 『대한정치학회보』 21(1), 21-44.

김찬동. 2014. "일본의 지방선거 사례 연구." 『지방행정』 63(724), 24-27.

박경산. 1993. "제14대 대통령선거에 나타난 경제적 투표." 『한국정치학회보』 27(1), 185-208.

박광주. 2006. 『한국 정치, 전개와 전망』. 한울아카데미.

송건섭·이곤수. 2011. "유권자의 투표행태와 결정요인에 관한 연구: 2002년·2006년·2010년지방선거를 중심으로." 『한국정책과학학회보』 15(3), 49-71.

이곤수·송건섭. 2011. "지방선거의 유권자 투표 선택, 정당인가 후보인가?: 6.2 지방선거와 서울시의 사례." 『한국정책과학학회보』 15(4), 339-360.

이달곤·하혜수·정정화·전주상·김철회. 2012. 『지방자치론』. 박영사.

이동윤. 2010. "지방선거와 정당공천제 논쟁: 부산지역 기초자료를 중심으로." 『현대

정치연구』.

이재철. 2008. "17대 대통령 선거에서의 경제투표: 유권자의 경제인식과 투표과정." 『현대정치연구』 1(1), 111-136.

이현우. 1998. "한국에서의 경제투표." 이남영 편. 『한국의 선거 II: 제15대 대통령선거를 중심으로』. 푸른길, 97-150.

정원칠·정한울. 2007. "패널조사를 통해 본 지방선거." 이내영·이현우·김장수 공편. 『변화하는 한국유권자: 패널조사를 통해 본 5·31 지방선거』. EAI, 5-94.

정진민. 2012. "한국 유권자들의 투표행태와 세대: 2010년 지방선거를 중심으로." 『한국정치연구』 21(2), 1-20.

정한울. 2010. "6·2 지방선거 수도권 이변, 숨은 표인가? 변한 표인가? '親MB-정권심판론자'와 '反야당-반MB 정권심판론자'의 선택." 『EAI OPINION Review』 201006-02.

조성대. 2003. "지방선거와 정치참여." 『21세기정치학회보』 13(1).

황아란. 2000. "경제투표에 대한 정치심리학적 접근 — 제15대 대선을 중심으로." 『한국정치학회보』 34(4), 193-212.

_____. 2013. "2000년대 지방선거의 변화와 지속성: 현직효과와 중앙정치의 영향." 『한국정치학회보』 47(5), 277-295.

Abramowitz, Alan I. 1985. "Economic Conditions, Presidential Popularity, and Voting Behavior." *The Journal of Politics* 47(1), 31-43.

Abramson, Paul R., John H. Aldrich, and David W. Rohde. 1999. *Change and Continuity in the 1996 and 1998 Elections*. Washington, D.C.: CQ Press.

Bloom, Howard S., and H. Douglas Price. 1975. "Voter Response to Short-Run Economic Conditions: The Asymmetric Effect of Prosperity and Recession." *American Political Science Review* 69(4), 1240-1254.

Boyd, Richard W. 1972. "Popular Control of Public Policy: A Normal Vote Analysis of the 1968 Election." *American Political Science Review* 66(2), 429-449.

Brody, Richard A., and Benjamin I. Page. 1972. "Comment: The Assessment of Policy Voting." *American Political Science Review* 66(2), 450-458.

Butler, David, and Donald E. Stokes. 1969. *Political Change in Britain: Forces Shaping Electoral Choice*. New York: St. Martin's Press.

Campbell, Angus, Philip E. Converse, Warren E. Miller, and Donald E. Stokes. 1960. *The American Voter*. New York: Wiley.

Converse, Philip E. 1964. "The Nature of Belief Systems in Mass Publics." In David E. Apter, ed. *Ideology and Discontent*. London: The Free Press of Glancoe, 206-261.

Downs, Anthony. 1957. *An Economic Theory of Democracy*. New York: Harper and Low.

Fiorina, Morris P. 1978. "Economic Retrospective Voting in American National Elections: A Micro-Analysis." *American Journal of Political Science* 22(2), 426-443.

Hibbing, John R., and John R. Alford. 1981. "The Electoral Impact of Economic Conditions: Who is Held Responsible?" *American Journal of Political Science* 25(3), 423-439.

Hibbs, Douglas A. Jr. 1987. *The American Political Economy: Macroeconomics and Electoral Politics*. Cambridge: Harvard University Press.

Key, V. O., Jr. 1966. *The Responsible Electorate*. Cambridge.

Kiewiet, D. Roderick. 1981. "Policy-Oriented Voting in Response to Economic Issues." *The American Political Science Review* 75(2), 448-459.

_____. 1983. *Macroeconomics and Micropolitics: the Electoral Effects of Economic Issues*. Chicago: University of Chicago Press.

Kinder, Donald R., and D. Roderick Kiewiet. 1979. "Economic Discontent and Political Behavior; The Role of Personal Grievances and Collective Economic Judgments in Congressional Voting." *American Journal of Political Science* 23(3), 495-527.

Kramer, Gerald H. 1971. "Short-Term Fluctuations in U.S. Voting Behavior, 1896-1964." *The American Political Science Review* 65(1), 131-143.

Kuklinski, James H., and Darrell M. West. 1981. "Economic Expectations and Voting Behavior in United States House and Senate Elections." *The American Political Science Review* 75(2), 436-447.

Lanoue, David J. 1994. "Retrospective and Prospective Voting in Presidential-Year Elections." *Political Research Quarterly* 47(1), 193-205.

Levitin, Teresa E., and Warren E. Miller. 1979. "Ideological Interpretations of Presidential Elections." *The American Political Science Review* 73(3),

751-771.

Lewis-Beak, Michael S. 1988. *Economics and Elections : the Major Western Democracies.* Ann Arbor: University of Michigan Press.

Lewis-Beak, Michael S., and Martin Paldam. 2002. "Economic Voting: An Introduction." *Electoral Studies* 19, 113-121.

Lockerbie, Brad. 1991. "Prospective Economic Voting in U. S. House Elections, 1956-88." *Legislative Studies Quarterly* 16(2), 239-261.

Lazarsfeld, Paul. F., Bernard Berelson, and Hazel Gaudet. 1944. *The People's Choice; How the Voter Makes Up His Mind in a Presidential Campaign.* New York: Colombia University Press.

Markus, Gregory B. 1988. "The Impact of Personal and National Economic Conditions on the Presidential Vote: A Pooled Cross-Sectional Analysis." *American Journal of Political Science* 32(1), 137-154.

Marcus, George E., David Tabb, and John L. Sullivan. 1974. "The Application of Individual Differences Scaling to the Measurement of Political Ideologies." *American Journal of Political Science* 18(2), 405-420.

Miller, Arthur H., Warren E. Miller, Alden S. Raine, and Thad A. Brown. 1976. "A Majority Party in Disarray: Policy Polarization in the 1972 Election." *The American Political Science Review* 70(3), 753-778.

Nadeau, Richard, and Michael S. Lewis-Beck. 2001. "National Economic Voting in U. S. Presidential Elections." *Journal of Politics* 63(1), 159-181.

Nie, Norman H., Sidney Verba, and John R. Petrocik. 1976. *The Changing American Voter, Enlarged Edition.* Cambridge: Harvard University Press.

Pierce, John C. 1970. "Party Identification and the Changing Role of Ideology in American Politics." *Midwest Journal of Political Science* 14(1), 25-42.

RePass, David E. 1971. "Issue Salience and Party Choice." *The American Political Science Review* 65(2), 389-400.

Stokes, Donald E. 1963. "Spatial Models of Party Competition." *The American Political Science Review* 57(2), 368-377.

Sullivan, John L., James E. Piereson, and George E. Marcus. 1978. "Ideological Constraint in the Mass Public: A Methodological Critique and Some New Findings." *American Journal of Political Science* 22(2), 233-249.

Tufte, Edward R. 1975. "Determinants of the Outcomes of Midterm Congressional Elections." *The American Political Science Review* 69(3), 812-826.

十川宏二. 1993. "現代日本における経済状況と政党支持." 『レヴァイアサン』 12, 173-186.

제6장

정책 균열과 거주지 규모에 따른 정책 투표:
공간 이론과 2014년 한국의 지방선거

조성대 | 한신대학교 국제관계학부

I. 머리말

2014년 지방선거에서 유권자들의 사회경제적 환경에 따라 정책 투표의 양상이 달랐을까? 정책 투표에 대한 전통적인 공간 이론(spatial theory)에 의하면, 유권자와 후보자(정당) 간의 상대적인 거리로 표현되는 이념 혹은 정책은 유권자가 처한 다양한 사회경제적 환경이나 정보 환경과 관계없이 모든 유권자들에게 동일한 효과를 지닌다(Downs 1957; Enelow and Hinich 1984; Hinich and Munger 1994). 그러나 대다수 유권자들이 이념의 추상적 의미를 제대로 파악하지 못하고 정책에 대한 판단에서 일관성을 갖지 않고 있다는 미시간 학파의 대표적인 경험적 발견(Campbell, Converse, Miller, and Stokes 1960; Converse 1974) 이후 많은 연구들은 유권자들의 정치적 세련도(level of political sophistication)에 따라 쟁점을 이해하고 소화하는 능력이 다를 수 있음을 지적해왔다(대표적으로 Jacoby 1986; Zaller 1992;

Delli Carprini and Keeter 1996 참조). 공간 이론의 관점에서 이념거리가 가까울수록 후보나 정당을 선택할 확률이 증가한다는 핵심적 논거가 성립하기 위해서는 유권자들이 후보자 혹은 정당의 이념 혹은 정책 위치를 정확히 파악할 수 있어야 하는데 그 능력이 그들이 속한 집단에 따라 다를 수 있다는 것이다. 이러한 문제의식은 유권자들의 정치적 선택이 집단적 이질성(heterogeneity)에 의해 제약받을 수 있음을 고려하는 경험분석 모형의 필요성을 제기하게 했다(Bartle 2000; Pattie and Johnson 2001). 유권자들의 행동주의(Aldrich 1983; Schofield 2003; Miller and Schofield 2003; Schofield and Miller 2007)나 정치 정보의 수준(Lin 2011)에 따라 이념거리의 효과가 달라질 수 있다는 연구는 대표적인 예이다.

이 글은 기존 연구의 연장선상에서 '유권자의 거주지 환경에 따라 정책의 수용성이 달라질 수 있다'는 가설을 제기한다. 유권자의 거주지 환경에 주목하는 이유는 광역시, 일반시, 군 등의 거주지 규모에 따라 생활환경이나 수준이 달라 지방선거에서 상이한 정책 투표가 유도될 가능성이 있기 때문이다. 즉 비정규직 문제나 복지 수급 등 생활환경의 차이는 구체적으로 체감하는 정책을 다르게 만들 뿐만 아니라 후보 선택의 기준이 되는 정책에서도 차이를 발생시킬 것이라는 것이다.

구체적인 분석 방법은 다음과 같다. 첫째, 공간 이론 분석을 위해 이 글은 스코필드(Schofield)가 제안한 요인분석 기법을 활용해 지난 2014년 6·4 지방선거를 둘러싼 정책 균열이 자아내는 이념지도를 구축한다. 정책 균열의 종류와 그 내부의 유권자와 정당의 위치를 파악하고 상대적인 정책 거리를 계산한다. 둘째, 정책 거리를 변수로 활용한 프로빗 회귀와 초우 검증(Chow test, Chow 1960)을 통해 거주지 규모에 따라 정책 투표에 차이가 발생했는지를 확인한다. 셋째, 유권자의 투표 선택에 영향을 미칠 수 있는 다양한 통제 변수— 예: 정당일체감, 세월호 평가, 지역, 유권자의 사회경제적 지위 등—들을 포함시킨 이후에도 정책 거리 변수들의 효과가 거주지 규모에 따라 다른지를 살펴본다. 경험분석을 위해 지난 2014년 6·4 지방선거가 끝난 직후 한국선거학회와 한국사회과학데이터센터가 전국 유권자

1,000명을 대상으로 면접 조사한 자료를 사용한다.

글의 순서는 다음과 같다. II절은 한국 정치의 정책 균열에 대한 기존 연구를 검토하고 지역에 따른 정책적 갈등 구조가 다를 수 있음을 시도별 경제생활 실태 자료와 면접조사 결과를 통해 살펴본다. III절은 분석 방법에 대한 설명으로 구체적으로 스코필드의 요인분석 기법을 활용한 이념지도의 구축방법과 초우 검증에 대해 설명한다. IV절은 주요 변수의 조작 방법과 가설을 소개한다. V절은 스코필드 방법에 의해 복구된 이념지도상의 정책 균열의 사회경제적 성격과 정당 및 정치인들의 위치를 통해 파악되는 정당 체계의 성격을 소개한다. VI절은 회귀분석의 결과를 소개한다. 특히 정책 거리 변수의 효과가 광역시와 일반시/군 간에 유의미하게 차이 나는지를 살펴본다. 마지막으로 VII절은 글의 요약과 함의를 제시한다.

II. 한국 정치의 이념갈등의 지방적 차이

해방 후 한국 정치에서 이념적 갈등에 관한 연구는 대체로 반공주의의 지배적 성격을 지적해왔다. 한국 정치의 지배 이념은 분단과 한국전쟁의 경험으로 인해 '반공이 곧 자유민주주의라는 역설'로 둔갑한 이후(이승만 정권기) 경제적 발전주의와 결합(박정희 정권기), 발전주의와의 연결고리의 해체(전두환 정권기) 등의 다양한 변형을 경험해왔다. 심지어 민주화 이후에도 반공-보수, 반공-자유, 평화공존형 자유주의의 등의 이념적 분화를 겪으며 한국 정치를 지배하는 이념으로 작용해왔다(강정인 2009, 45-115 참조). 한국에서 자유주의의 발전은 정부 수립 이래 권위주의 정권 시기 말까지 북한의 존재로 인한 맹목적 반공주의의 한계로부터 자유롭지 못했다. 특히 민주화 이후 김대중 정부가 추진한 햇볕정책과 6·15 남북정상회담, 그리고 햇볕정책을 계승한 노무현 정부의 2007년 6·10 남북정상회담은 한국사회

반공 자유주의 입장과 평화공존 자유주의 혹은 급진주의 사이의 정치적 대립을 격화시키며 한국 정치의 지배적인 이념으로 작용해 왔다.

안보 이념의 지배적 성격과 더불어 1997년 외환위기 이후 시장자유주의 대 복지자유주의 간의 대립이 출현했다는 지적도 있었다(문지영 2009, 169-172 참조). 전자의 경우 재벌경제에 대한 옹호, 경제적 자유와 사유재산권의 절대성, 정부의 시장 개입 반대 및 규제 완화, 사회복지정책 확대와 노동조합의 정치세력화에 대한 반대 등의 신자유주의적 정향을 보이는데 반해, 후자의 경우 개발독재에 의해 왜곡된 시장질서의 민주적 통제, 복지의 확대와 분배 정의 및 균형발전의 실현 등을 통한 사회적 자유주의를 지향하며 상호 경쟁화는 구도를 지녀왔다.

선거 연구의 분야에서 기존 연구는 대체로 반공주의로 표현되는 안보 이념의 지배적인 갈등 구조로서의 위상을 인정해왔다(강원택 2003; 2005; 이내영 2011; 정진민 2003). 이에 반해 경제적 갈등 구조에 대해서는 비록 1997년 외환위기 위후 일부 연구에서 이념갈등의 확산에 대한 기대감이 표출되었고(이갑윤·이현우 2008; 조성대 2008), 2012년 경제민주화 쟁점이 주요 쟁점으로 등장했다는 주장이 제기되기도 했지만(장승진 2013), 시민들이 자신의 주관적 이념과 경제정책에 대한 판단을 제대로 조응시키지 못하고 있다거나 혹은 후보자 간의 정책 차이를 제대로 구별하지 못한다고 밝혀왔다(강원택 2003; 2005; 이내영 2011).

한편 대부분의 기존 연구들은 이념이나 정책 변수들의 효과가 유권자의 집단별 특성이나 지역별 특성과 무관하게 전국적으로 동일한 효과를 지니고 있다고 가정한다. 그러나 지방선거를 분석함에 있어 흥미롭게 고려해볼 만한 점은 지역에 따른 이념적 갈등 구조가 다를 수 있다는 것이다. 예를 들어, 거주지 규모별로 구성되는 주민들의 성, 연령, 교육, 소득, 재산, 직업 등의 분포가 다를 수 있다. 그리고 사회경제적 구성의 차이는 주민들이 체감하는 정책과 사회적 갈등을 다르게 만들 수 있다. 예를 들면, 주로 고연령층이 거주하는 시골 지역의 유권자들은 재분배 중심의 복지정책에 대해 민감할 수 있다. 아울러 대도시에 비해 소득이나 재산이 낮고 상대적으로 비

〈표 1〉 전국 시도별 경제생활 실태(%)

구분	비정규직 비율[a]	기초생활수급자비율[b]	1인당 개인소득비율[c]
전국	32.13	5.32	100.0
서울특별시	33.14	3.70	118.4
부산광역시	31.05	8.03	101.2
대구광역시	28.93	7.91	95.8
인천광역시	31.66	4.63	92.5
광주광역시	38.04	8.05	94.2
대전광역시	38.89	5.80	99.8
울산광역시	29.35	2.81	123.0
경기도	28.72	3.04	96.8
강원도	37.44	8.39	86.9
충청북도	33.08	6.12	92.3
충청남도	34.20	4.94	93.3
전라북도	39.53	11.05	90.2
전라남도	41.52	9.49	85.7
경상북도	32.34	7.28	91.6
경상남도	27.36	5.64	93.2
제주특별자치도	45.10	6.81	98.7

a. 임금근로자 대비 비율(2014년 3월), b. 경제활동인구 대비 비율(2014년 3월), c. 2012년 추계
출처: 통계청 국가통계포털(kosis.kr)에서 필자가 재구성

정규직 시민들이 거주하는 군소도시 지역의 유권자들은 분배 중심의 경제민주화정책에 민감할 수 있다.

구체적인 실례를 통해 이러한 가설의 배경을 살펴보자. 〈표 1〉은 전국 시도별 비정규직, 기초생활수급자, 개인소득 비율을 보여준다. 이는 경제민주화나 복지정책에 대한 각 지역별 민감도를 간접적으로나마 살펴볼 수 있게 해준다.

결과를 살펴보면 각 지역마다 특수성이 존재함에도 불구하고 대체로 광역시에 비해 일반시와 군으로 이루어진 도 지역이 대부분의 항목에서 열위에 있음을 알 수 있다. 예를 들어, 전국 평균 비정규직 노동자 비율이 32.13%인 가운데 경기도와 경상남도를 제외한 모든 도 지역이 전국 평균을 밑돌고 있다. 기초생활수급자 비율도 전국 평균이 5.32%인 가운데 경기도와 충청남도를 제외한 모든 도 지역이 전국 평균을 상회한다. 마지막으로 1인당 개인소득 비율을 전국 평균을 100%로 놓고 살펴보았을 때 모든 도 지역이 전국 평균을 밑돌고 있다. 환언하면 광역시에 비해 일반시/군 지역의 유권자가 분배나 재분배정책에 더 민감할 수 있으며 지방선거에서 상이한 정책 투표 패턴을 보였을 것이라 추측할 수 있다.

이 글이 경험분석에 사용하는 한국선거학회의 데이터도 거주지 규모별 응답자의 태도가 주요 경제정책 분야에서 다르게 나타났음을 보여준다. 〈표 2〉는 세 개의 정책분야, 총 10개의 세부정책에 대한 유권자의 평가(1. 강한 찬성~10. 강한 반대)를 진보-보수의 순으로 정렬하여 각 유권자의 거주지 규모별(광역시 대 도)로 평균값을 비교한 것이다.

우선 전체 응답자들의 평균 태도를 살펴보면, 안보정책에서는 보수적인 태도가, 경제정책에서는 진보적인 태도가, 그리고 사회정책에서는 혼재된 태도가 보인다. 이를 응답자의 거주지 규모별로 구분해 살펴보자. 안보정책의 경우 대체로 광역시보다 일반시/군 지역 거주 응답자들이 보수적인 태도를 보이고 있다. 그러나 분산분석 결과는 이러한 차이에 통계적인 유의미성을 부여하지 않고 있다.

경제정책의 경우 정반대의 패턴이 발견된다. 즉 일반시/군 지역 응답자들의 진보성이 두드러진다. 복지 대 경제성장 쟁점에서 일반시/군 지역 응답자들의 태도가 약간 보수적으로 나타났지만 거의 차이가 없다. 그런데 나머지 세 개의 경제정책 ─ 고소득자 증세, 비정규직 기업자율, 공기업 민영화 ─ 에서 일반시/군 지역 응답자들은 광역시 응답자들보다 상당히 진보적으로 나타났다. 고소득자 증세나 공기업 민영화 쟁점의 경우 광역시와 일반시/군 거주 응답자간 평균값의 차이는 통계적으로 유의미하다.

〈표 2〉 주요 정책들에 대한 거주지 규모별 유권자들의 이념적 태도

	구분	전체	광역시	일반시/군	분산분석(F값)
안보정책	대북지원	5.60(2.00)	5.56(1.94)	5.65(2.06)	0.39
	한미동맹	6.02(1.80)	6.00(1.81)	6.04(1.79)	0.08
	국가보안법	5.73(2.25)	5.81(2.24)	5.65(2.25)	1.27
경제정책	복지 대 경제성장	4.75(1.97)	4.74(1.94)	4.76(1.99)	0.01
	고소득자 증세	2.81(1.88)	2.95(1.95)	2.68(1.81)	5.06*
	비정규직 기업자율	4.74(1.98)	4.78(1.91)	4.70(2.04)	0.40
	공기업 민영화	4.47(2.29)	4.75(2.12)	4.24(2.41)	12.33**
사회정책	집회/시위 자유	4.20(1.96)	3.97(1.92)	4.41(1.96)	13.11**
	사형제 폐지	6.10(2.36)	6.17(2.25)	6.05(2.36)	0.71
	교육: 평등 대 경쟁	5.22(1.92)	5.22(1.88)	5.21(1.97)	0.01
	N[a]	1,000	463	537	

* 괄호 안의 숫자는 표준편차
** $p < 0.01$, * $p < 0.05$, + $p < 0.10$
a. 각 변수의 관찰수는 각 정책 변수에 따라 결측치가 발생해 차이가 있음. 그러나 광역시 관찰수
는 최소 461개이고 일반시/군의 관찰수는 최소 526개로 나타났음

마지막으로 사회정책의 경우 상당히 혼재된 패턴을 보이고 있다. 집회/시위 자유 쟁점의 경우 광역시 응답자들의 태도가 진보적이며 일반시/군 응답자들과 통계적으로 유의미한 차이를 보인다. 반면 사형제 폐지 쟁점의 경우 물론 통계적으로 유의미하지 않지만 일반시/군 지역 응답자들이 더 진보적인 태도를 보이고 있다. 마지막으로 교육 쟁점의 경우 광역시나 일반시/군 간의 태도의 차이가 없다.

환언하면, 〈표 1〉과 〈표 2〉의 결과는 경제민주화나 복지정책에 대한 태도에 있어 광역시와 일반시/군 거주자들 사이에 확연한 차이가 있으며 이는 상이한 정책 투표로 나타났을 가능성을 타진하게 한다. 이를 구체적으로 살펴보기에 앞서 다음 절에서 방법론적 고려사항을 살펴보자.

III. 분석 방법: 공간 이론, 스코필드 방법, 초우 검증

공간 이론은 다운즈(Downs 1957)에 뿌리를 두고 있다. 고전적 관점에 따르면, 유권자는 이념이나 정책을 두고 자신의 선호와 자신이 인지한 후보자 혹은 정당의 입장을 비교하여 투표할 대상을 결정한다. 전략적 투표의 가능성을 제외한다면, 합리적 유권자들은 자신의 입장에 가장 가까운 후보자나 정당을 선호한다. 이념 혹은 정책 공간에서 투표자들은 자신의 위치와 후보자(정당)의 입장 간의 거리를 최소화하려 하며 그(녀)에게 가장 가까운 후보자(정당)를 선택한다는 것이었다. 다운즈의 결정론적 공간 이론은 이후 후보자의 위치에 대한 불확실성 그리고 비정책 요인들의 효과를 포함하는 오차항들을 삽입하여 확률적 공간 이론으로 발달했다(대표적으로 Enelow and Hinich 1984; Erikson and Romero 1990; Hinich and Munger 1994; Schofield and Sened 2006 참조). 진보(*L*)와 보수(*R*) 두 후보자가 경쟁한다고 가정한다면, 다차원 정책 공간에서 투표자 *i*의 *L*에 대한 효용함수는 다음의 〈공식 1〉로 표현된다.

$$U_i(L) = -\sum_{j=1}^{m} \beta_j |V_{ij} - L_j| + \epsilon_i \qquad (1)$$

여기서 *Ui(L)*는 후보자 *L*에 관한 투표자 *i*의 효용을 나타내며, *Vij*는 투표자 *i*의 정책 *j*에 관한 입장을, *Lj*는 투표자 후보자 *L*의 쟁점 *j*에 관한 입장을, 그리고 *βj*는 *j*쟁점이 후보자 선택에 대한 투표자의 효용에 미치는 중요성(weight)을 의미한다. 두 후보자 *L*과 *R* 간의 경쟁에서 투표자 *i*의 상대적 효용은 다음의 〈공식 2〉로 표현된다. 여기에서 투표자는 투표자의 효용이 양수일 경우($U_i > 0$) *L* 후보를 그리고 그 반대일 경우($U_i < 0$) *R* 후보를 선택하게 된다.

$$U_i(L/R) = U_i(L) - U_i(R) \qquad (2)$$

공간 이론을 한국 정치 사례를 통해 경험적으로 분석하기 위해서는 다차원 정책 공간에서 유권자와 후보자 및 정당의 위치를 파악할 수 있는 이념 지도를 구성하는 작업이 필요하다. 기존 연구는 카훈-히닉 방법(Cahoon and Hnich 1976)이나 스코필드 방법(Schofield and Sened 2006; Schofield and Miller 2007; Schofield, Gallego, and Jeon 2011)을 많이 활용해왔다. 이 글은 스코필드 방법을 사용하고자 한다.

스코필드 방법은 첫째, 다양한 정책 쟁점들을 요인분석(factor analysis)에 삽입해 다차원 정책 공간 내에서 유권자의 이념적 위치를 추출해낸다. 요인분석을 통해 추출된 요인값(factor scores)은 유권자 위치에 대한 정보로 활용된다. 원래 스코필드와 그의 동료들은 확인적 요인분석(confirmatory factor analysis)을 통해 선험적으로 각 이념 차원에 들어갈 정책 쟁점을 먼저 지정하여 다차원 정책 공간을 복구해냈다. 그런데 이는 정책별로 이념 차원이 안정적으로 구조화되는 사회에 더 적절하다. 오히려 민주주의의 경험이 짧은 한국의 경우에는 어떤 정책들이 어떤 정렬 패턴으로 하나의 이념 차원으로 통합되고 있는지, 그러한 이념 차원들이 다양한 사회 균열 혹은 정당 체계와 어떤 관계를 지니고 있는지 먼저 파악해볼 필요가 있다. 따라서 요인분석에서 선험적으로 그 어떤 제한을 가하지 않는 주성분분석(principal component analysis)을 이용하는 것이 더 바람직하다. 어떤 정책 변수들이 같은 성격의 이념으로 구조화되는지 잘 살펴볼 수 있게 해주기 때문이다.

둘째, 요인분석을 통해 추출된 통계치인 요인값은 유권자의 이념적 입장에 대한 정보로만 활용될 수 있을 뿐 후보자나 정당에 대한 정보가 아니라는 문제가 있다. 스코필드는 이에 대해 전문가 설문(Schofield et al. 2006)이나 혹은 투표 예정 대상에 대한 설문(Schofield et al. 2011) 등의 외생변수(exogenous variable)을 이용해 '정당 선거구(partisan constituency)' 혹은 '후보자 선거구(candidate constituency)'로 명명한 집단을 구축한다. 후자의 예를 들면, 응답자들에게 각 후보에게 투표할 확률을 물어 가장 높은 후보자별 혹은 정당별로 집단을 만든다. 그리고 그 집단의 평균값을 해당 후보자의 이념 위치를 나타내는 정보로 활용하는 것이다. 이렇게 두 단계 절차를 통해 다차원 정책 공간에서 유권자와 후보자의 이념 위치에 대한 정보를 구해 위의 〈공식 2〉에 적용해 통계 분석을 실시하면 공간 분석이 완료된다.

이제 데이터를 활용해 한국 정치의 이념지도를 구축하는 방법을 살펴보자. 우선 〈표 2〉에 제시되었던 열 가지 정책에 대한 응답자의 평가를 요인 분석에 삽입하여 추출된 요인값을 유권자의 이념적 입장으로 사용할 수 있을 것이다. 한 가지 문제는 이 글이 사용하는 데이터가 후보자나 정당의 위치를 파악하기 위해 스코필드가 사용했던 변수에 해당하는 설문항을 지니고 있지 않다는 점이다. 따라서 유사한 설문인 온도지수(thermometer scores)를 묻는 설문을 활용하여 정당과 정치인의 '선거구'를 구성하고 이념지도상의 위치를 파악했다. 예를 들어, 새누리당 온도지수가 새정치민주연합과 정의당보다 큰 응답자들을 '새누리당 선거구'로 분류했다. 새정치민주연합과 정의당의 '선거구'도 같은 방법으로 구했다. 이 밖에 박근혜, 문재인, 안철수에 대한 온도지수를 활용하여 각 정치인의 '선거구'를 분류했다. 데이터는 아쉽게도 정의당의 유력 정치인에 대한 온도지수를 지니고 있지 않아 측정할 수 없었다. 마지막으로 분류된 각 선거구의 평균값을 각 정당과 정치인의 이념적 위치로 사용했다.

두 번째 방법론적으로 고려해야 하는 쟁점은 프로빗 모형에서 정책 거리 변수의 효과가 광역시와 일반시/군에서 다르게 나타나는지 검증하는 통계적인 절차에 관해서이다. 예를 들어, 경제민주화정책(X1)와 복지정책(X2)이 자아내는 이념적 갈등이 각각 광역시(A)와 일반시/군(B) 지역에서 유권자의 투표 선택에 다른 효과를 미쳤다고 가정해보자. 이 경우 우리가 쉽게 생각하는 대안은 다음의 〈공식 3〉과 같이 샘플을 A와 B 집단으로 분리한 뒤 프로빗 회귀를 실시해 회귀계수의 크기나 통계적 유의미성을 검증하는 방법이다.

$$(\text{집단}\,A) : Y = a1 + b1 * X1 + c1 * X2 + \epsilon$$
$$(\text{집단}\,B) : Y = a2 + b2 * X1 + c2 * X2 + \epsilon \qquad (3)$$

그러나 분리된 두 개의 회귀 모형 결과는 우리가 궁금해 하는 가설에 대한 엄격한 통계적 검증 결과를 제공해주지 않는다. 위의 〈공식 3〉에서 회귀계수가 가설이 기대하는 효과를 지지고 있는지, 통계적으로 유의미한지, 그리고 눈어림으로 어떤 회귀계수의 효과가 큰지만을 확인할 수 있을 뿐이다. 즉 우리는 a1과 a2, b1과 b2, c1과 c2가 각각 다른 효과를 지니고 있는지 엄격하게 비교할 수 없다. 초우 검증은 이 문제점을 해소하는 한 방법이다. 초우 검증은 하나의 회귀 모형에서 특정 독립변수가 일으키는 구조 변화(structural change)를 검증하기 위해 사용되는 방법이다. 구체적으로 〈공식 3〉의 두 개의 분리된 회귀 모형을 다음의 〈공식 4〉와 같이 하나의 회귀모형으로 결합해 변수 X1과 X2가 두 개의 집단에 미치는 효과가 다른지 검증하게 해준다. 즉, 〈공식 4〉에서 귀무가설(null hypothesis)을 H1: a1=a2, H2: b1=b2, H3: c1=c2로 설정하고 F-검증을 통해 가설을 검증한다.

$$Y = a1 + a2 + b1 * X1_A + b2 * X1_B + c1 * X2_A + c2 * X2_B + \mu \qquad (4)$$

환언하면, 이 글의 경험분석은 지난 지방선거를 두고 스코필드 방법을 통해 한국 정치의 다차원 정책 공간의 이념지도를 구축한 뒤 각 정책 균열별 유권자와 정당 간의 이념거리를 계산하여 종속변수인 후보 선택과의 관계를 분석한다. 분석과정에서 거주지 규모별 정책 거리 변수의 상이한 효과를 검증하기 위해 프로빗 회귀와 초우 검증을 활용한다.

IV. 변수 조작과 가설

이 글이 사용하는 데이터는 한국선거학회와 한국사회과학데이터센터가 2014년 6월 3일 지방선거가 끝난 직후 전국 유권자 1,000명을 대상으로 면접 조사한 자료이다. 종속변수는 지방선거에서 응답자가 선택한 광역단체장 후보의 정당으로 새정치민주연합 후보 대비 새누리당 후보를 선택한 이변량 변수로 조작했다. 물론 광역단체장 후보는 17개 시도별로 달랐고, 따라서 각 광역단체별 분석이 바람직하다. 그러나 한국선거학회의 데이터는 하위단위별 분석이 가능할 정도로 관찰수가 많지 않다. 따라서 개별 광역단체의 특수성을 배제하고 연구를 진행했다. 아울러 유권자의 거주지 규모가 원래 광역시, 일반시, 군으로 구분되나 광역시 대 일반시/군으로 조작했음도 알려둔다. 군 지역의 응답자가 총 104명에 불과하고 이들 가운데 실제 광역단체장에 투표했다고 응답한 사람이 74명에 불과해 충분한 자유도를 확보하기 어렵기 때문이었다.

가장 중요한 독립변수는 역시 정책 거리 변수이다. 이는 앞서 〈표 1〉에 제시된 10가지 정책을 스코필드 방법에 의해 구축된 이념지도상에서 유권자와 양 정당과의 상대적인 정책 거리를 계산해 조작했다. 즉 정책 거리 변수는 [ㅣ유권자 - 새정치민주연합ㅣ-ㅣ유권자 - 새누리당ㅣ]로 계산되었으며 종속변수와는 양(+)의 관계를 지닐 것으로 기대된다. 앞서 〈표 1〉에서 살펴보았듯이 광역시에 비해 일반시/군 지역의 경제민주화와 복지 관련 생활실태가 낙후하다는 현실을 반영해 일반시/군 지역에서 경제민주화나 복지에 대한 요구가 강하며 따라서 이 변수들의 효과가 이 지역에서 더 강하게 나타날 것이라 기대한다.

종합 모형에는 정책 거리 변수 외에도 유권자의 투표 선택에 영향을 미치는 다양한 독립변수들이 통제변수로 삽입되었는데, 정당일체감, 세월호 사건 관련 정부 및 야당 평가, 영·호남 지역, 성, 연령, 교육수준, 소득수준 등으로 구체적인 조작 방법은 다음과 같다.

　유권자의 정당일체감 변수는 "○○님께서는 가깝게 느끼는 특정 정당이 있습니까?"는 질문에 "그렇다"고 응답한 유권자들에게 다시 "가장 가깝다고 느끼는 그 정당은 어느 정당입니까?"라고 물어 "새누리당"이나 "새정치민주연합"이라고 응답한 것을 각각 새누리당 가변수와 새정치민주연합 가변수를 만든 뒤 그들에게 다시 "그 정당에 대해서 얼마나 가깝게 느끼십니까?"라는 질문에 "1. 매우 가깝게 느낀다 2. 어느 정도 가깝게 느낀다 3. 그리 가깝게 느끼지 않는다"는 설문을 역으로 환산하여 곱해 새누리당 일체감(0점~3점 척도)과 새정치민주연합 일체감(0점~3점 척도)으로 각각 조작한 뒤 양 변수의 차이값을 새누리당 일체감 방향으로 계산했다. 따라서 종속변수와 양(+)의 관계를 가질 것으로 예상한다.

　세월호 사건 정부 평가 변수는 "○○님께서는 세월호 사고 이후 정부의 대처를 어떻게 평가하십니까?"는 질문을 사용했고 "1. 매우 잘하고 있다 2. 대체로 잘하고 있다 3. 대체로 잘못하고 있다 4. 매우 잘못하고 있다"는 응답을 그대로 활용했다. 정부 평가 변수는 종속변수와 음(-)의 관계를 지닐 것으로 예상한다. 영남과 호남 변수는 각각 고향이 영남 지역과 호남 지역인 응답자들을 분류해 가변수(dummy)로 조작한 것이다. 종속변수와 각각 양(+)과 음(-)의 관계를 지닐 것으로 예상한다. 아울러 응답자의 성(1. 남성, 2. 여성), 연령(1. 20대 2. 30대 3. 40대 4. 50대 5. 60대 이상), 교육수준(1. 중졸 이하 2. 고졸 이하 3. 전문대학 이하 4. 4년제 대학 이상), 소득수준(1. 100만 원 미만 2. 100~199만 원 3. 200~299만 원 4. 300~399만 원 5. 400~499만 원 6. 500~599만 원 7. 600~699만 원 8 700만 원 이상)도 통제변수로 삽입했다.

V. 지방선거의 정책 균열과 이념지도

다음의 〈표 3〉은 〈표 2〉에 제시된 주요 정책들에 대한 요인분석 결과이다. 고유값(eigenvalue)이 1 이상인 성분만을 채택했으며, 잠재적 요인값(factor scores)과 변수 간의 상관계수가 0.40 이상인 결과만을 제시했다. 결과에 대해 간단히 설명하면 다음과 같다.

우선 한국 정치는 3차원의 정책 균열 구조를 지니고 있는 것으로 보인다. 이념 공간의 1차원에는 안보정책(대북지원, 한미동맹, 국가보안법)과 국가의 역할을 포함하고 있는 사회정책(집회 및 시위 자유, 사형제 폐지)이 강한 상관관계를 지니며 적재되어 있다. 아울러 경제 부문에서 국가의 역할을 포함하는 복지 대 경제성장 쟁점도 비록 다른 쟁점들에 비해 강하진 않지만 역시

〈표 3〉 주요 정책들의 요인분석 결과

정책	성분		
	1차원	2차원	3차원
대북지원	0.671		
한미동맹	0.554		
국가보안법	0.755		
복지 대 경제성장	0.497		0.465
고소득자 증세			0.712
비정규직 기업자율		0.754	
공기업 민영화		0.737	
집회 및 시위 자유	0.641		
사형제 폐지	0.647		
교육(평등 대 경쟁)		0.522	-0.543
회전 제곱합 적재값(%)	24.14	16.39	11.96

1차원에도 적재되어 있다. 전체적으로 1차원은 국가-안보 차원의 이념적 갈등 구조를 내포한다고 판단된다. 이념 공간의 2차원에는 비정규직 문제 기업 자율, 공기업 민영화 및 교육(평등 대 경쟁) 쟁점이 적재되어 있다. 이러한 적재 패턴은 이념 공간의 2차원이 경제민주화와 관련된 이념적 갈등 구조를 표상한다고 판단하게 한다. 마지막으로 이념 공간의 3차원에는 고소득자 중세 쟁점이 강한 상관관계를 지니고 있다. 그리고 1차원에 적재되었던 복지 대 경제성장과 2차원에 적재되었던 교육 쟁점이 각각 1차원과 2차원과 유사한 강도의 상관관계를 지니며 3차원에도 적재되어 있다. 따라서 3차원은 복지정책을 둘러싼 이념적 갈등 구조를 내포하고 있는 것으로 보인다.

흥미로운 점은 경제민주화정책과 복지정책 관련 쟁점들이 상호 독립된 이념 차원을 형성하고 있다는 것이다. 이는 분배정책과 재분배정책이 상호 구분되어 상이한 갈등 구조를 지니고 있고 나아가 유권자의 투표 산술에 다른 영향을 미칠 수 있음을 의미한다.

이제 국가-안보, 경제민주화, 복지 차원의 각 이념이 어떤 사회적 균열을 반영하고 있는지 그리고 정당 체계와는 어떤 관계를 지니고 있는지 살펴보자. 〈표 4〉는 공간 지도 각 차원상의 응답자의 이념과 응답자의 정치정향과 사회경제적 배경 변수들과의 상관관계를 분석한 결과이다. 통계적으로 유의미한 관계를 중심으로 결과를 살펴보면 다음과 같다. 국가-안보 차원에서 유권자의 정책 태도는 그들의 주관적 이념성향(0. 강한 진보~10. 강한 보수)과 강한 양(+)의 상관관계(0.44, $p < 0.01$)를 지니고 있다. 주관적 이념이 보수적일수록 국가-안보 차원의 정책 태도 또한 보수적이라는 조응관계를 보인다. 국가-안보의 이념이 한국 정치의 지배적인 이념적 갈등 구조를 형성해 왔다는 기존 연구를 뒷받침한다. 경제민주화 차원에서 응답자의 정책 태도 또한 그들의 주관적 이념성향과 양(+)의 상관관계(0.10)를 지니고 있고 통계적으로 유의미하다. 그러나 상대적으로 상관계수의 작은 크기는 경제민주화와 관련된 이념갈등이 유권자들에게 덜 명확하게 체현되고 있음을 알려준다. 마지막으로 복지 차원에서 응답자들의 정책 태도는 주관적 이념과 놀랍게도 음(-)의 상관관계(-0.09)를 지니고 있으며 통계적으로 유의미하다.

〈표 4〉 정치정향, 사회경제적 배경과 이념 공간에서 유권자들의 정책 태도(상관관계)[1]

	1차원: 국가-안보 차원	2차원: 경제민주화 차원	3차원: 복지 차원
주관적 이념	0.44**	0.10**	-0.09**
새누리당일체감	0.44**	0.06	-0.16**
새정연일체감	-0.19**	0.01	0.07*
성	0.07*	0.003	0.09**
연령	0.29**	0.10**	-0.06*
교육수준	-0.18**	-0.10	0.09*
소득수준	-0.02	0.03	0.09*
자산수준	0.15**	0.04	0.14*

** $p < 0.01$, * $p < 0.05$

즉 보수적인 응답자일수록 더 많은 복지를 요구한다는 일종의 이념과 정책의 전도(顚倒) 현상을 보여주고 있다. 이는 상당히 흥미로운데 조금 더 자세히 살펴보자.

〈표 4〉에서 각 차원에서 응답자의 정책 태도와 정치정향과 사회경제적 지위와의 관계를 하나하나 살펴보자. 국가-안보 차원에서 응답자는 고연령일수록, 교육수준이 낮을수록, 자산이 많을수록, 주관적 이념이 보수적일수록, 그리고 새누리당을 지지할수록 보수적인 정책 태도를 보인다. 이는 대부분의 기존 연구가 한국의 이념 정치와 관련해 제시한 연구 결과에 대체로 부합한다. 경제민주화 차원에서 응답자의 정책 태도는 주관적 이념이나 연령 변수와 통계적으로 유의미한 상관관계를 갖고 그 효과는 국가-안보 차원에서의 그것과 동일하다.

---

1) 대부분의 변수가 명목척도나 서수척도로 조작되었기에 상관관계보다는 분산분석이 적절할 수 있으나 지면의 양을 고려해 상관관계분석을 제시한 것이다. 그리고 상관관계 분석과 분산분석의 결과 간에 큰 차이가 없었음을 밝혀둔다.

그런데 복지 차원에서의 상관관계들은 정반대의 패턴을 보인다. 응답자가 고연령일수록, 교육수준, 소득수준, 자산수준이 낮을수록, 주관적 이념이 보수적일수록, 그리고 새정치민주연합보다 새누리당을 지지할수록 오히려 더 많은 복지를 요구하는 진보적인 태도를 보인다. 특히 교육, 소득, 자산 변수들의 효과는 전형적인 계층 정치의 효과를 보이며 자산에 따른 계층투표 현상을 발견한 최근의 연구(서복경 2014)와 맥을 같이 한다. 그런데, 연령, 주관적 이념, 정당일체감 변수의 상관관계는 우리의 상식과 전혀 다른 결과를 보이고 있다. 즉 이러한 패턴을 종합하면 안보적으로 보수적인 태도를 보이는 고연령, 저소득, 저학력의 새누리당 지지자들이 복지 차원에서 더 많은 재분배정책을 요구한다는 것이다. 따라서 복지 차원에서 정책 태도와 주관적 이념 간의 전도 현상은 안보정책에 대한 유권자의 계층별 이념적 태도가 복지 영역에서 다르게 표출되고 있기 때문이라고 볼 수 있다.

다음으로 정책 거리 변수 계산에 필요한 정당과 정치인의 위치를 파악해 보자. 앞서 설명했듯이, 이념지도상의 각 정당이나 정치인의 위치는 스코필드 방법에 의존했다. 구체적으로 응답자가 각 정당에 부여한 온도지수를 사용하여 새누리당에 가장 높은 온도지수를 부여한 응답자들을 '새누리당 선거구'로 분류하고 각 정책 차원에서 평균 요인값을 새누리당의 위치로 계산했다. 새정치민주연합이나 정의당의 위치도 같은 방법으로 계산했다. 아울러 각 정치인의 위치도 같은 방식으로 계산했다. 후보자들의 위치는 각 정당의 위치 계산이 적절했는지도 판단하게 해준다. 결과는 〈표 5〉에 제시되어 있다.

각 정당의 위치는 국가-안보 차원에서 가장 현저한 차이를 보인다. 국가-안보 차원에서 새누리당은 보수적인 입장을(0.50), 새정치민주연합은 다소 진보적인 입장을(-0.39), 정의당은 가장 진보적인 입장(-1.0)을 보이고 있다. 다만 정의당의 위치는 관찰수가 매우 적어 통계적인 신뢰성을 강하게 부여하기 힘들다. 지방선거가 새누리당과 새정치민주연합 사이의 실질적인 양당 대결로 치러졌다는 점을 감안해 양당 간의 상대적인 거리를 측정해본다면 안보-국가 차원에서 0.89로 가장 크다. 정당 간의 정책 갈등이 가장 컸음을

<표 5> 이념 공간상의 각 정당과 정치인의 위치

구분	N	국가/안보	경제민주화	복지	구분	N	안보국가	경제민주화	복지
새누리당	395	0.50	0.10	-0.12	박근혜	471	0.41	0.10	-0.06
새정연	335	-0.39	0.02	0.16	문재인	135	-0.48	-0.08	0.10
정의당	7	-1.00	-0.48	-0.45	안철수	141	-0.48	-0.23	0.11
분산분석	-	99.85**	1.80	9.49**	분산분석	-	83.91**	6.81*	2.51+

** p⟨0.01, * p⟨0.05, + p⟨0.10

의미한다. 주요 정치인―박근혜, 문재인, 안철수―들의 위치도 대체로 소속 정당의 위치에 부합하고 있다.

경제민주화 차원에서 정당들의 위치는 비록 새누리당(0.10), 새정치민주연합(0.02), 정의당(-0.48) 순서로 보수에서 진보적인 흐름을 보이지만 국가-안보 차원에서만큼 그 차이가 두드러지지 않는다. 새누리당과 새정치민주연합 간의 거리는 0.08로 거의 차이가 없다고 해도 무방하다. 이에 반해 주요 정치인들의 위치는 정당 간 차이보다 조금 더 명확한 차이를 보인다. 특히 박근혜 대통령과 안철수 전 대표 간의 거리는 0.33으로 상대적으로 더 뚜렷하다.

복지 차원에서 각 당의 위치는 상식에 반하는 결과를 보여준다. 새누리당이 진보적인 입장(-0.12)을 보이고 있고 새정치민주연합이 보수적인 입장(0.10)을 보이고 있다. 물론 정의당은 가장 진보적인 입장(-0.45)을 보이고 있다. 이러한 혼란은 주요 정치인들의 위치에서도 재차 확인된다. 박근혜의 위치(-0.06)가 오히려 문재인(0.10)이나 안철수(0.11)보다 더 진보적으로 인식되고 있다. 이는 앞서 〈표 4〉의 유권자의 주관적 이념과 복지 차원에서의 정책 태도 간의 음(-)의 상관관계를 떠올리게 한다. 정당 및 정치인 '선거구'가 실질적으로 각 정당이나 정치인의 지지층으로 구성되어 있는데, 연령별 분포가 복지 차원의 정당 및 정치인의 위치에 큰 영향을 미쳤을 가능성이 있다. 실제 '새누리당 선거구'의 59.3%가 50대 이상의 응답자들로 구성된데 반해 '새정치민주연합 선거구'의 46.2%가 30대 이하의 응답자들로 구성되었다. 마찬가지로 '박근혜 선거구'의 56.5%가 50대 이상의 응답자로 구성된데 반해 '문재인 선거구'와 '안철수 선거구'의 각각 45.6와 57.8%가 30대 이하의 응답자들로 구성되었다. 결국 복지 차원에서 발견되는 이념적 전도 현상과 정당 및 후보자들의 위치의 부조화는 복지정책들에 대한 연령별 태도의 차이에 큰 영향을 받았다고 볼 수 있을 것이다.

VI. 거주지 규모에 따른 정책 투표 회귀분석 결과

다음의 〈표 6〉은 〈표 3〉과 〈표 5〉로부터 추출한 각 정책 차원에서의 유권자와 정당의 위치를 활용하여 정책 거리(새정치민주연합 정책 거리 – 새누리당 정책 거리) 변수를 계산하여 프로빗 회귀 모형에 삽입하여 분석한 결과이다. 〈모형 1〉은 일반 프로빗 회귀의 결과이며 〈모형 2〉는 초우 검증 방법을 적용한 결과이다.

〈모형 1〉에서 모든 독립변수들은 가설이 기대하는 방향의 효과를 보이고 있다. 모든 정책 거리 변수들의 효과는 새정치민주연합과의 정책 거리에 비해 새누리당과의 정책 거리가 가까울수록 새누리당 소속의 광역단체장 후보에게 투표할 확률이 증가함을 보인다. 그런데, 회귀계수를 표준화해서 각 독립변수 간의 효과를 직접적으로 비교할 수 있게 만든 표준회귀계수의 크기를 비교했을 때 국가-안보정책 거리 변수의 효과(0.53)가 가장 크다. 즉 국가-안보 차원이 표상하는 이념이 유권자의 선택에 가장 큰 영향을 미쳤다는 것이다. 해방 후 반공을 포함한 안보 및 경제성장에 대한 국가의 역할을 표상하는 이념이 한국사회에 지배적인 이념갈등을 조성해왔고 유권자의 이념성향을 구조화했으며 그 결과 지난 지방선거에서 유권자의 투표 선택에도

〈표 6〉 정책 거리와 유권자의 선택: 프로빗 회귀와 초우 검증 결과

구분	종속변수: 광역단체장 후보 선택(0. 새정치민주연합, 1. 새누리당)		
	모형 1: 프로빗	모형 2: 프로빗 초우 검증	
		광역시	일반시/군
국가-안보정책 거리 (b, b1, b2)	1.57(0.13)** 0.53[a]	1.71(0.20)** 0.39	1.46(0.17)** 0.37
경제민주화정책 거리 (c, c1, c2)	2.22(0.69)** 0.14	0.02(0.17) 0.01	2.52(0.92)** 0.12
복지정책 거리 (d, d1, d2)	0.50(0.19)* 0.11	0.43(1.39) 0.07	0.59(0.26)* 0.10
상수(a, a1, a2)	0.10(0.05)+	0.16(0.13)	0.06(0.84)
Pseudo R^2	0.18	–	
우도비 검증(x^2)	–	159.59**	
H1: b1=b2(x^2)	–	1.65	
H2: c1=c2(x^2)	–	7.32*	
H3: d1=d2(x^2)	–	0.77	
N	675	675	

a. 표준회귀계수(bStdXY in STATA). 괄호 안의 숫자는 표준오차
** p⟨0.01, * p⟨0.05, + p⟨0.10

큰 영향을 미쳤음을 보여주고 있다.

　경제민주화정책 거리나 복지정책 거리 변수의 효과 또한 비록 국가-안보정책 거리 변수의 효과보다는 작지만 통계적으로 유의미한 효과를 보이고 있다. 계급·계층 지향적인 경제정책들이 유권자들의 정치정향이나 투표 선택에 유의미한 영향을 미치지 못했다는 대부분의 기존 연구들을 고려해 볼 때 이러한 경험적 발견은 한국의 정치 환경이 일정하게 변화하는 과정에 있음을 시사하고 있다. 직접적으로 1997년 외환위기와 2008년 국제금융위기의 소용돌이 속에서 중산층의 붕괴에 따른 사회경제적 양극화의 증가가

경제 균열의 현저성을 증가시켜 왔으며, 2012년 18대 대선에서 경제민주화와 복지를 가장 중요한 쟁점 중 하나로 부상하게 했다는 기존 연구와 맥락을 같이하고 있다(장승진 2013; 조성대 2008; Cho and Endersby 2014; Cho and Hong 2014).

〈모형 2〉는 〈모형 1〉을 초우 검증에 적용해 정책 거리 변수들을 광역시와 일반시/군 지역에 따라 구분하여 회귀한 결과이다. 국가-안보정책 거리 변수는 광역시와 일반시/군 지역 모두에서 가설이 기대하는 효과와 통계적으로 유의미한 관계를 지니고 있다. 표준회귀계수 규모로 살펴볼 때, 사용한 세 정책 거리변수 여전히 국가-안보정책 거리 변수의 지배적인 효과를 알 수 있다. 그런데, 거주지 규모별 변수의 회귀계수의 효과가 크게 다르지 않다. 다시 말해, 국가-안보정책이 자아내는 이념은 유권자의 거주기 규모와 상관없이 일정한 효과를 지닌다는 것이다.

이에 반해 경제민주화정책 거리와 복지정책 거리 변수는 오직 일반시/군 지역의 응답자들의 후보 선택에만 가설이 예견하는 방향으로 유의미한 영향을 미치고 있을 뿐 광역시 거주 응답자들의 후보 선택에는 영향을 전혀 미치지 못하고 있다. 경제민주화정책과 복지정책에 대한 정치적 판단이 유권자의 거주지 환경에 따라 다르게 나타났다는 것으로 II절에서 제기한 가설을 일정하게 검증하고 있다. 그런데 경제민주화정책 거리 변수와 복지정책 거리 변수 중 복지정책 거리 변수는 초우 검증을 통과하지 못했다. 이를 〈표 6〉 하단에 제시된 초우 검증 결과(H1~H3)를 통해 살펴보자. 가설1(H1)의 검증 결과는 국가-안보 차원의 정책 태도가 응답자의 후보 선택에 미친 영향이 광역시와 일반시/군 지역에서 다르게 나타나지 않았음을 확신하게 한다. 가설3(H3)의 검증 결과도 복지 차원의 정책 태도의 효과가 광역시와 일반시/군에서 달리 나타나지 않았음을 보여준다. 유일하게 가설2(H2)의 검증 결과만이 초우 검증을 통과하고 있다. 즉 경제민주화 차원에서의 유권자의 정책 태도의 정치적 효과가 광역시와 일반시/군에서 다르게 표출되었으며 일반시/군 지역의 유권자들의 후보 선택에 더 큰 영향을 미쳤다는 것이다.

마지막으로 〈표 7〉은 정책 거리 변수 외에 유권자의 후보 선택에 영향을 미칠 수 있는 다양한 독립변수들을 추가한 이후 프로빗 회귀와 초우 검증 결과를 제시한 것이다. 응답자의 정당일체감, 세월호 사건에 대한 정부 책임성, 그리고 응답자의 출신지인 영남과 호남 변수들은 통계적 유의미성과 함께 가설이 기대한 방향의 효과를 지니고 있다. 응답자의 정당일체감은 새정치민주연합보다 새누리당에 일체감을 느낄수록 새누리당 광역단체장을 선

〈표 7〉 정책 거리와 유권자의 선택: 종합모형

	종속변수: 광역단체장 후보 선택 (0. 새정치민주연합, 1. 새누리당)	
	광역시	일반시/군
안보-국가정책 거리(b1, b2)	1.19(0.28)** [0.17][a]	0.88(0.24)** [0.13]
경제민주화정책 거리(c1, c2)	-0.03(0.18) [-0.01]	3.51(1.31)** [0.10]
복지정책 거리(d1, d2)	-0.63(0.43) [-0.06]	-0.36(0.36) [-0.03]
상수(a1, a2)	0.98(0.62)	1.00(0.59)+
정당일체감(새누리-새정치연합)	0.66 (0.06)** [0.57]	
세월호 정부 책임성	-0.24 (0.12)* [-0.08]	
영남	0.36 (0.16)* [0.08]	
호남	-0.99 (0.23)** [-0.19]	
성	-0.18 (0.15) [-0.05]	
연령	0.10 (0.06) [0.06]	
교육수준	-0.10 (0.08) [-0.05]	
소득수준	0.04 (0.06) [0.03]	
우도비 검증(x^2)	242.90**	
H1: b1=b2(x^2)	0.73	
H2: c1=c2(x^2)	7.30*	
H3: d1=d2(x^2)	0.26	
N	675	

a. 표준회귀계수(bStdXY in STATA). 괄호 안의 숫자는 표준오차
** $p<0.01$, * $p<0.05$, + $p<0.10$

택할 확률을 높인다. 표준회귀계수를 보면, 사용된 독립변수 중 가장 큰 효과(0.57)를 지니고 있음을 알 수 있다. 또한 세월호 사건에 대해 정부가 책임이 크다고 생각할수록 새누리당 소속의 광역단체장 후보를 선택할 확률이 줄어든다. 아울러 영남 출신 유권자들은 새누리당 후보를 선택하고 호남 출신 응답자들은 새정치민주연합 후보를 선택할 확률이 높다. 이 외에 유권자의 성, 연령, 교육수준, 소득수준은 응답자들의 비록 가설이 예견하는 방향의 효과를 대체로 지니고 있지만 통계적으로 유의미하지 않다.

통제변수들이 추가된 이후 정책 거리 변수들의 효과가 어떻게 변했는지 살펴보자. 주목할 만한 변화는 일반시/군 지역에서 복지정책 거리 변수의 효과가 통계적인 유의미성을 상실했다는 점이다. 아마도 다른 통제변수들의 효과 때문인 것으로 보인다. 복지정책이 자아내는 이념갈등이 광역시에 비해 일반시/군에서 상대적으로 두드러지나 아직 그 효과가 뚜렷하고 독립적이지 않으며 유권자의 정당지지도나 그 밖의 현저한 선거 쟁점 등의 효과에 묻히고 있다는 추론이 가능하지 싶다. 국가-안보정책 거리는 여전히 광역시와 일반시/군 지역 응답자들의 투표 선택에 모두 유의미한 영향을 미치고 있다. 비록 표준회귀계수의 크기가 감소하긴 했지만 여전히 사용된 정책 변수 중 가장 큰 영향을 미치고 있다. 지역별로 큰 차이도 없다. 초우 검증 결과 역시 〈표 6〉과 동일하다. 다시 말해 안보 및 국가의 역할이 표상하는 이념은 유권자의 거주지 환경과 관계없이 항상적인 효과를 지닌다는 것이다. 마지막으로 경제민주화정책 거리 변수는 통제변수가 추가된 이후에도 여전히 가설이 예견하는 효과를 보이고 있다. 즉 광역시 거주 유권자의 정치적 선택에는 영향을 미치지 않는 반면 일반시/군 거주 유권자의 후보 선택에는 여전히 통계적으로 유의미한 결과를 미치고 있다. 초우 검증 결과도 이러한 차이를 통계적으로 재차 확인해주고 있다.

환언하면, 경제민주화나 복지정책에의 수용성이 유권자의 거주지 규모에 따라 다르게 나타날 것이라는 이 글의 가설은 완벽하지 않지만 광역시와 일반시/군 간의 비교를 통해 부분적으로 검증되었다. 비록 모든 통계적 검증 과정을 통과한 것은 아니지만 복지 이념은 정책 거리 변수만이 사용된 회귀 모형에서 광역시와 일반시/군 사이에서 구별되는 효과를 보여주었다. 무엇보다 경제민주화정책 거리 변수는 모든 회귀분석과 초우 검증을 통해 유권자의 거주지 규모에 따른 상이한 효과를 보이고 있음을 보여주었다. 즉 유권자들이 살고 있는 거주지 환경에 따라 상이한 정책 투표가 발생하고 있다는 것이다.

VII. 요약 및 결론

이 글은 지난 2014년 6월 지방선거에서 정책 투표가 유권자들의 삶의 환경에 따라 다른 양상을 보였을 것이란 문제의식으로부터 출발했다. 즉 비정규직 쟁점을 비롯한 분배 문제나 기초생활수급 등의 재분배 문제의 심각성이 도시와 농촌 지역에서 달리 나타난다는 사실에 기초해 유권자들의 거주지 규모에 따라 경제민주화나 복지 쟁점에 대한 반응이 달리 나타날 것이라는 가설을 설정했다. 정책 투표에 대한 가장 세련된 모형인 공간 이론 내부의 최근의 이론적 수정 및 방법론적 뒷받침은 이를 경험적으로 검증하는 도구가 되었다.

한국선거학회가 수행한 지방선거 유권자 의식조사에 있는 10가지 정책에 대한 유권자의 태도를 요인분석한 결과 2014년 지방선거를 전후해 한국 정치는 3차원의 정책 균열 구조를 지닌 것으로 나타났다. 안보정책과 국가의 역할을 내포하고 있는 사회경제적 쟁점이 적재된 1차원을 국가-안보 차원으로 명명했다. 비정규직 쟁점과 공기업 민영화 쟁점 그리고 교육 쟁점이 적재된 두 번째 차원을 분배 정의와 관련된 경제민주화 차원으로 명명했다. 마지막으로 복지 대 성장, 증세, 및 교육 쟁점이 적재된 차원을 재분배정책과 관련된 복지 차원으로 명명했다. 이어 스코필드가 제안한 방법을 활용해 이념 공간상의 정당 및 정치인의 위치를 파악한 결과 국가-안보 차원에서 정당 및 정치인의 경쟁구조가 가장 현저했고 경제민주화 차원은 상식적인 정렬구조를 보였지만 갈등 규모가 상대적으로 협소했음을 확인했다. 놀랍게도 복지 차원은 이념지도에서 이념과 정책 간의 전도(顚倒) 현상과 더불어 정당의 위치도 뒤바뀌는 특징을 보였다.

프로빗 모형과 초우 검증을 활용한 정책 투표 회귀분석에서 다음의 몇 가지 사실을 확인할 수 있었다. 첫째, 국가-안보정책 거리 변수의 효과가 제시된 정책 변수 중 가장 큰 효과를 보였다. 과거 반공 이념을 비롯한 안보 이념이 한국의 정당정치와 선거과정에 지배적인 영향력을 행사해왔음은 주지의 사실이다. 그리고 이는 2014년 지방선거에서도 그대로 드러났다. 그러나 이 변수는 이 글이 제시했던 가설이 내포한 효과를 지니고 있진 않았다. 즉 유권자의 거주지 규모에 따른 상이한 효과를 지니고 있지 않았다. 이는 한편으로 한국 정치에서 안보 이념의 전국적이고 안정적인 효과를 보여주는 것이라 상식에 반하지 않는다.

둘째, 경제민주화나 복지 차원의 정책 거리 변수 또한 비록 국가-안보정책 거리 변수의 효과보다는 작지만 유권자의 투표 선택에 유의미한 영향을 미치고 있었다. 한국 정치과정에서 계층투표에 대한 그동안의 진단이 부정적이거나 소극적이었다는 점을 고려한다면 이러한 경험적 발견은 한국의 정치 환경이 일정하게 변화하는 과정에 있음을 시사하고 있다. 흥미로운 점은 경제민주화와 복지정책이 한 묶음으로 갈등 구조를 형성하지 않고 상호 독립적이라는 것이다. 즉 경제영역에서 공정한 시장 질서를 마련하는 분배와 시장에서 실패한 시민들을 위한 재분배정책은 서로 다른 사회경제적 기반 위에 이념적으로 구조화되고 있다는 것으로 향후 각 정당들의 정치 및 선거 전략 형성에 함의하는 바 클 것으로 예상된다.

셋째, 국가-안보정책 차원에 비해 경제민주화나 복지정책의 효과가 조건적이라는 점이 발견되었다. 즉 국가-안보정책의 경우 유권자의 거주지환경과 무관하게 일관된 효과를 지니고 있었던 데 반해 경제민주화나 복지정책의 경우 광역시보다는 일반시와 군 지역의 유권자들의 정치적 선택에 유의미한 영향을 미치고 있었다. 이미 살펴보았듯이 광역시와 일반시/군 지역의 시민들의 경제적 환경의 차이에 기인하는 것으로 보인다. 즉 비정규직 비율이나 기초생활수급자 비율 등에서 광역시 시민들보다 일반시나 군 지역의 시민들의 상태가 상대적으로 더 열악하고 이러한 경제 환경이 이 지역의 유권자들로 하여금 분배와 재분배정책에 더욱 민감하게 만들어 투표 선택에 적극적으로 반영하게 했다는 것이다.

환언하면, 이 글은 전통적인 공간 이론의 하위집단별 분석을 통해 정책투표가 유권자의 삶의 환경에 따라 다르게 나타날 수 있다는 가설을 유권자의 거주지 규모를 기준으로 경험분석을 통해 검증했다. 향후 다양한 기준에 의한 하위집단 분석은 이론의 발전뿐만 아니라 투표 선택의 실재를 더욱 풍부하게 설명할 수 있는 것으로 기대한다.

【참고문헌】

강원택. 2003. "한국 정치의 이념적 특성: 국회의원과 국민에 대한 경험적 분석을 중심으로." 『한국정당학회보』 2권 1호: 5-30.
_____. 2005. "한국의 이념갈등과 진보·보수의 경계." 『한국정당학회보』 4권 2호: 193-218.
강정인 외. 2009. 『한국 정치의 이념과 사상』. 서울: 후마니타스.
서복경. 2014. "사회경제 정책에 대한 태도와 투표 선택: 2014년 지방선거를 중심으로." 2014년 한국 정치학회 하계특별학술회의 발표논문.
문지영. 2009. "자유주의: 체제수호와 민주화의 이중 과제 사이에서." 강정인 외. 『한국 정치의 이념과 사상』. 서울: 후마니타스.
이내영. 2011. "한국사회 이념 갈등의 원인: 국민들의 양극화인가, 정치엘리트들의 양극화인가?" 『한국정당학회보』 10권 2호: 251-287.
이갑윤·이현우. 2008. "이념투표의 영향력 분석: 이념의 구성, 측정 그리고 의미." 『현대정치연구』 1권 1호: 137-166.
장승진. 2013. "쟁점 투표와 정치지식: 경제민주화 이슈를 중심으로." 박찬욱·강원택 편. 『2012년 대통령선거 분석』. 서울: 나남.
정진민. 2003. "한국 사회의 이념성향과 정당 체계의 재편성." 『한국정당학회보』 2권 1호: 95-118.
조성대. 2008. "균열 구조와 정당 체계: 지역주의, 이념, 그리고 2007년 한국대통령선거." 『현대정치연구』 창간호: 169-198.

Aldrich, John H. 1983. "A Spatial Model with Party Activists: Implications for Electoral Dynamics." *Public Choice* 41: 63-100.
Bartle, John. 2000. "Political Awareness, Opinion Constraint and the Stability of Ideological Positions." *Political Studies* 48: 467-484.
Cahoon, Lawrence S., and Melvin J. Hinich. 1976. "A Method for Locating Targets Using Range Only." *IEEE Transactions on Information Theory*

22(2): 217-225.

Campbell, Angus, Philip E. Converse, Warren E. Miller, and Donald Stokes. 1960. *The American Voter*. Chicago: University of Chicago Press.

Cho, Sungdai, and James W. Endersby. 2014. "Political Sophistication and Ideological Voting: A Spatial Analysis of the 2012 Korean Presidential Election." Unpublished Manuscript.

Cho, Sungdai, and Jae-woo Hong. 2014. "Ideological Sophistication and Issue Voting: A Comparison of Proximity and Directional Models in the 2012 Korean Presidential Election." Unpublished Manuscript.

Chow, Gregory C. 1960. "Tests of Equality Between Sets of Coefficients in Two Linear Regressions." *Econometrica* 28: 591-605.

Converse, Philip. E. 1964. "The Nature of Belief Systems in Mass Public." In David Apter, ed. *Ideology and Discontent*. New York: Free Press.

Delli Carpini, Michael X., Scott Keeter. 1996. *What American Know about Politics and Why It Matters*. New Haven, CT: Yale University Press.

Downs, Anthony. 1957. *An Economic Theory of Democracy*. New York: Harper Collins Publishers.

Enelow, James M., and Melvin J. Hinich. 1984. *The Spatial Theory of Voting: An Introduction*. Cambridge: Cambridge University Press.

Erikson, Robert S., and David W. Romero. 1990. "Candidate Equilibrium and the Behavioral Model of the Vote." *American Political Science Review* 84: 1103-1125.

Jacoby, William G. 1986. "Levels of Conceptualization Reliance on the Liberal-Conservative Continuum." *Journal of Politics* 48: 423-431.

Lin, Tse-min. 2011. "Information and Ideological Structure in Spatial Voting." *Taiwan Journal of Democracy* 7: 1-24.

Pattie, Charles, and Ron J. Johnston. 2001. "Routes to Party Choice: Ideology, Economic Evaluations and Voting at the 1997 British General Election." *European Journal of Political Research* 39: 373-389.

Schofield, Norman. 2003. "Valence Competition in the Spatial Stochastic Model." *Journal of Theoretical Politics* 15: 371-383.

Schofield, Norman, and Itai Sened. 2006. *Multiparty Democracy: Elections and Legislative Politics*. Cambridge: Cambridge University Press.

Schofield, Norman, and Gary Miller. 2007. "Elections and Activist Coalitions in the United Sates." *American Journal of Political Science* 1-3: 518-531.

Schofield, Norman, Maria Gallego, JeeSeon Jeon. 2011. "Leaders, Voters and Activists in Great Britain 2005 and 2010. *Electoral Studies* 30: 484-496.

Zaller, John R. 1992. *The Nature and Origins of Mass Opinion.* New York: Cambridge University Press.

제7장

6·4 지방선거에서의 정치 정보와 정당, 그리고 정파적 선택

이소영 | 대구대학교 국제관계학과

I. 서론

최근 지방자치와 분권화 확대에 대한 필요성이 강하게 제기되고 그에 따른 수많은 논의가 전개되어 오고 있다. 그러나 지방자치의 핵심적인 기제를 형성하는 지방선거는 여전히 중앙정치 구도가 표출되고 반영되는 장이라는 성격을 벗어나지 못하고 있다. 지방선거 유권자들은 지역에 필요한 이슈들을 통해 지역 단체장과 대표를 선출하기보다는 중앙정치의 이슈들과 갈등구조에 바탕하여 후보자와 정당을 선택하는 경향이 강하다. 특히, 2000년대 들어 실시된 지방선거들은 정부 여당에 대한 심판의 성격을 강하게 보이면서 지방선거 본연의 역할이 실종되었다는 평가를 받고 있다(이남영 2011; 황아란 2013).

지방선거가 지방 고유의 이슈 없이 중앙정치의 힘겨루기를 재현하는 장에 불과한 상황에서 유권자들이 중앙선거와 다른 투표 요인과 경향을 가지

리라고 기대하기는 어려워 보인다. 더구나 동시에 여러 단위의 선거를 치르는 한국의 지방선거는 유권자들에게는 상대적으로 매우 어려운 선거이다. 무엇보다도 지방선거의 유권자들은 선택을 결정하기에 충분할 정도로 후보자에 대한 정보를 가지기가 어렵다. 지방선거 후보자들은 몇몇 광역단체장을 제외하고는 전국적 지명도가 있는 인물들이 아니며, 여러 단위의 지방자치단체선거를 동시에 치러야 하기 때문에 후보자에 대한 정보와 지식을 충분히 확보하는 것은 더욱 어려워진다. 중앙정치의 이슈가 주요 쟁점으로 작용하는 선거에서 선거와 후보자에 대한 충분한 정보를 획득하기 어려운 제도적·실질적 선거 환경은 지방선거 유권자들의 투표 양태가 대통령선거나 국회의원선거 유권자의 투표 양태와 다르지 않게 만드는 요인으로 작용한다. 지역의 정책 및 후보자에 대한 정보의 부족과 중앙정치 이슈의 부각으로 한국 지방선거 유권자들은 주로 자신이 선호하는 정당의 후보, 자신의 지역을 연고로 하는 후보 및 정당, 그리고 상대적으로 더 많이 알고 있는 현직자 등에 투표를 하는 경향을 보여 왔다(이곤수·송건섭 2011; 황아란 2013).

경험주의 정치행태학자 및 정치심리학자들은 이처럼 선거와 후보자에 대한 정보가 부족한 선거 환경에서 유권자들이 투표 결정을 어떻게 하는지, 그리고 그러한 결정이 합리적 결정이 될 수 있는지에 관심을 가져왔다. 한편에서는 정치 정보가 불충분한 선거는 유권자 스스로의 사회적 필요와 이념에 따른 선택을 어렵게 만들고 그 결과 민주주의 정치과정을 왜곡시키는 중요한 요인이 된다고 주장하는 반면, 다른 한편에서는 정치 정보가 충분하지 않은 환경에서도 유권자들은 다양한 휴리스틱(heuristic)들을 동원하여 충분히 합리적인 선택을 할 수 있다고 말하고 있다. 휴리스틱의 역할을 강조하는 정치심리학자들은 특히 정당 요인이 정치적 선택에서 핵심적인 역할을 한다는 것을 밝혀 왔다. 후보자나 주요 이슈에 대한 정보와 지식이 부재하거나 불충분한 상황에서도 특정 정당에 대한 선호를 바탕으로 정책에 근거한 선택과 비슷한 선택을 할 수 있다는 것이다.

정당 요인은 현재 한국의 선거정치과정에서 가장 중요한 역할을 담당하고 있다고 할 수 있다. 유권자들은 이슈와 후보자에 대한 모든 정보를 받아들이는 것이 아니라 자신이 선호하는 정당의 정책과 의견을 중심으로 정보를 가려내고 자신들의 정치적 태도를 형성한다(Campbell et al. 1960; Jacoby 1988). 따라서 정당에 대한 선호를 강하게 가지고 있는 유권자일수록 후보자 및 정치적 선택에 일관성을 보이게 된다. 이념적 갈등이 심화되면서 정당에 대한 선호가 상대적으로 뚜렷해진 오늘의 한국 정치과정에서 유권자들은 이제 보다 명확한 선호를 바탕으로 투표 선택을 할 수 있게 되었다. 과거에는 인물 위주, 지역주의적 선호, 그리고 현직자 위주였던 지방선거 또한 점차 정당 중심의 선거 양태로 변화해 가고 있다고 할 수 있겠다.

많은 이들이 지방선거에서 정당 요인의 역할이 가장 크다는 사실에 대해 우려를 표명한다. 무엇보다 정당의 지방조직이 매우 약한 상황에서 지역주의에 바탕한 정당이 지방선거에서 중앙의 갈등과 정치적 충돌을 복제하는 역할 이상을 담당하지 못하고 있다는 점이 가장 큰 우려의 대상일 것이다. 또한 정책에 바탕한 투표 결정이 아닌 심리적·감정적 선호를 바탕으로 한 결정을 유도한다는 점에서 건전한 대의민주주의에 훼손을 가하는 요인으로 지적되기도 한다. 정책에 근거한 선택을 장려하기 위한 매니페스토 운동 등 다양한 노력들이 이러한 우려하에 전개되고 있다.

그러나 이러한 노력에도 불구하고 한국 지방선거에서 정당 요인의 역할은 우리 정치의 양극화와 함께 더욱 강화될 것으로 예상된다. 더구나 정당에 대한 선호가 한국 정치과정을 지배해 온 지역주의 요소와 강하게 결합하고 있는 상황에서 정책 요인이나 기타 요인들이 정당 요인을 대체하기는 매우 어려워 보인다. 또한, 과거에 비해 정치 엘리트 및 이들의 소속정당 간의 입장 차이가 분명해지고(이성우 2009) 사회의 이념적 갈등이 심화되면서 일반 대중들도 정당의 이념적 성향에 대한 평가를 바탕으로 당파적으로 자신을 배열시키는 경향이 강해지고 있다. 이와 같은 상황에서 정당에 대한 선호는 몇몇 학자들이 정의하듯이 '특정 정당의 정책과 이념적 성향에 대한 총체적인 평가(Abramowitz and Saunders 2006; Fiorina 1981)'라고 할 수 있을 것이며, 이러한 점에서 정치 정보가 적은 사람들보다는 오히려 정책과 이념에 대해 인지하고 평가할 능력이 있는 사람들이 정당 요인을 바탕으로 투표 선택을 한다는 연구 결과는 상당히 설득력이 있어 보인다.

본 연구는 2014년 6월 4일 실시된 제6대 동시지방선거에서 유권자들이 어떠한 요인에 의거하여 투표 선택을 하였는지를 살펴봄으로써 정보가 불충분한 선거에서 나타나는 정당 요인 등 휴리스틱의 역할과 더불어 정치 정보가 투표 결정 요인, 특히 정당 요인과 상호작용하는 방식에 대해 논의해 보고자 한다. 이러한 논의는 한국사회의 이념갈등 및 정당 간 양극화의 심화로 정당 요인이 유권자들의 선택에 미치는 영향이 매우 커지고 있는 상황에서, 정치 정보가 경험주의 학자들이나 정치심리학자가 예측하는 방식으로 작동하는지에 대한 의문에서 출발한다.

먼저, 정보의 양이 상대적으로 많은 광역단체장선거와 정보가 상대적으로 부족한 광역의원, 기초단체장 및 기초의원선거에서 유권자들이 각각 어떠한 요인에 근거하여 투표하는지를 살펴보면서, 특정한 정치 정보 환경하에서 정당 요인을 비롯한 주요 투표 결정 요인이 투표 선택에 어떻게 영향을 미치는지 논의한다. 이와 더불어, 각각의 선거과정에서 정치 정보를 충분히 가지고 있지 못한 유권자들과 정보가 충분한 유권자들의 투표 결정 요인과 후보자 선택을 비교해 봄으로써 정당 요인이 정치 정보 효과와 어떠한 상호작용을 하고 있는지도 논의해 보고자 한다. 이러한 논의를 통하여 본 연구는 정파적 성격과 이념적 갈등이 심화되어 가고 있는 한국의 선거에서 정당 요인이 정보의 부족을 어떻게 대체하고 있는지, 그리고 정치 정보와 어떠한 상호작용을 하고 있는지를 고찰하고, 정당 및 정치 정보와 한국 민주주의의 역학 관계에 대해 생각해보기로 하겠다.

II. 이론적 논의

1. 정치 정보 수준과 정당 요인

정책결정자들이 그들의 정책적 포지션을 국민들에게 알리고 선거를 통해 이에 대한 정확한 피드백을 받는 이상적인 대의민주주의 정치과정에서는 유권자들이 자신의 필요를 정확히 알고 각 후보자의 정책이 자신의 필요를 얼마나 충족시켜줄 것인지를 잘 알아야 한다. 그러나 현대 대중민주주의하에서 정치적 무관심을 특징으로 하는 유권자들이 충분한 정치 정보를 바탕으로 정책적 이슈에 대한 자신의 관점을 확실히 하고 이를 그들의 투표 선택으로 연결시키기는 어려운 일이다. 그렇다면 이렇게 정치 정보와 지식이 부족하고 자신의 정책적 관점을 명확히 갖지 못한 유권자들은 어떻게 투표 선택을 할까? 그리고 그러한 선택은 민주주의 과정을 왜곡시키지 않고 제대로 운용될 수 있게 할 것인가?

여러 경험주의적 행태주의학자들은 정치 정보와 지식이 부족한 유권자들이 정책 이슈에 대한 자신들의 관점을 일관되게 가지기도 힘들며, 특정 이슈에 대한 관점을 그들의 투표 선택으로 연결시키기는 더욱 어렵다는 점을 경험적으로 증명해 왔다(Converse 1964; Jacoby 1986; 1991; 1995; Delli Carpini and Keeter 1996; Bartle 2000; Alvarez 2001). 이들은 이슈에 대한 일관성 있는 태도를 견지하지 못하는 유권자들이 정책 이슈 이외의 지엽적인 요인들을 바탕으로 정치적 태도를 형성하고 선택을 함으로써 정치 정보와 지식이 충분한 경우와는 다른 정치적 결과를 생산해 낸다는 점에 주목하였다(Bartels 1996; Althaus 1998; Fishkin et al. 1999; Luskin et al. 2002). 특히, 앨더스(Althus 1998)와 바텔스(Bartels 1996)는 미국의 유권자들이 충분한 정치 정보를 가지고 있을 때 정책에 대한 태도와 투표 선택이 각각 실제의 태도 및 선택과 확연하게 차이가 날 것이라는 것을 시뮬레이션을 통해 보여줌으로써 정치 정보의 중요성을 강조하고 있다. 이러한 연구들은 정치 정보의 부족이 정치적 선호와 선택을 왜곡할 수 있다는 것을 보여준다.

그러나 한편에서는 정치 정보와 지식의 부족이 그 자체로서 민주주의 정치과정을 심각히 왜곡시키지는 않는다는 것을 보여주는 일련의 연구 결과들도 존재한다. 정치심리학자들을 중심으로 휴리스틱의 역할에 주목하는 일련의 연구자들은 정치 정보와 지식이 부족한 사람들도 다양한 정치적 단서(cue)를 이용함으로써 충분히 합리적인 정치적 선택에 도달할 수 있다고 주장한다. 정책에 대한 정확한 정보 없이도 결정을 할 수 있도록 도와주는 정치적 휴리스틱들에는 정당에 대한 선호, 소속집단의 정치적 선호, 정치적 인물들에 대한 호불호, 경제상황에 대한 평가, 이념, 후보자의 현직자 여부, 후보자 개인의 이미지 등 정책 이외의 다양한 요인들이 포함된다(이소영 2011).

휴리스틱의 역할을 강조하는 인지심리학자들에 따르면, 인간은 선택 및 결정에 이르는 과정에서 불필요한 인지적 에너지의 소비를 최소화하고 최소한의 인지적 노력만을 하고자 하는 '인지적 구두쇠'이다(Stroh 1995; Fiske and Taylor 1991). 사람들은 기존에 소유하고 있는 정보의 양과 관계없이 정보를 처리하는 과정에서 가장 단순화된 지름길(shortcut)을 찾으려고 한다는 것이다. 정보가 부족한 사람들은 정보에 대한 다른 지름길이 없기 때문에 휴리스틱들에 의존하는 경향이 특히 더 클 수 있다(Petty and Cacioppo 1986).

정치 정보의 부족이 가져오는 정치적 결과의 왜곡에 강한 우려를 표해온 경험주의 학자들과 달리, 휴리스틱의 긍정적 역할에 주목하는 학자들은 휴리스틱을 이용하는 것이 복잡한 정보 처리 과정을 거치지 않고 정치적 선택을 추론할 수 있는 효율적인 방법이라고 강조한다(Sniderman et al. 1991; Lupia 1994; Popkin 1991). 정치 정보가 충분하지 않는 상황에서도 유권자들이 다양한 정치적 단서 또는 휴리스틱들을 이용하여 선택에 필요한 정보의 처리 과정을 단순화시킴으로써 합리적인 선택, 즉, 자신의 이익에 가장 잘 부합하는 선택에 도달할 수 있다는 것이다(Iyengar 1990). 이러한 정치적 추론은 완전한 정보 대신 유권자 자신이 선호하는 후보자를 인지하는 데 필요한 정보만 있으면 가능하며, 이 정보는 정치적 단서들을 통해 충분히 획득할 수 있다고 보아진다(Mckelvy and Ordeshook 1985). 라우와 레드로스크(Lau and Redlawsk 1997)의 연구에 의하면, 약 75%의 미국인들이 1990년대 미국 대통령선거에서 정보가 충분한 유권자들과 유사한 정치적 행태를 보였다.

정치적 선택을 위한 추론 과정에서 가장 영향력이 크고 일반적으로 이용되는 휴리스틱은 정당 요인, 즉 후보자의 소속정당 및 유권자들의 정당에 대한 선호라고 할 수 있다. 흔히 미국 정치과정에서 한 정당에 대한 심리적·정서적 애착으로 표현되는 정당일체감(party identification)과는 다소 차이가 나지만 한국 유권자들에게 있어서도 특정 정당에 대한 선호는 정치적 선택을 위한 가장 중요한 단서를 제공하고 있다고 알려져 있다.

정당이라는 단서는 단순하고 직접적이며 후보자에 대한 인식과 평가를 형성하는 데 필수적인 인지적 판단 요인으로 평가된다(Rahn 1993). 유권자들은 후보자의 소속정당과 자신의 정당선호를 통하여 혼란스럽고 복잡한 정치 현상과 정치적 레토릭을 조직화하고 단순화하여 선택을 구체화할 수 있다(Beck 1997). 정당 요인은 정보를 얻는 데 가장 비용이 덜 들고 믿을 수 있는 단서라는 점에서 그 중요성이 더욱 부각된다(Schaffner and Streb 2002). 정당을 기반으로 하는 대부분의 선거에서 후보자에 대해 정보를 전혀 가지고 있지 않은 유권자들조차 투표용지를 통해 후보자의 정당을 알 수 있다는 점에서 정당은 정치 정보가 매우 적은 유권자들을 위한 가장 기본적인 정보를 구성하고 있기도 하다.

1960년대 정당일체감이 투표의 핵심 요인임을 주장한 캠벨 등(Campbell et al.)의 *The American Voter* 이후 많은 연구들이 정치 정보가 매우 부족하여 정치적 대상에 대한 다른 기본적인 지식이 없는 유권자들의 경우 투표 선택 시 정당 단서에 특히 많이 의존한다는 것을 밝혀 왔다(Key 1966; Lodge and Hamill 1986; Rahn 1993; Lau and Redlawsk 2001). 한 실험 연구에 의하면, 정치 정보가 적은 서베이 응답자들은 후보자의 소속정당이 주어져 있지 않을 때 자신의 투표 선호를 잘 밝히지 못하는 것으로 나타나기도 하였다(Schaffner and Streb 2002). 이러한 관점에서 지방선거와 같이 정보가 적은 선거에서 정당 요인은 특히 중요한 역할을 할 것이라고 예상할 수 있다.

그러나 한편에서는 정치 정보를 많이 가진 경우에도 정당 요인을 정책 이슈보다 더 중요한 투표 결정 요인으로 이용할 수 있다는 점을 강조한다. 인간이 정보처리 과정에서 드는 노력을 최소화하고자 하는 존재이기 때문이라는 점이 한 이유가 될 것이다. 루피아와 맥커빈스(Lupia and McCubbins 1998)는 대부분의 정치적 상황에서 정치 정보 수준이 매우 높은 사람조차도 자신이 획득한 대부분의 정보를 버리고 소수의 특정 정보에 기반하여 선택을 하는 경향이 있다는 사실에 주목하였다. 해밀 등(Hamill et al. 1985)에 의하면, 정당은 이념이나 계급 등의 판단 요인들에 비해 정보처리과정에서 효용성(utility)이 매우 높은 판단 요인(schemata)이다. 란(Rahn 1993)의 연구 결과에서 보여지듯이, 정책에 대한 충분한 정보를 가지고 있는 유권자들도 정당 단서에 의존하여 정치적 선택을 하는 경향이 있는 것은 이러한 효용성과 관련이 있을 것이다. 해밀 등에 따르면, 정치적으로 세련된(sophisticated) 유권자들은 쉬운 이슈부터 추상적인 이슈에 이르기까지 정당 요인을 스키마로 이용하고 있지만, 정보의 수준이 낮은 유권자들은 '부자-빈자'와 같은 쉬운 요인을 스키마로 이용하는 경향이 있다.

이와 관련하여, 배이징어와 래빈(Basinger and Lavine 2005)은 정책 이슈에 대한 정보가 충분한 유권자들에게도 정당 요인은 정책 이슈에 앞서 일차적으로 고려하는 단서라고 주장한다. 배이징어와 래빈에 의하면, 어떤 특정 단서에 기반하여 선택을 하도록 만드는 동기(motivation)가 중요하며, 한 정당에 대한 상반된 평가나 감정이 존재하지 않는 한, 정당 요인은 가장 강한 동기를 가지게 되는 투표 결정 요인이다. 어떤 정당(또는 정당의 정책)에 대해 확신(confidence)을 가지지 못하고 상반된 평가나 감정을 가지고 있는 경우, 정책에 대한 정보가 충분한 사람들은 정책에 기반하여 투표를 하게 되고, 정보가 없는 사람들은 보다 더 단순한 단서들에 의존하여 투표하게 된다. 반대로 특정 정당에 대해 확신을 가지는 경우에는 정보 수준에 관계없이 유권자들은 정당을 선택의 일차적 요인으로 삼는 것으로 보았다. 즉, 정당 요인을 주로 정치 정보의 양이 적은 유권자들이 정책 및 이념 요인을 대체하여 이용하는 정치적 선택의 결정 요인으로 보는 관점과는 달리, 배이징어와 래빈은 정보 수준과 별도로 정당에 대한 확신 여부에 따라 정치적 선택에서 정당 요인의 영향력이 결정된다는 관점이다.

2. 정파성이 강한 사회에서의 정당 요인과 정치 정보의 관계

배이징어와 래빈의 연구 결과는 정당의 차별성과 정당에 대한 선호가 뚜렷해지고 있는 한국사회에 시사하는 바가 크다. 정당 간의 차이가 커지고 정당 엘리트 간 갈등이 첨예해질수록 유권자들은 특정 정당에 대해 상반된 평가나 감정을 가지기보다는 보다 확실한 호불호를 가지게 되고 정당을 중심으로 형성되는 이슈들의 입장 차이에 따라 자신을 정파적으로 위치시키게 된다. 따라서 배이징어와 래빈의 관점을 따르자면, 주요 정당 간 정치적 갈등의 심화를 경험하고 있는 한국의 유권자들에게도 정치적 선택에 있어서 정당 요인이 어떠한 다른 단서나 정보들보다 중요한 결정 요인이 되고 있다고 할 수 있을 것이다.

같은 의미에서 러벤더스키(Levendusky 2009)는 정치 엘리트들의 양극화가 정치적 판단의 단서들을 보다 명확히 해주고 있다는 점을 지적한다. 러벤더스키에 의하면, 양극화된 정치 환경에서 정치 엘리트들은 주요 이슈와 관련하여 자신들의 위치에 대한 뚜렷한 시그널을 유권자들에게 보낼 수 있고 이로 인해 유권자들의 정당 단서 이용은 보다 단순화되고 쉬워진다. 이 때문에 일반 유권자들의 정책에 대한 일관성 및 정당 선호의 일관성 또한 증가한다. 다시 말하자면, 배이징어와 래빈이 의미하는 '정당 및 정책에 대한 확신'의 정도가 높아지는 것이다. 그 결과, 정치 엘리트들의 양극화가 뚜렷한 사회에서의 유권자들은 정당 요인에 의거하여 선택을 할 확률이 높아지게 된다.

정당에 대한 일관성 및 확신의 증가와 정당 요인의 역할 강화는 미디어 환경의 변화와 더불어 더욱 심화되고 있다. 아이엔가(Iyengar 1990)에 의하면, 사람들은 자신들을 정치적 요인들에 선택적으로 노출시킴으로써 자신들의 관심 영역을 축소시키고 그 축소된 영역에 의존하여 정치적 선택을 하는 경향이 있다. 많은 정치커뮤니케이션 학자들이 강조하고 있듯이, 정치적 양극화와 더불어 미디어의 정파적 경향이 증가하고 미디어 메시지에 대한 대중들의 선택적 노출 현상이 강해져 가는 미디어 환경은 무관심층 또는 무당파층 유권자 수를 줄이고 정치를 보다 정파적으로 변화시키고 있으며(Prior 2010), 그 결과 정당 요인을 더욱 쉽고 명확한 단서로 만들고 있는 중요한 요소로 작용한다 하겠다.

바푸미와 샤피로(Bafumi and Shapiro 2009)는 정치 엘리트의 양극화가 심화되고 정당 요인이 강화되어 가는 시대의 유권자들을 "새로운 정파적 유권자(new partisan voter)"라고 부르고 있다. 이념과 정책선호에 있어서 일관성을 가지지 않고도 정당과의 감정적·심리적 애착감을 통해 정당 요인을 선택의 도구로 이용했던 과거의 유권자들과는 달리, 이 새로운 정파적 유권자들은 매우 이념적이며, 정책 이슈들을 진보-보수의 스펙트럼으로 판단하는 경향이 강하다. 이러한 의미에서 정당에 대한 선호는 이념적 성향과 매우 밀접한 관련성을 가지게 된다(Lachat 2008). 따라서 과거에는 정당 요인이 정치 정보가 부족한 유권자들의 정보처리과정을 단순화시키는 요인으로 작용을 하였다면, 정당 간 차별성과 정치 엘리트들의 양극화가 강화되고 있는 상황에서의 정당 요인은 오히려 정보 수준이 높고 이념적 일관성을 가지는 유권자들에게 보다 중요한 정치적 판단 요인으로 작용한다고 할 수 있겠다. 특히 미디어에 대한 선택적 노출은 정치 정보가 증가할수록 정파성과 정당에 대한 호불호가 강화되는 결과를 초래할 수 있다(Druckman et al. 2012; Lodge and Taber 2000; Redlawsk 2002; Taber and Lodge 2006).

이러한 관점에서 한국 선거에서 정당 요인의 큰 영향력은 유권자들의 정치적 무관심에서 오는 정책에 대한 정보의 부족이나 지역주의적 선택 차원을 넘어 보다 근본적으로 정치 엘리트의 양극화와 한국사회 전반의 정파성 강화라는 측면에서 평가하여야 할 것으로 보인다. 정파성이 강화된 사회에서는 정치에 대한 관심과 정치 정보가 더 많은 유권자일수록 정당과 정책에 대한 확신을 가지고 투표 선택 시 정당 요인에 의존할 확률이 더 클 것으로 예상할 수 있다. 같은 의미에서 정보가 적은 선거보다 정보가 많은 선거에서 유권자들은 정당 간 차이에 대한 이해가 더 높을 것이고, 따라서 정당 요인에 의존할 가능성이 더 클 수 있을 것이다. 정보가 상대적으로 적은 선거의 유권자들이나 정보가 부족한 유권자들은 정당 요인 이외에 보다 쉬운 다른 휴리스틱이나 정책 및 이념과 관련 없는 개인적인 가치, 또는 정보 획득 비용이 덜 드는 선거쟁점(salient issues)에 더 의존할 가능성이 클 것이다. 본 연구에서는 경험적 자료의 분석을 통하여 이 가설들을 검증해 보고자 한다.

이러한 논의를 통하여 본 연구는 민주주의 과정의 건전성을 위한 필수 요인으로 인식되어 온 정치 정보가 양극화 시대 정당 요인과 상호작용하는 방식을 규명하고, 정치 정보의 증가가 정파성의 강화로 나타나는 아이러니를 지적하며 그 해결책을 생각해 보고자 한다.

III. 연구 방법

1. 연구 문제 및 조사자료

앞에서 제기한 문제들에 대해 논의하기 위해 본 연구는 구체적으로 다음의 세 가지 질문에 대해 답하고자 한다.

① 정보가 적은 선거와 정보가 상대적으로 많은 선거에서 유권자들이

이용하는 주요 선택 요인은 어떻게 차이가 나는가?

② 동일한 선거에서 유권자들의 정치 정보량의 차이가 유권자들이 의
   존하는 투표 결정 요인에 어떠한 영향을 미치는가?

③ 정치 정보량에 따른 투표 결정 요인의 차이로 인해 투표 선택에서도
   차이가 나는가?

이러한 질문들에 대답하기 위해 본 연구는 한국선거학회와 한국사회과학
데이터센터가 제6회 동시지방선거 유권자 1,000명을 대상으로 선거 후 면
접조사를 한 조사 자료를 이용한다.

2. 연구 방법

1) 정보의 양이 다른 선거별 투표 선택 결정 요인

정보가 상대적으로 많은 광역단체장선거와 정보가 부족한 광역의원선거,
기초단체장선거 및 기초의원선거에서 각각 유권자들의 투표 선택 요인을 비
교하기 위해 본 연구는 프로빗 분석방법을 이용한다. 프로빗 분석에 이용되
는 종속변수는 각 지역구의 새누리당 후보에 대한 투표로서 새누리당 후보
에 투표한 경우를 1로, 새정치민주연합(이하 새정련) 후보에 투표한 경우를
0으로 조작하였다. 양대 정당이 아닌 기타 정당 및 무소속 후보에 투표한
유권자들은 분석에서 제외시켰다.

주요 독립변수인 정당선호도는 7점 척도로서 새정련을 매우 가깝게 느끼
는 경우를 1, 새누리당을 매우 가깝게 느끼는 경우를 7, 그리고 가깝게 느끼
는 정당이 없는 경우를 4로 조작하였다. 이외에도 11점 척도의 이념정향(0=
진보(좌파); 10=보수(우파)), 영남 혹은 호남 고향 여부, 대통령의 국정운영
에 대한 평가(1=매우 잘못하고 있다; 4=매우 잘하고 있다), 세월호 사고 이
후 정부 및 야당의 대응 (1=매우 잘하고 있다; 4=매우 잘못하고 있다), 그리
고 지역의 복지, 일자리, 주거 및 개발 문제의 중요성에 대한 평가(1=전혀

중요하지 않음; 4=매우 중요함) 등이 포함되었다. 여기서 지역 이슈는 지방
선거라는 특성 상 지방 관련 이슈들에 접근이 용이하며 특히 이 네 가지
문제는 우리사회 전반적으로 관심과 논쟁의 중심에 있는 이슈들이라는 점
에서 획득비용이 상대적으로 적게 드는 정보일 것으로 예상되었다. 이들
독립변수 외에 나이, 교육수준, 가정의 수입, 성별 등이 통제변수로 포함
되었다.

한국의 지방선거에서 선택에 영향을 미치는 변수로 일반화되어 온 현직
자 변수는 본 연구의 분석에서는 제외되었다. 현직자 변수의 생략은 다음의
두 가지로 합리화될 수 있다. 무엇보다도, 횡단면(cross-sectional) 데이터를
이용하여 네 가지 주요 선거를 비교분석하는 과정에서 프로빗 모형에 동일
변수들이 포함되어야 하는데, 중선거구제를 시행하고 있는 기초의원선거의
경우 분석에 포함시키기가 어렵다는 문제점이 있다. 둘째, 기초의원선거를
제외한 나머지 세 선거의 경우, 현직자 변수를 포함시켰을 때 전혀 통계적
유의성을 찾을 수 없으며, 포함시켰을 때와 그렇지 않을 때 다른 변수들의
영향력에 의미 있는 차이가 발견되지 않았다.

2) 유권자들의 정치 정보량 차이에 따른 투표 선택 결정 요인

정치 정보가 충분한 유권자들과 정보가 불충분한 유권자들의 투표 선택
결정 요인에 어떠한 차이가 있으며, 정당 요인은 어떠한 역할을 하는지 알아
보기 위해 앞 1)의 프로빗 분석을 정치 정보량이 많은 유권자들과 적은 유권
자들로 분리하여 실행한다. 정치 정보량의 측정에 포함되는 변수는 현재 지
역구의 19대 현역 국회의원 이름, 국회 다수당, 새누리당 당대표 이름, 새정
련 당대표 2인 이름, 비례대표의석을 배분받기 위한 최저득표율 등 6개 문
항에 대한 정답 개수로서 최저값 0, 최대값 6으로 구성된다.

본 연구에서는 정치 정보 변수를 조작하는 과정에서 정치과정에 대한 유
권자들의 지식 정도로 정치 정보 변수를 측정하였다. 정치 정보를 어떠한
방법으로 측정하는가는 정치커뮤니케이션의 주요 논쟁 중 한 영역이다. 측
정에 대한 논란이 많은 가운데 정치 정보의 측정과 관련하여 가장 많이 인용

〈표 1〉 응답자의 정치 정보 수준 분포

정보 수준	0	1	2	3	4	5	6	계
N	18	153	253	256	204	105	11	1,000

되는 연구 중 하나는 델리 카피니와 키터(Delli Carpini and Keeter 1996)의 연구로서 이들은 실제 정치과정에 대한 다양한 지식을 측정하여 정치 정보 수준을 검증하고 있다. 보다 종합적인 방법을 제시하고 있는 앨더스(Althaus 1998)는 일련의 정치적 지식에 정당과 주요 정치가의 정책 위치에 대한 인지도 및 유권자 자신의 정보 수준 평가를 더하고 있기도 하다. 아직도 정치 정보의 측정을 위한 하나의 동의된 방법이 부재한 가운데, 정치 정보에 대한 연구가 활발한 미국의 경우, 미국선거조사(NES)의 질문 문항인 정치과정에 대한 지식을 정치 정보 변수로 활용하는 경우가 가장 빈번하다. 본 연구에서도 이러한 방법을 따르고 있는데 측정 문항의 수에 있어서나 정치 정보 측정을 위한 문항의 신뢰성에 있어서나 향후 보다 심도 있는 논의가 필요한 부분이라고 보인다.

이번 조사 응답자들의 정치 정보 수준의 분포는 〈표 1〉과 같다. 0점에서 6점까지 분포되어 있으며, 평균값은 2.83, 중위값은 3이다. 본 연구에서는 정보가 많은 사람들과 적은 사람들을 비교 분석하기 위해 정치 정보 수준이 3 이하인 경우와 4 이상인 경우로 자료를 분할하여 비교하였다.

3) 정치 정보량과 투표 선택

'정치 정보량에 따라 투표 결정 요인이 어떻게 달라지는가'라는 문제에 더하여, 그러한 투표 결정 요인의 차이로 인해 실제 투표 결과도 다르게 나타나는가를 알아보기 위해, 각 정보 수준 별 새누리당에 대한 투표 선택 확률을 계산하여 그래프로 나타낸다.

IV. 분석 결과

1. 광역 및 기초 단위 선거별 투표 결정 요인

〈표 2〉는 광역단체장, 광역의원, 기초단체장, 기초의원선거에서의 새누리당 후보 지지에 대한 프로빗 분석 결과이다. 분석 결과, 네 선거에서 모두 정당에 대한 선호는 핵심적인 투표 결정 요인으로 작용하는 것으로 나타났다. 7점 척도의 정당선호 변수에서 가장 약한 정파성을 나타내는 3(약하게 새정련 선호)에서 5(약하게 새누리당 선호)로 정당선호 정도가 약간만 변화하는 경우에도 새누리당 후보에 투표할 확률은 각각 74%, 81%, 73%, 78% 더 커지는 것으로 나타나, 선거의 유형에 관계없이 정당 요인이 후보자 선택에 매우 큰 영향을 미치는 것으로 조사되었다. 더불어, 유권자의 이념정향 또한 유형에 관계없이 지방선거 유권자의 중요한 선택 결정 변수로 나타났다. 한국 선거과정에서 가장 핵심적인 영향력을 행사해 온 지역주의도 네 선거에서 모두 여전히 주요 결정 변수로 나타나고 있다.[1] 이러한 결과는 정당과 이념 및 지역이라는 변수가 선거의 종류에 관계없이 한국 선거에서 지배적인 영향을 미치는 요인이라는 점과 함께, 동시에 치러진 지방선거에서 중앙정치의 경쟁구도를 뒷받침하는 이 세 가지 변수의 효과가 별개로 나타나기 어렵다는 점을 반영하는 것으로 해석될 수 있다.

이와 같은 공통점에도 불구하고, 정보가 상대적으로 많은 광역단체장선거

---

1) 다만 광역단체장선거의 경우, 호남 출신의 유권자들이 영남 출신 유권자들보다 훨씬 강한 지역주의적 투표 경향을 보여주고 있는 반면, 광역의원, 기초단체장 및 기초의원 선거에서는 영호남 출신 모두 강한 지역주의적 투표 성향을 보여 주고 있다는 차이가 있다. 광역단체장선거에서 영남 출신 유권자들의 지역주의 투표 경향은 완화된 반면, 호남이 고향인 유권자들의 지역주의 투표 경향은 매우 강하다는 결과는 광역단체장선거에서 나타난 대구 등 영남권의 강력한 새정련 후보와 수도권의 접전 등을 통해 일정 부분 설명이 가능할 수 있겠지만, 보다 신뢰성 있는 설명을 위해 향후 심도 있는 논의가 필요한 부분일 것이다.

〈표 2〉 선거별 새누리당 후보 지지에 대한 프로빗 분석 결과
(새누리당 후보=1; 새정련 후보=0)

	광역단체장	광역의원	기초단체장	기초의원
정당선호	.517*** (.061)	.676*** (.071)	.486*** (.059)	.637*** (.069)
이념	.269*** (.016)	.234*** (.049)	.202*** (.044)	.192*** (.051)
영남	.323+ (.165)	.525** (.161)	.679*** (.149)	.577** (.169)
호남	-1.029*** (.229)	-.666* (.259)	-.678** (.240)	-.642** (.238)
지역복지 문제 중요	.127 (.104)	-.133 (.112)	.153 (.102)	-.078 (.112)
지역일자리 문제 중요	-.127 (.117)	-.058 (.123)	-.111 (.110)	.120 (.124)
지역주거 문제 중요	.074 (.118)	-.242+ (.127)	-.215+ (.111)	-.365** (.132)
지역개발 문제 중요	-.114 (.114)	.302* (.122)	.148 (.110)	.182 (.123)
대통령국정운영 평가 (4=매우 잘함)	.197 (.140)	.357* (.139)	.292* (.127)	.282* (.143)
세월호 정부 대처 (4=매우 잘못함)	-.226 (.152)	-.318+ (.152)	-.150 (.146)	-.248 (.168)
세월호 야당 대처 (4=매우 잘못함)	.288+ (.161)	.250 (.170)	.264+ (.148)	.119 (.163)
나이	.002 (.007)	-.006 (.007)	-.008 (.006)	.003 (.007)
교육	-.082 (.084)	.018 (.087)	-.048 (.080)	-.060 (.086)
가정의 수입	.073 (.055)	.018 (.056)	-.138** (.053)	-.047 (.059)
여성	-.137 (.152)	-.044 (.154)	-.140 (.143)	-.197 (.160)
상수	-3.904*** (.868)	-4.111*** (.885)	-3.000*** (.805)	-3.488*** (.901)
N	672	694	680	657
Pseudo R^2	.5742	.6215	.5317	.6119

* $p < 0.05$ ** $p < 0.01$ *** $p < 0.001$ + $p < 0.1$; 괄호 안 숫자는 표준오차임

와 다른 단위의 지방선거 간에는 투표 결정 요인에 있어서 중요한 차이가 발견되고 있다. 가장 큰 차이는 광역단체장선거 유권자들은 정당, 이념, 지역주의에 집중적으로 의존하여 투표 선택을 하는 데 반해, 광역의원, 기초단체장, 기초의원선거 유권자들은 후보를 선택하는 데 있어서 이 세 가지 요인에 더하여 다른 요인들도 투표 선택 결정에 의미 있는 영향을 미치고 있다는 점이다.

특히, 대통령의 국정운영에 대한 평가는 광역단체장 이외의 선거에서 중요한 투표 결정 요인으로 나타나고 있다. 대통령의 국정운영에 대한 평가는 대통령선거가 아닌 하위 단위 선거에서 흔히 사용되는 판단의 단서이다 (Basinger and Lavine 2005). 본 연구에서 사용된 문항은 현재 박근혜 대통령의 국정운영에 대해 어떻게 생각하는지를 묻는 질문으로서 박근혜 대통령에 대한 호불호가 선택에 큰 요인으로 작용할 수 있는 문항이다. 대통령의 국정운영에 대한 상세한 평가는 어렵지만 박근혜 대통령에 대한 호불호나 국정수행 능력에 대한 전반적인 평가는 유권자들이 매우 쉽게 접근할 수 있는 요인으로서 유력 정치 지도자 중심의 한국 정치과정에서 유권자들의 정치적 입장을 형성하는 데 큰 역할을 해 왔다. 특히 박정희 전 대통령의 장녀라는 위치로 보수 세력의 결집을 이뤄낸 박근혜 후보와 과거 참여정부를 대표하는 문재인 후보 지지자 간에 차별성이 강하게 나타났던 2012년 대통령선거를 기점으로 현 대통령에 대한 호불호와 유권자 자신의 정치적 입장을 연관시키는 경향은 더욱 강화되었다고 할 수 있다. 이러한 점에서 대통령의 국정운영에 대한 평가는 한국 유권자들에게 쉽고 비용이 낮은 정보로 활용될 수 있다 하겠다.

배이징어와 래빈(2005)의 관점에서 보자면, 정치 엘리트의 양극화와 정보 소스의 정파성의 증대로 인해 정당에 대한 상반된 평가의 가능성이 낮아지고 확신의 가능성이 높아진 만큼 정당이나 이념에 의존하여 투표 결정을 하는 것이 과거보다 용이해졌지만, 상대적으로 정보가 부족한 선거에서는 유권자들의 정당에 대한 확신감은 다소 이질적으로 나타날 수 있으며, 따라서 정당이나 이념적 성향 외에도 더 단순화된 판단의 단서가 함께 필요했던 것으로 해석할 수 있다. 이러한 단서 중 대표적인 요인이 대통령의 국정운영에 대한 평가라고 할 수 있겠다. 새정련을 비롯한 야당이 세월호 사건에 관한 처리와 관련하여 선거 기간 동안 정부와 여당을 강하게 비난하였음에도 불구하고, 세월호 사건에 대한 처리 문제는 투표 결정 요인으로서의 통계적 유의미성을 충분히 확보하지 못하고 있는 반면, 대통령의 전반적인 국정운영에 대한 평가는 정당, 이념, 지역주의와 함께 이들 하위 단위 선거 유권자들의 중요한 판단 근거를 제공하고 있다는 점에 주목할 만하다. 같은 맥락에서 지역 개발이나 지역주거 문제 등 생활과 직접 관련이 있는 지역의 캠페인 이슈들이 광역단체장선거보다는 그 외의 선거들에서 보다 중요한 투표 결정 요인으로 작용하였다는 점도 관심을 두어야 할 결과로 보인다.

요약하자면, 광역단체장선거에서는 정당 요인에 더하여 정당 요인과 상당 부분 중첩되는 이념 및 지역주의가 지배적인 투표 결정 요인이지만, 후보자에 대한 정보가 상대적으로 부족한 그 외 선거들에서는 이 세 가지 요인 이외에도 여러 요인들이 후보자 선택을 위해 사용되었다. 다른 여러 요인들이 정보가 부족한 선거에서 중요한 역할을 하였다는 사실은 이 요인들이 정당이나 이념에 대한 확신이 약하고 영호남 지역주의와 무관한 유권자들에게 저비용으로 획득할 수 있는 접근 가능성이 높은 정보로서 정보의 지름길 역할을 했을 것이라는 점을 시사한다. 반면, 후보자나 선거에 대한 정보가 상대적으로 많이 제공되는 광역단체장선거의 유권자들은 정당, 이념, 지역주의에만 의존하여 모든 결정이 가능할 만큼 후보자 선택에 있어서 정당이나 지역, 이념에 대한 확신이 강했다는 것을 의미한다 하겠다.

2. 유권자의 정치 정보량과 투표 결정 요인

앞에서 정보가 상대적으로 많은 광역단체장선거에 비해 광역의원, 기초단체장 및 기초의원선거에서는 정당, 이념, 지역주의 이외에도 대통령의 국정운영에 대한 평가 등 다른 요인들이 중요한 투표 결정의 단서로 작용함을 보았다. 그렇다면 이러한 차이는 개별 유권자 차원에서는 어떻게 나타날까? 이 문제에 대한 논의는 〈표 2〉에서 나타난 광역단체장선거와 하위 단위 선거들 간의 차이가 예상한대로 하위 단위 선거 유권자들의 정치 정보 부족에서 연유하는 것인지 아니면 다른 요인 때문인지에 대한 확인을 동반할 것이다. 이 논의를 위해 네 가지 선거의 유권자를 정보가 충분한 유권자와 정보가 부족한 유권자로 나누어 분석을 시도하였다.

이번 지방선거 유권자들은 정치 정보량에 있어서 매우 이질적인 집단으로서 정보를 측정하는 문항에 대한 정답의 개수가 0부터 6까지 정규분포에 가까운 형태로 분산되어 있다. 중위값인 정답 3개를 기준으로 자료를 나누

〈표 3〉 정치 정보량에 따른 유권자 특성, 정치적 정향 및 태도(평균값)

특성 및 정향, 태도	정보 부족 유권자	정보 충분 유권자	차이
정당선호(7점 척도)	4.19	4.19	0
이념정향(11점 척도)	5.58	5.50	0.08
영남	34.3%	30.6%	4.3%
호남	16.6%	18.1%	-1.5%
대통령 국정운영 평가 (1=매우 부정, 4=매우 긍정)	2.42	2.44	-0.02
세월호 정부 대처 평가 (1=매우 긍정, 4=매우 부정)	3.11	3.17	-0.16
세월호 야당 대처 평가 (1=매우 긍정, 4=매우 부정)	3.08	3.20	-0.12**
나이	44.39	47.85	-3.46***
교육수준	2.63	2.73	-0.01
가정의 수입 (4=300~399만, 5=400~499만)	4.39	4.49	-0.10
여성 비율	56.2%	38.4%	0.18***
N	680	320	

평균 차이 t-test * p⟨0.05 ** p⟨0.01 *** p⟨0.001

었을 때 정보량에 따른 유권자의 특성과 정치적 정향 및 태도는 〈표 3〉과 같다. 이번 지방선거 유권자들의 정치 정보량의 차이는 유권자들의 정당선호, 이념정향, 출신 지역, 대통령 국정운영에 대한 평가 및 정부의 세월호 사건 대처에 대한 평가, 교육수준, 가구수입 등과는 관련이 없는 것으로 조사되었다. 교육 수준이 정치 정보 수준과 무관하다는 것은 한국 교육이 정치 및 시민교육에 매우 소극적이라는 것을 보여주는 단적인 예라 할 수 있겠다. 2014년 한국 유권자들의 정치 정보량의 차이에 영향을 미친 요인은 특히 나이와 성별로 나타났다. 나이가 상대적으로 많은 유권자들과 남성 유권자들이 젊은 유권자 및 여성 유권자보다 더 많은 정치 정보를 가지고 있으며, 이들은 세월호 사건에 대한 야당의 대처에 정치 정보가 적은 유권자들보다 더 불만족스럽게 느끼는 것으로 조사되었다.

〈표 3〉은 한국 유권자들의 정치 정보 수준의 차이는 주로 연령과 성별에서 연유하며 정보 수준에 차이를 보이는 유권자들 간 정치적 정향이나 태도는 크게 다르지 않다는 것을 보여주고 있다. 그러나 〈표 4〉에서는 정보가 충분한 유권자들과 정보가 부족한 유권자들이 후보자 선택을 하는 과정에서는 서로 다른 요인들에 의존하여 투표를 하는 경향이 있다는 것을 알 수 있다. 특히 이러한 경향은 정보가 상대적으로 많은 광역단체장선거에서보다는 후보자에 대한 정보가 부족한 다른 세 개 선거에서 눈에 띄게 드러났다.

우선, 광역단체장선거에서는 유권자 전체 경우(〈표 2〉)와 마찬가지로 정보량에 관계없이 정당 및 이념, 그리고 호남 출신 유권자들의 지역주의적 선택이 투표 결정에 큰 영향을 미친 것으로 나타났다. 프로빗 계수를 비교해 보면, 정보가 부족한 유권자들은 투표 선택을 하는 데 있어서 정보가 충분한 유권자들에 비해 정당 요인 및 지역주의에 조금 더, 그리고 이념정향에 조금 덜 의존하는 경향이 있는 정도의 차이를 나타내고 있다. 이 밖에도, 전체 유권자 경우와는 달리, 정보량에 따라 분할된 샘플에서는 지역이 당면한 문제와 세월호 이슈 및 기타 인구학적 요인도 광역단체장 선택의 유의미한 결정 요인으로 조사되었다. 정당, 이념, 호남지역주의 이외에 정보가 적은 유권자들은 세월호에 대한 야당의 대처를 불만족스럽게 생각하는 사람들일수록 새누리당 후보를 지지할 확률이 유의미하게 높아지고, 여성일수록 새정련 후보에 투표할 확률이 크게 높아지는 것으로 나타났다. 반면, 정보가 충분한 유권자의 경우는 지역주거 문제가 중요하다고 생각하는 유권자일수록 새누리당 후보를 선택할 가능성이 매우 높게 나타났다. 신뢰도 90% 수준에서는 지역복지 문제 역시 중요한 투표 결정 요인으로 나타났으며, 이 역시도 새누리당 후보에게 유리하게 작용하고 있었다.

선거 기간 동안 정부 여당의 세월호 사건 대처에 대한 공격을 통해 이를 이슈화하고자 한 새정련의 전략에도 불구하고 정부 여당의 대처보다는 야당의 대처에 대한 페널티가 유권자들, 특히 정치 정보가 부족한 유권자들의 선택에 더 큰 영향력을 미쳤다는 점은 주목할 만하다. 세월호 사건에 대한 처리가 지연되면서 '세월호 피로도'라는 프레임이 광역단체장선거에서 정치 정보가 부족한 유권자들에게 영향을 미쳤다고 볼 수 있겠다. 이것은 기초단체장선거에서도 똑같이 나타나고 있는데, 의원선거보다 선거구가 커서 중앙 정치 이슈의 영향력이 클 수밖에 없는 단체장선거에서 정보가 부족한 유권자들에게 특히 이러한 '세월호 피로도' 프레임이 성공을 거둔 것으로 보인다.

한편, 유권자들의 투표 선택에 유의미한 영향을 미치는 두 가지 지역 문제로 분석된 지역복지 문제와 지역주거 문제는 흥미로운 결과를 보이고 있다. 분석에 포함된 지역 문제들이 정보획득 비용이 낮은 정보로서 정보가 적은 유권자들이 쉽게 접근할 수 있는 이슈일 것이라고 예상했으나, 분석 결과 정보 수준과의 상호작용이 이슈별로 다르게 나타나고 있다. 90% 신뢰수준까지 고려하면, 지역복지 문제는 기초단체장선거를 제외한 모든 선거에서 유의미한 투표 결정 요인으로서 정치 정보가 많은 사람들이 특히 투표 시에 고려하는 사항으로 나타났다. 그러나 광역의원 및 기초단체장선거에서는 새정련에 유리한 이슈이나 광역단체장선거에서는 새누리당에 유리한 이슈로 조사되었다. 현재 한국사회에서 복지 문제는 이념적 양극화의 한 요소를 차지하고 정파성을 강하게 띠고 있다는 점에서 정보가 충분한 유권자들의 관심의 대상이 되고 또 야당 후보에 유리하게 작용하는 것이 이해될 수 있다. 이러한 점을 고려할 때, 왜 광역단체장선거에서는 현재 한국사회의 이념적

〈표 4〉 유권자 정보량에 따른 선거별 후보 지지에 대한 프로빗 분석 결과
(새누리당 후보=1; 새정련 후보=0)

	광역단체장선거		광역의원선거	
	정보 부족	정보 충분	정보 부족	정보 충분
정당선호	.601*** (.084)	.506*** (.114)	.626*** (.084)	.957*** (.168)
이념	.231** (.065)	.327*** (.079)	.198** (.064)	.291*** (.090)
영남	.265 (.211)	.379 (.321)	.693** (.201)	.189 (.169)
호남	-1.142*** (.302)	-1.259*** (.428)	-.746* (.330)	-.902+ (.098)
지역복지 문제 중요	-.111 (.140)	.373+ (.193)	.099 (.145)	-.601* (.243)
지역일자리 문제 중요	-.067 (.152)	-.165 (.215)	-.076 (.156)	-.161 (.244)
지역주거 문제 중요	-.142 (.152)	.465* (.226)	-.276+ (.157)	-.077 (.256)
지역개발 문제 중요	.031 (.153)	-.317 (.200)	.293+ (.155)	.260 (.226)
대통령국정운영 평가 (4=매우 잘함)	.294 (.190)	.274 (.251)	.505** (.182)	.187 (.260)
세월호 정부 대처 (4=매우 잘못함)	-.232 (.197)	-.117 (.268)	-.322 (.199)	-.357 (.323)
세월호 야당 대처 (4=매우 잘못함)	.659** (.222)	-.223 (.281)	.481* (.212)	-.046 (.324)
나이	.008 (.008)	.002 (.013)	-.005 (.008)	-.000 (.015)
교육	-.021 (.111)	-.132 (.149)	-.072 (.109)	.233 (.175)
가정의 수입	.074 (.078)	.130 (.092)	.090 (.075)	-.161 (.100)
여성	-.431* (.209)	.063 (.274)	-.288 (.199)	.438 (.331)
상수	-4.787*** (1.130)	-4.620** (.868)	-5.258*** (1.125)	-2.976 (1.911)
N	411	261	426	268
Pseudo R^2	.5997	.6120	.6137	.7048

* p⟨0.05 ** p⟨0.01 *** p⟨0.001 + p⟨0.1; 괄호 안 숫자는 표준오차임

〈표 4 계속〉 선거별 새누리당 후보 지지에 대한 프로빗 분석 결과
(새누리당 후보=1; 새정련 후보=0)

	기초단체장선거		기초의원선거	
	정보 부족	정보 충분	정보 부족	정보 충분
정당선호	.469*** (.072)	.627*** (.120)	.581*** (.079)	.891*** (.175)
이념	.199** (.059)	.173* (.074)	.148* (.065)	.268** (.101)
영남	.662*** (.189)	.750** (.321)	.643** (.203)	.698+ (.387)
호남	-.662* (.292)	-.741 (.428)	-.807** (.302)	-.425 (.502)
지역복지 문제 중요	.056 (.134)	.301 (.188)	.151 (.141)	-.594* (.255)
지역일자리 문제 중요	-.037 (.139)	-.140 (.203)	-.008 (.150)	.390 (.267)
지역주거 문제 중요	-.241+ (.135)	-.281 (.227)	-.324* (.151)	-.350 (.315)
지역개발 문제 중요	.086 (.141)	.365+ (.196)	.166 (.150)	.067 (.258)
대통령국정운영 평가 (4=매우 잘함)	.403* (.164)	.132 (.215)	.239 (.180)	.402 (.289)
세월호 정부 대처 (4=매우 잘못함)	-.053 (.182)	-.402 (.275)	-.199 (.197)	-.554 (.365)
세월호 야당 대처 (4=매우 잘못함)	.376* (.192)	.188 (.262)	.201 (.196)	.154 (.346)
나이	-.003 (.008)	-.013 (.014)	.003 (.008)	-.007 (.016)
교육	-.048 (.103)	.074 (.148)	-.112 (.105)	.097 (.174)
가정의 수입	-.087 (.071)	-.213* (.088)	.051 (.074)	-.044 (.114)
여성	-.055 (.182)	.063+ (.274)	-.145 (.195)	-.259 (.347)
상수	-3.928*** (1.024)	-2.618+ (.1.515)	-3.653** (1.101)	-3.182 (1.984)
N	411	267	403	254
Pseudo R²	.5997	.5807	.5772	.7330

* p<0.05 ** p<0.01 *** p<0.001 + p<0.1; 괄호 안 숫자는 표준오차임

위치와 다르게 복지 문제가 새누리당 후보에게 유리하게 작용하였는가에 대한 깊이 있는 논의가 필요하다고 하겠다.[2]

반면, 지역주거 문제는 광역단체장선거를 제외한 나머지 선거들에서는 정보가 부족한 유권자들에게 중요한 투표 결정 요인으로 작용하고 있지만, 광역단체장선거에서는 정보가 충분한 유권자들의 주요 투표 선택 요인이 되고 있다. 또한, 지역복지 문제와 마찬가지로 다른 선거들에서는 지역주거 문제가 모두 야당인 새정련 후보에게 유리하게 작용하였으나 광역단체장선거에서는 새누리당 후보에게 유리하게 작용하고 있다. 광역단체장선거와 기타 선거의 이러한 차이의 원인이 어디에서 연유하는지를 규명하기 위해서는 보다 깊이 있는 2차 연구가 필요하겠으나, 〈표 4〉의 결과에서는 적어도 다음의 두 가지 사실을 알 수 있다. 먼저, 광역단체장선거와 다른 세 유형의 지방선거는 후보자 결정 요인에 있어서도 차이가 날 뿐 아니라, 정치 정보와 투표 결정 요인들이 상호작용하는 방식에 있어서도 다르다는 사실이다. 그리고 지역의 제반 문제들 중 복지 문제를 판단의 근거로 사용하기 위해서는 상대적으로 높은 수준의 정치 정보가 필요한 반면, 주거문제는 정보가 적은 유권자들이 판단의 단서로 활용하는 요인이라는 점 또한 주목할 만하다.

다음으로, 광역의원선거, 기초단체장선거, 기초의원선거 등 상대적으로 정치 정보가 부족한 선거에서는 예상대로 두 가지 경향이 뚜렷이 나타나고 있다. 첫째, 정보가 많은 유권자들은 투표 결정을 하는 데 있어서 정당과 이념 요인에 집중적으로 의존하고 있다. 반면, 정보가 부족한 유권자들은 정당, 이념, 지역주의를 비롯해 대통령 국정평가 및 세월호 문제의 야당 대처에 대한 불만 등으로 투표 결정 요인이 분산되어 있다.

정보가 충분한 유권자들은 특히 지역주의를 바탕으로 투표 선택을 하는 확률이 정보가 부족한 유권자들에 비해 훨씬 낮다는 점도 지적할 필요가

---

2) 이러한 결과는 2012년 대선 이래 복지 이슈를 박근혜 정부와 새누리당이 선점하는 모양새를 보여 왔다는 점에서 일면 이해될 수 있으나, 광역단체장선거와 지역복지가 투표 선택 요인으로 작용하고 있는 광역 및 기초의원선거에서 효과의 방향이 반대로 나타나고 있다는 점은 향후 그 이유에 대한 규명이 필요한 부분이라 하겠다.

있다. 정보가 충분한 경우에도 광역의원선거와 기초의원선거에서 영남 출신 또는 호남 출신 유권자들의 지역주의가 여전히 투표 선택 요인으로 작용하고 있기는 하지만, 기초단체장선거의 영남 지역주의를 제외하면 95% 신뢰 수준에서 유의미한 투표 결정 요인이 되고 있지 못하다. 그러나 정보가 부족한 유권자들은 광역의원, 기초단체장, 기초의원선거 모두에서 정당 및 이념 요인에 의존함과 더불어 지역주의적 선택을 매우 강하게 보이고 있다.

또한 정보가 적은 유권자들은 지역주의 외에도 투표 결정 요인이 분산적으로 나타난다는 특징을 보이는데, 특히 광역의원 및 기초단체장선거에서는 대통령의 국정운영에 대한 평가와 세월호 사건에 대한 야당의 대처 등을 주요 투표 선택 요인으로 택하고 있다. 기초의원선거에서는 정당, 이념, 지역주의에 더하여 지역주거 문제가 특히 중요한 투표 결정 요인이 되고 있다. 지역주거 문제는 신뢰수준을 90%로 낮추었을 때는 세 선거에서 모두 정보 수준이 낮은 유권자들의 투표 선택 요인이 되고 있다. 앞서 지적하였듯이, 지역주거 문제가 정보가 부족한 유권자들도 쉽게 인지할 수 있는 정치적 단서로 작용하고 있음을 알 수 있다. 정보가 적은 유권자들 중 지역주거 문제를 중요시 여기는 유권자들은 새정련 후보에게 투표하는 경향이 큰 것으로 나타났다. 반면, 주로 정당과 이념에 의존하여 후보자를 선택하고 있는 광역의원선거와 기초의원선거의 정보가 충분한 유권자들에게는 정당과 이념 외에 지역복지 문제가 매우 중요한 투표 결정 요인으로 작용한 것으로 조사되었다. 앞에서 언급한대로 광역단체장선거와는 달리 이들 선거에서는 지역복지 문제도 새정련 후보에 유리하게 작용하고 있다.

광역의원선거, 기초단체장선거, 그리고 기초의원선거 등 정보가 상대적으로 부족한 지방선거들와 관련하여 두 번째 주목할 점은 정보가 충분한 유권자들이 정보가 부족한 유권자들보다 정당 요인의 영향을 훨씬 크게 받고 있다는 점이다. 정당 요인의 프로빗 계수를 비교해 보면, 광역의원, 기초단체장, 그리고 기초의원선거 모두에서 정보가 충분한 유권자들의 계수가 훨씬 크게 나타난다. 이러한 결과를 통해 정보가 충분한 유권자들은 투표 결정에 있어서 정당 요인을 특히 중요하게 생각하며 따라서 상대적으로 더 정파적인 유권자들이라는 것을 알 수 있다. 정보가 부족한 유권자들에게도 정당 요인은 여전히 중요한 후보자 선택 요인이기는 하지만, 이 외 다른 요인의 영향으로 정당 요인의 중요성이 상당 부분 줄어들었다는 점에서 정보가 부족한 유권자가 훨씬 덜 정파적이라고 말할 수 있다. 이러한 결과를 통해, 정치적 양극화가 심화되고 정당 요인이 정치적 선택의 가장 핵심적이고 지배적인 요인인 경우, 정치 정보는 유권자들을 더욱 정당 요인에 의존하게 만듦으로써 정파성을 강화시키는 역할을 한다고 할 수 있겠다.

3. 정치 정보량에 따른 투표 선택

앞에서 정치 정보가 유권자들의 투표 결정 요인에 의미 있는 영향을 미친다는 것을 보았다. 그렇다면 이렇게 정보 수준에 따라 다른 투표 결정 요인으로 인해 후보자 선택의 결과도 달라질 것인가? 인지심리학자들이 주장해 온 바에 의하면, 정보가 부족한 유권자들은 정보가 충분한 유권자들과 다른 정보처리 과정을 거치는 과정에서 투표 선택을 위해 사용하는 휴리스틱 또는 스키마는 다를 수 있지만, 결국은 정보가 충분한 사람들과 유사한 정치적 결과에 도달할 수 있다. 반면, 경험주의 정치행태학자들은 정치 정보의 차이가 정치적 선택과 결과의 차이를 야기하고 이 때문에 정치 정보의 부족은 유권자들의 충분한 정치 정보를 바탕으로 대표가 선택되고 정책이 결정·집행되어야 하는 대의민주주의 정치과정에 부정적 영향을 미치는 것으로 평가하고 있다.

〈그림 1〉은 2014 한국 지방선거의 후보자 선택과 관련하여 정치 정보의 효과가 단선적이지 않고 복합적이었음을 보여주고 있다.[3] 정치 정보량이

---

[3] 정치 정보 수준 최저 점수(0)인 응답자들과 최고 점수(6)인 응답자들은 각각 샘플의 1.8%와 1.1%밖에 차지하지 않아 이를 그림으로 나타냈을 때 전체 경향에 대해 왜곡적 해석이 가능하므로 제외하였음.

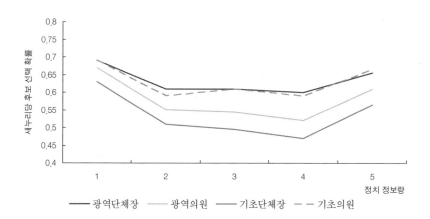

〈그림 1〉 정보량에 따른 새누리당 후보를 선택할 확률

많아질수록 새누리당 후보에게 투표할 확률은 점차 낮아지다가 정치 정보가 매우 많아지면 새누리당 후보를 선택할 확률이 크게 올라간다. 전체 응답자의 약 26%를 차지하는 정보량의 극단에 있는 유권자들, 즉, 정치 정보를 매우 적게 가지고 있는 유권자들과 매우 많이 가지고 있는 유권자들은 새누리당 후보를 선택할 확률이 상당히 높고, 나머지 약 70%의 유권자들은 정치 정보가 더 많아지면서 새누리당 후보를 선택할 가능성이 약간씩 낮아지는 경향을 보이고 있다. 즉, 정치 정보가 매우 적거나 많은 경우를 제외한 이 70%의 유권자들에게는 정치 정보의 효과가 드라마틱하게 나타나지는 않는 반면, 정보량의 극단에 있는 유권자들에게 정치 정보 효과는 매우 크게 나타나고 있다.

정치 정보 수준이 매우 낮은 유권자들의 경우, 후보자에 대한 비교를 통해 후보자 선택을 하기보다는 현직자나 정부 여당의 업무수행 능력에 대한 큰 불만이 없는 한 현직자 또는 여당의 후보자에 투표하는 경향이 있다 (Alvarez 2001; Sniderman et al. 1991). 지방선거에서는 정보 수준이 낮은 경우 현직자에 대해서도 인지하기 어렵기 때문에 여당의 후보자를 선택할 가능성이 커진다.

〈표 2〉에서 정치 정보량이 연령과 성별에 따라 의미 있는 차이가 나는 것을 보았다. 특히, 정치 정보를 매우 많이 가지고 있는 유권자(정보량 점수 =5)의 경우, 다른 유권자들보다 평균 연령은 3.5세가 높은 47.8세이고, 남성이 64%를 차지하고 있다. 그런데 정보 수준이 높은 유권자들의 투표 선택 요인인 정당과 이념에 초점을 맞추어 보자면, 사실상 남녀 유권자 간에는 정당과 이념에서 별다른 차이가 발견되지 않는다. 반면, 정당선호와 이념정향의 차이는 연령별로 매우 크게 나타나고 있다. 특히, 이번 지방선거 유권자들은 50대에서 정치 정보 수준이 가장 높은 것으로 나타났는데(전체 6점 중 3.2점) 50대는 이념적으로 매우 보수적[4]이며 정당선호에 있어서도 새누리당 선호 경향이 매우 크다.[5] 정치 정보가 매우 많은 유권자들의 새누리당에 대한 지지가 특히 높은 것은 아마도 이들이 정치적으로 양극화된 환경에서 정파적 성향을 매우 강하게 띠는 사람들이라는 사실과 관련이 있을 것이다. 특히 50대 이상의 장년층 유권자들은 종합편성채널 등 보수적·친여적인 성향을 띠는 미디어에 강한 선택적 노출 성향을 보이며 정파성을 더욱 강화시키는 경향이 있다. 이러한 강화된 정파성이 특정 정당에 대한 강한 지지로 표출되었을 것으로 보인다.

V. 요약 및 결론

본 연구는 2014년 제6대 동시지방선거에서 정치 정보가 여러 가지 투표 결정 요인들과 상호작용하며 유권자들의 투표 선택에 미치는 영향에 대해

---

4) 50대의 이념정향 위치는 11점 척도에서 6.3으로 나타났다. 이는 20대의 4.7, 30대의 4.8, 40대의 5.2에 비해 매우 보수적인 위치이다. 60대 이상의 이념 위치는 6.7이다.

5) 정당에 대한 선호는 7점(1=새정련을 매우 가깝게 느낌; 7=새누리당을 매우 가깝게 느낌) 척도에서 20대 3.9점, 30대 3.8점, 40대 3.8점, 50대 4.1점, 60대 4.8점이다.

논의하였다. 특히, 여러 요인들 중 정당 요인에 초점을 맞추어 정치적 양극화의 심화와 함께 강화된 정파성이 정치 정보 수준과 어떻게 상호작용하는지를 살펴보았다.

2014 한국의 지방선거에서는 정보가 상대적으로 많은 광역단체장선거 유권자들과 정보가 적은 광역의회, 기초단체장, 기초의회선거 유권자들은 투표 결정 요인에서 차이를 보였다. 광역단체장선거 유권자들은 정당, 이념, 지역주의에 집중적으로 의존하는 데 반해 다른 선거들에서는 이외에도 몇 가지 다른 요인들을 투표 선택 요인으로 이용하였으며, 특히 대통령 국정운영 평가라는 다소 쉽고 비용이 낮은 정보 요인에 의존하여 투표를 선택하는 경향이 있었다.

한편, 정보가 충분한 유권자들과 정보가 부족한 유권자들을 비교했을 때, 정보가 많은 광역단체장선거를 제외하고 상대적으로 정보가 부족한 나머지 세 선거에서 정보량에 따른 투표 결정 요인의 차이를 확인할 수 있었다. 상대적으로 정보가 많은 광역단체장선거에서는 유권자들의 투표 결정 요인에 있어서 정보량의 영향을 크게 받지 않는 것으로 나타났다. 그러나 그 외 선거에서는 정보가 충분한 유권자들은 정당 요인과 이념정향 위주로 투표를 결정하는 반면, 정보가 부족한 유권자들은 지역주의, 대통령 국정운영 평가 및 세월호 문제에 대한 야당의 대처, 그리고 기타 지역 이슈로 투표 결정 요인이 분산되고 있다. 특히, 투표 선택에 있어서 정당 요인의 영향력은 정보량의 차이에 따라 크게 달라지는 것을 알 수 있었다.

지역 이슈에 관해서는 광역단체장선거를 제외하고는 정보가 부족한 유권자들은 지역주거 문제에 더 관심을 가지고 이를 투표 선택에 이용하고 있으며, 정보가 충분한 유권자들에게는 복지 문제가 더 큰 영향을 미친 것으로 나타나, 정보가 충분한 유권자들이 보다 이념적·정파적으로 대립하고 있는 이슈의 영향을 더 많이 받고, 정보가 부족한 유권자들이 삶과 직접적인 연관이 있는 쉬운 이슈의 영향을 더 받는다는 것을 알 수 있었다.

마지막으로, 정보가 충분한 유권자들과 정보가 부족한 유권자들은 투표 결정 요인에서만 차이를 보이는 것이 아니라 후보자 선택에 있어서도 다르

게 나타났다. 특히 정보량이 매우 적거나 매우 많은 경우는 새누리당 후보
에 대한 지지가 매우 높고, 일반적으로는 정보가 많아질수록 새누리당 후보
에 대한 지지가 조금씩 낮아지는 경향을 보여 정치 정보량과 후보자 지지가
단선적인 관계가 아님을 보여주고 있다.

본 연구의 결과는 정치 정보가 많아질수록 정파적 선택이 증가되고, 정치
정보가 매우 충분해질 경우 그러한 정파성은 극단적으로 증가한다는 것을
보여주고 있다. 이는 정치 정보가 건전한 민주주의 과정의 필요충분조건이
라는 인식에 의문을 제기하게 만든다. 많은 경험주의 학자들이 정치 정보의
부족 및 불균등한 분포는 정치과정을 왜곡시키고 대의민주주의의 대표성을
해치는 요인으로 생각해 왔다. 정치 정보의 중요성은 유권자들이 자신의 필
요와 더불어 각 후보자의 정책이 자신의 필요를 얼마나 잘 충족시켜주는지
를 알고 후보자를 선택함으로써 합리적인 선택에 이르게 된다는 점에 있다.
정치 정보의 부족이 가져오는 정치적 선택의 결과에 회의적인 경험주의 학
자들과 다르게, 인지심리학자들은 이슈에 대한 인지가 없이도 다른 휴리스
틱들을 통해 충분히 합리적인 선택에 이를 수 있다고 주장해 왔다.

그러나 정치 엘리트들의 양극화와 유권자들의 정파성이 심화되어 가는
사회에서는 정치 정보의 보유가 반드시 정책 이슈에 대한 인지로 연결되는
것은 아니며, 정치적 단서나 휴리스틱을 이용하는 데 있어서도 정치 정보량
에 따라 크게 차이가 나지 않을 수도 있다는 것을 이 연구는 보여주고 있다.
정치적 정파성이 확대된 사회에서 유권자들은 정치 정보의 양에 관계없이
이슈 투표보다는 정당과 이념을 중심으로 투표를 하는 것으로 나타났다. 특
히, 정치 정보가 증가할수록 정파적 선택은 더욱 강화되었다. 이러한 결과는
유권자들이 어떤 요인에 투표하는가 하는 것은 '정당에 대한 확신'의 정도에
따라 달라진다는 배이징어와 래빈(2005)의 발견을 다시 한번 확인하는 결과
라 할 수 있다. 하지만 배이징어와 래빈의 경우는 정치 정보의 양과 관계없
이 정당 및 정당의 정책에 대한 확신만 있으면 정당 요인에 의존하여 정치
적 선택을 하게 된다고 말하고 있지만, 본 연구의 결과에 의하면, 정치 정보
가 많아질수록 정당을 비롯한 정파적 요인들에 의존하여 선택할 확률이 더

높아지는 것으로 나타났다. 즉, 정치 정보가 많아지면 정파성이 매우 증대되고 정당에 대한 확신이 커지게 된다고 할 수 있겠다.

이러한 현상은 우리사회의 미디어 환경과 매우 밀접하게 관련이 되어 있다고 할 수 있다. 정치 정보의 주요 소스의 대부분을 차지하는 대형 미디어 회사들이 이념적 극단성을 띠거나 특정 정파에 대한 지지를 노골적으로 나타내고 있는 경우가 많아 이 미디어들이 제공하는 메시지에 노출되는 유권자들의 정파성을 증대시키는 역할을 한다. 뿐만 아니라, 정치적으로 양극화된 사회에서 유권자들은 자신의 이념적 정향과 정파적 선호에 부합하는 미디어 메시지에만 선택적으로 자신을 노출시키는 경향이 있어 미디어에 노출되는 것이 새로운 정보를 수용하고 자신의 의견을 바꾸는 계기가 되는 것이 아니라 기존의 자신의 정치적 정향을 더욱더 강화시키는 역할을 하게 된다 (Prior 2010). 이러한 과정을 통하여 유권자들은 정치 정보를 획득할수록 정당과 이념 요인에 더 의존하게 되는 것이다. 더구나 정치 정보가 많은 사람들은 정보가 적은 사람들에 비해 엘리트 담론에 보다 깊은 관심을 가지는 경향이 있다(Zaller 1992). 따라서 정치 엘리트의 강한 양극화는 미디어의 정파적 담론과 함께 정보를 많이 가진 사람들을 더욱더 정파적으로 양극화시키는 역할을 하고 있다 하겠다.

캠벨 등(1960)이 지적했듯이, 정당은 유권자가 정책에 대한 정보가 없이도 선택을 할 수 있도록 하는 선택의 준거집단 역할을 한다는 의미에서 정치적 태도 형성과 선택 과정에서 매우 중요한 역할을 한다. 이념은 정보처리 과정에서 사용되는 정당보다 더 정교한 스키마 또는 휴리스틱으로서 이념에 의거한 선택은 오히려 건전한 선택으로 말하여지고 있다. 그러나 문제는 정치적 정파성이 강한 사회에서는 정당과 이념 요인만 부각됨으로써 정당과 이념 요인이 정책과 기타 이슈들에 대한 무관심 또는 일방적 의견을 조장하고 정치과정에서 일어날 수 있는 타협과 중화의 가능성을 감소시킬 소지가 있다는 점이다.

이러한 점에서 우리사회와 같이 정치 엘리트들의 양극화가 심화되고 미디어 또한 심각하게 정파성을 띠고 있는 경우 정치과정에서 나타나는 정치 정보의 역할에 대해 재고해볼 필요가 있다. 시민교육 기관이 별도로 있지 않은 채 대부분의 시민교육 또는 정치교육이 미디어를 통해 이루어지는 만큼 선택적으로 수집되는 정치 정보의 신뢰성에 문제를 제기하고 정보의 질을 향상시킬 수 있는 방안을 고민해 보아야 할 것이다.

본 연구의 결과는 한국에서의 지방선거가 중앙위주로 구조화되어 있는 정당 시스템과 정당 엘리트 간 대결구도를 그대로 재현하고 있으며 정치적 양극화와 정파성이 강화되어 갈수록 이러한 경향에서 벗어나기가 힘들 것이라는 것을 보여주고 있다. 양극단의 정치적 포지션으로 대립하고 있는 정치 엘리트 및 정당 구조, 지역주의 정당 체제의 강화, 대립구도를 심화시키는 선거 제도, 미디어 정파성의 심화와 왜곡된 미디어 시장 구조, 그리고 미디어에 의존하는 정치교육 등 제반의 문제가 해결되지 않고는 '진정한 지방자치의 실현을 위한 기제로서의 지방선거'라는 의미는 더욱 퇴색되어 갈 수밖에 없을 것이다. 우리 정치에 대한 심도 있는 평가를 통한 총체적인 변화와 함께 정치교육의 개혁에 대한 논의가 활발히 전개되어야 할 시점이라 하겠다.

【참고문헌】

이곤수·송건섭. 2011. "지방선거의 유권자 투표 선택, 정당인가 후보인가: 6.2 지방선거와 서울시의 사례." 『한국정책과학학회보』 15권 4호, 339-360.

이남영. 2011. "중앙정치 갈등의 표출로서의 지방선거: 지역, 이념, 정당갈등을 중심으로." 『평화학연구』 12권 4호, 219-240.

이성우. 2009. "한국 정치의 당파적 배열." 『민주주의와 인권』 11권 3호, 109-138.

이소영. 2011. "정치적 태도와 선택에 있어서 정치 정보의 영향: 18대 총선 유권자를 중심으로." 『현대정치연구』 4권 1호, 39-71.

황아란. 2013. "2000년대 지방선거의 변화와 지속성: 현직효과와 중앙정치의 영향." 『한국정치학회보』 47집 5호, 277-295.

Abramowitz, Alan, and Kyle Saunders. 1998. "Ideological Realignment in the U. S. Electorate." *Journal of Politics* 60(3).

Althaus, Scott L. 1998. "Information Effects in Collective Preferences." *The American Political Science Review* 92: 545-58.

Alvarez, R. Michael. 2001. *Information & Elections.* AnnArbor, MI: The University of Michigan Press.

Bafumi, Joseph, and Robert Y. Shapiro. 2009. "A New Partisan Voter." *Journal of Politics* 71(1): 1-24.

Bartels, Larry M. 1996. "Uninformed votes: Information effects in presidential elections." *American Journal of Political Science* 40(1): 194-230.

Bartle, John. 2000. "Political Awareness, Opinion Constraint and the Stability of Ideological Positions." *Political Studies* 48: 467-484.

Basinger, Scott J., and Howard Lavine. 2005. "Ambivalence, Information, and Electoral Choice." *American Political Science Review* 99(2): 169-184.

Campbell, Angus, Philip E. Converse, Warren E. Miller, and Donald E. Stokes. 1980. *The American Voter, Unabridged Edition.* Chicago: University of

Chicago Press.

Converse, Philip E. 1964. "The Nature of Belief Systems in Mass Publics." In David Apter, ed. *Ideology and Discontent.* New York: Basic Books.

Delli Carpini, Michael X., and Scott Keeter. 1996. *What Americans Know about Politics and Why It Matters.* New Haven: Yale University Press.

Druckman, J., J. Fein, and T. Leeper. 2012. "A Source of Bias in Public Opinion Stability." *American Political Science Review* 106: 430-54.

Fishkin, James S., and Robert C. Luskin. 1999. "Bringing Deliberation to the Democratic Dialogue: The NIC and Beyond." In Maxwell McCombs, ed. *A Poll with a Human Face: The National Issues Convention Experiment in Political Communication.* Mahwah, NJ: Lawrence Erlbaum.

Fiske, Susan T., and Shelley E Taylor. 1991. *Social Cognition.* McGraw-Hill, Inc.

Hamill, Ruth, Milton Lodge, and Frederick Blake. 1985. "The Breadth, Depth, and Utility of Class, Partisan, and Ideological Schemata." *American Journal of Political Science* 29(4): 850-870.

Iyengar, Shanto. 1990. "Shortcuts to Political Knowledge: The Role of Selective Attention and Accessibility." In John A. Ferejohn and James H. Kuklinski, eds. *Information and Democratic Processes.* Urbana: University of Illinois Press.

Jacoby, William G. 1986. "Levels of Conceptualization Reliance on the Liberal-Conservative Continuum." *The Journal of Politics* 48(2): 423-431.

_____. 1988. "The Impact of Party Identification on Issue Attitudes." *American Journal of Political Science* 32(3): 643-661.

_____. 1991. "Ideological Identification and Issue Attitudes." *American Journal of Political Science* 35(1): 178-205.

Key, V. O. 1996. *The Responsible Electorate: Rationality in Presidential Voting, 1936-1960.* Cambridge, Mass: Harvard University Press.

Lachat, Romain. 2008. "The impact of party polarization on ideological voting." *Electoral Studies* 27(4): 678-698.

Lau, Richard R., and David P. Redlawsk. 2001. "Advantages and Disadvantages of Cognitive heuristics in Political Decision Making." *American Journal of Political Science* 45: 951-971.

Lavendusky, Matthew. 2009. "Clearer Cues, More Consistent Voters: A Benefit of Elite Polarization." *Political Behavior* 32(1): 111-131.

Lodge, Milton, and Ruth Hamill. 1986. "A Partisan Schema for Political Information Processing." *American Political Science Review* 80: 505-520.

Lodge, M., and C. Taber. 2000. "Three Steps toward a Theory of Motivated Political Reasoning." In A. Lupioa, M. McCubbins and S. Popkin, eds. *Elements of Reason: Cognition, Choice, and the Bounds of Rationality.* Cambridge, New York: Cambridge University Press, 183-213.

Lupia, Arthur, and Mathew D. McCubbins. 1998. *The Democratic Dilemma: Can Citizens Learn What They Really Need to Know?* New York: Cambridge University Press.

Luskin, Robert C., James S. Fishkin, and Roger Jowell. 2002. "Considered Opinions: Deliberative Polling in Britain." *British Journal of Political Science* 32: 455-487.

McKelvey, R. D., and P. C. Ordeshook. 1985. "Elections with limited information: A fulfilled expectations model using contemporaneous poll and endorsement data as information sources." *Journal of Economic Theory* 36(1): 55-85.

Petty, Richard E., and John T. Cacioppo. 1986. "The Elaboration Likelihood Model of Persuasion." *Advances in Experimental Social Psychology* 19: 122-205.

Popkin, Samuel L. 1991. *The Reasoning Voter: Communication and Persuasionin Presidential Campaigns.* Chicago: University of Chicago Press.

Prior, M. 2013. "Media and Political Polarization." *Annual Review of Political Science* 16: 101-27.

Rahn, Wendy. 1993. "The Role of Partisan Stereotypes in Information Processing about Political Candidates." *American Journal of Political Science* 37: 472-96.

Rahn, Wendy. M., John H. Aldrich, Eugene Borgida, and J. Sullivan. 1990. "A Social-Cognitive Model of Candidate Appraisal." In *Information and Democratic Process* J. Ferejohn and J. Kuklinski, eds. Champaign-Urbana: University of Illinois Press.

Redlawsk, D. 2002. "Hot Cognition or Cool Consideration? Testing the Effects of Motivated Reasoning on Political Decision Making." *Journal of Politics* 64: 1021-44.

Schaffner, Brian F., and Matthew J. Streb. 2002. "The Partisan Heuristic in Low-Information Elections." *Public Opinion Quarterly* 66: 559-581.

Sniderman, Paul M., Richard A. Brody, and Philip E. Tetlock. 1991. *Reasoning and Choice: Explorations in Political Psychology*. New York: Cambridge University Press.

Stroh, Patrick K. 1995. "Voters as Pragmatic Cognitive Misers: The Accuracy-effort Trade-off in the Candidate Evaluation Process." In Milton Lodge and Kathleen M. McGraw, eds. *Political Judgment: Structure and Process*. Ann Arbor: University of Michigan Press.

Taber, C., and M. Lodge. 2006. "Motivated Skepticism in the Evaluation of Political Beliefs." *American Journal of Political Science* 50: 755-769.

Zaller, John R. 1992. *The Nature and Origins of Mass Opinion*. New York: Cambridge University Press.

제8장

지방선거의 온라인 참여:
정보제공, 대화, 집단화 그리고 의제 설정

조희정 | 이화여자대학교 경영연구소

I. 문제 제기

이 글은 2014년 제6회 전국동시지방선거(이하 2014년 지방선거)에서 나타난 온라인 참여 현실을 분석하고, 이를 통해 지방선거에서 온라인 참여가 지향해야 할 정치적 가치를 평가하고자 한다. 대선·총선·지방선거를 분기점으로 1990년대 후반부터 2014년까지 15여 년간 선거와 온라인 참여과정에서는 다음과 같은 특징이 나타났다.

첫째, 선거에서의 온라인 참여는 다양한 형태로 나타날 수 있다. 행위자의 참여도에 따라 참여를 유형화한다면 수동적인 입장에서 정보를 수용하거나 일방적인 공급자의 입장에서 정보를 제공만 하는 것이 첫 단계의 참여(informing, 선거정보습득 혹은 제공)이고, 그보다 조금 더 적극적인 태도로 유권자와 후보자 혹은 유권자와 유권자 간의 대화가 이루어지는 것(communicating, 유권자 간, 유권자-후보자 간 대화)을 더 나은 단계의 참여 유형으로 구분할 수 있다. 마지막으로 세 번째의 참여는 가장 적극적인 형태로서 새로운 정보를 생산하여 유통하고 그것을 선거결과나 정책에 반영하거나 (agenda-setting, 새로운 선거 의제 제시와 확산) 집단을 이루어 새로운 정치세력으로 영향력을 미치는 유형(networking, 지지그룹의 활동과 네트워크)이라고 할 수 있다. 이와 같이 '뉴미디어를 활용한 사회적 관여 활동'으로서 온라인 참여는 참여도의 정도와 범위에 따라 정보제공·대화·집단화/의제 설정의 세 가지 참여유형으로 나타난다. 국내 선거에서 온라인 참여의 역사는 20년이 채 되지 않은 일천한 상태이다. 선거 때의 중요 이슈 혹은 사건이 있을 때마다 세 가지 참여 유형이 모두 나타나기도 하고, 어느 한 유형의 참여가 두드러지게 발현되기도 한다.

둘째, IT 활용의 편차가 존재한다. 국내 선거에서 나타나는 온라인 참여는 다양했지만 대체적으로 이슈와 인물이 집중되는 대선에서 온라인 참여가 활성화되는 반면, 본래적 의미에서 풀뿌리 참여가 활성화되고 다양한 의제가 나타나야 할 총선이나 지방선거에서는 특정 지역에서만 참여 편중 현상이 나타난다. 이러한 편중 현상은 보편적인 차원에서 도농 혹은 수도권/비수도권 간 뉴미디어 활용도의 차이(digital divide)때문이라기보다는 우선 공급자로서의 후보자 부문에서 뉴미디어의 활용이 차이가 나기 때문이다. 즉, 보편적인 의미에서 우리나라는 IT강국이고 이제는 세대 편차나 지역 편차가 크게 나타나지 않지만 여전히 공급자로서 비수도권의 후보자들은 매우 적게 뉴미디어를 이용하기 때문에 오히려 공급자/수요자 편차가 크게 나타난다. 따라서 온라인 참여를 연구대상으로 오롯이 평가할 수 있을 정도의 풍성한 데이터는 대선에 비해 총선이나 지방선거에서 상대적으로 매우 적게 나타난다. 물론 후보자의 뉴미디어 활용 태도가 소극적이고 수세적이어서 정보가 적게 생산된다고 해도 유권자 스스로 적극적으로 후보자의 선거이슈를 온라인 공간으로 전달하는 것 또한 온라인 참여에서는 중요한 과제이겠지만 일단 지방선거에서 공급자로서 후보자의 소극적인 정보 생산, 매스미디어의 중앙 이슈 혹은 거대 이슈 중심의 의제 설정은 온라인 참여가 풍성하게 나타나기 어려운 제약 요인으로 작동하고 있다.

셋째, IT활용 편차가 제약 요인으로 작동한 결과, 세 가지 유형의 온라인 참여가 활성화되는 상황임에도 불구하고 온라인 참여가 지방선거에서 가질 수 있는 본래의 의미는 여전히 과제로 남아 있다. 즉, 저비용 고효율의 정치적 성과를 기대할 수 있는 온라인 공간에서 풀뿌리 민주주의를 강화하고 다양한 온라인 정치정보 소외(혹은 무관심)계층을 온라인 공간으로 끌어들여 풍부한 정보생산, 대화, 집단화, 의제설정이 여전히 미진한 상태라는 한계를 극복해야 한다는 것이다.

지방선거만을 따로 놓고 보자면 2006년 제4회, 2010년 제5회, 2011년 재보선 정도의 단 3회만의 온라인 참여 경험이 나타난 상태이기 때문에 지방선거와 온라인 참여를 논의하기 위한 비교 자료는 풍부하지 않다. 여기에는 매 선거마다 같은 내용의 질문으로 의식조사를 하여 연구결과가 축적되어야 비교가 가능하다는 한계 역시 존재한다. 다른 일반적인 유권자 의식조사에 비해 온라인 사용자만을 위한 의식조사 혹은 온라인 이용의 특징을 분석한 온라인 중심의 유권자 의식조사는 매우 미진한 상태이다.

이 글은 지방선거에서의 온라인 참여는 대선이나 총선에서의 그것과는 다른 지향점(풀뿌리 민주주의의 활성화)이 있다는 문제의식을 전제로 후보자나 유권자의 참여현황을 평가하고 향후 지방선거의 온라인 참여 발전이나 분석을 위해 보완되어야 하는 부분을 제시하고자 한다. 글의 구성은 다음과 같다. 먼저 제2절에서 온라인 참여에 대한 이론적 성과를 중심으로 유형별 연구대상과 특징을 제시하였다. 세 가지 유형의 다양한 발현이 있었으며 그에 따라 기존 연구도 세 가지 유형의 어느 한 유형의 효과를 분석하거나 한계를 제시하는 방향으로 진행되었으며, 이 글에서는 각 유형별 주목해야 하는 참여유형의 실제를 알아보고자 하였다.

다음으로 제3절에서는 2014년 제6회 지방선거에서 나타난 참여를 세 가지 유형을 중심으로 정리하여 각 유형별 참여도만을 평가하였다. 이는 과정 중심의 온라인 참여 분석을 중심으로 후보자와 유권자 그리고 미디어의 참여상황을 평가하는 객관적인 정보로서 가치가 있다.

제4절에서는 일반적인 온라인 참여의 쟁점과 비교하여 2014년 지방선거

의 온라인 참여에서 나타난 쟁점을 재평가하였다. 관여도의 활성화, 자율성 촉진, 의제설정력 강화, 규제의 참여위축효과와 같은 쟁점을 중심으로 2014년 지방선거에서의 온라인 참여를 평가함으로써 현재 온라인 참여의 수준과 과제를 정리하려는 작업이었다.

  마지막으로 결론에서는 문제제기에서 밝힌 바와 같이 각 유형별로 나타난 온라인 참여의 과제를 분석하여 향후 지방선거 온라인 참여에서 보완되어야 하는 부분을 제언하는 것으로 마무리한다.

Ⅱ. 온라인 참여 연구의 특징[1]

  온라인 참여의 내용과 효과에 대해서는 현재에도 논란이 진행되고 있다. 온라인 참여의 자발성·연결성·속도성을 중심으로 보면 온라인 참여야말로 소외되었던 유권자의 자발성이 온라인이라는 무제한의 공간과 연결되어 급속히 확대되는 대안적 잠재력이 큰 것으로 평가되지만, 한편으로는 극단성·파편성·조작성 등의 부정적 측면 때문에 선거운동에 부정적인 영향을 미친다고 평가되기도 한다. 뉴미디어 등장에 따른 긍정·부정적 측면이 혼재되어 나타날 수밖에 없는 불가피성을 고려한다 해도 긍정적 측면과 부정적 측면의 어느 한 측면에 주목하는가에 따라 전혀 상반된 평가를 보일 수도 있는 것이다. 이와 같은 이분법적인 편향을 극복하기 위해서는 온라인 참여에 대한 타당한 가설과 경험적 논증이 좀 더 보완되어야 한다는 과제를 가지고 있다.

  초기의 온라인 참여에 대한 논의구조는 뉴미디어가 정치과정을 변화시킬 것인가 혹은 변화시키지 않는가라는 긍정론과 낙관론, 정상화 가설과 변화

---

1) 조희정·신경식(2014), pp.123-126.

가설, 공급자 혹은 수용자 분석 중심의 이분법적·편향적·기능적인 관점과
방법을 취했다. 그러나 미디어가 다변화하고 다양한 정치현상이 등장하면서
이제는 어느 한쪽의 변화가 아닌 다양한 변화의 유형과 변화의 효과에 대한
실제적인 양적·질적 변화를 분석하여 논증하는 양태로 전환되고 있다.

〈표 1〉 정치참여 유형과 온라인 정치참여에 대한 주요 의제

구분	주제
정보 제공	• 소셜 미디어 정치정보 이용의 투표 참여 효과
	• 후보자의 뉴미디어(홈페이지, 블로그, 트위터, 페이스북) 활용 효과 - 광역과 기초단체장간 정보 격차, 서울과 지역 후보간 이용도의 정보 격차
	• 트위터의 후보자 스토리텔링에 대한 영향
	• 정치 패러디 활성화 등 정치 표현의 민주화 - 문화·감성 정치의 확산
대화	• 후보자와 유권자 간 쌍방향 소통성 증가 - 정당이나 후보자의 반응성 중요
집단화	• 롱테일 참여효과 - (엘리트가 아닌) 대중의 참여 효과
	• 사회자본, 교량형 자본(bridging capital)의 정치신뢰도에 대한 영향 - 네트워크 구조에서의 신뢰도와 연결의 중요성
	• 티파티, 해적당과 같은 새로운 수평형 정치 조직 출현 - 수직적 정치구조에서 수평적 정치구조의 확산으로
	• 정치인 팬클럽의 지지자 네트워크 효과 • 정치 커뮤니티의 동원효과 및 분극화
	• 소셜 펀드(정치인 펀드)의 동원효과 - 네트워크에서의 물적 자원 결집 효과
의제 설정	• 블로그, UCC, 팟캐스트, 인터넷 언론 등의 정치 의제 생산 - 매스미디어보다 강력한 대안 미디어의 힘
	• 정치(선거)공론장 형성 효과 - 정치담론 확산
	• 참여 독려 캠페인과 투표 인증샷 릴레이의 세대 투표 상승 효과 - 제도화가 아닌 비제도화된 의제설정 방식과 참여 효과

* 자료: 조희정·신경식(2014, 126)

선거나 정치참여에 대한 기존 연구에서 중요 관심사는 독립변수로서 뉴미디어라는 새로운 기술이 종속변수로서 다양한 정치변화에 영향을 미치는가 하는 부분이다. 이러한 주장을 논증하기 위한 연구경향은 관여도에 따라 정보제공·대화·집단화·의제설정 부문으로 구분할 수 있다. 즉, 초기 단계에서 정보제공만 이루어졌다면, 다양한 정보를 습득한 그 다음의 단계는 대화가 활성화되는 단계이며, 대화의 활성화는 집단 형성이 활발해지는 단계로 이어지고 집단의 활성화 속에서 여러 가지 새로운 의제가 등장한다는 모델이 그것이다. 물론, 이와 같은 유형은 시계열적으로 나타난다기 보다는 정치문화나 정치적 조건의 성숙도에 따라 중첩되어 나타나기도 하기 때문에 이념형적인 구분이라고 할 수 있다.

첫째, 정보제공 측면에 중점을 두는 연구는 홈페이지에서의 정보제공의 규모, 후보자나 유권자의 트윗 내용, 낙천낙선운동과 같은 새로운 형태의 정보제공방식, 정치 패러디 활성화 등이 야기하는 정치 표현의 민주화 효과, 소셜 미디어 이용의 투표 참여 효과 등에 주목한다(류철균·이주희 2011; 박창문·조재욱 2010; 이동훈 외 2011; 이준한 2006; 장덕진 2011; 장우영 외 2010; 조희정 2010; 최민재 외 2013; 최운규 외 2013; 하세헌 외 2010; 홍주현 외 2011). 뉴미디어 효과에 대한 연구 가운데 가장 많은 연구가 이루어지기도 한 정보제공에 대한 연구는 뉴미디어의 새로운 정보제공 규모, 정보제공 경로, 정보제공 내용, 정보제공 방식, 정보제공 미디어, 정보 유통구조, 정보습득 효과에 주목함으로써 기존의 매스미디어나 단절된 공간에서는 기대하기 어려웠던 다양하고 신속한 정보제공기능을 높게 평가하는 것이다.

둘째, 대화 유형에 대한 연구는 현실 공간에서 만나기 어려운 정치인에 대한 친근감 효과, 유권자 간 자유로운 정치 대화, 대화를 통해 (일방향이 아닌) 쌍방향 소통성 증가 여부를 측정하는 것이 중심이며 대화의 규모나 빈도가 많이 이루어짐으로써 정치참여주체에 대한 신뢰도나 정치적 효능감이 증가할 수 있다는 것에 주목한다. 특히 정치적 효능감에 있어서는 뉴미디어의 최대 수혜자라고 할 수 있는 젊은 세대가 정치적 무관심에서 정치적 관심과 효능감이 높아지는가에 주목한다.

셋째, 집단화 유형에 대한 연구이다. 다양하게 정보를 습득하고, 다양한 정치대화의 소통성이 증가하다 보면, 같은 정보를 공유하거나 정보 수요가 높은 유권자들은 집단을 형성하게 된다. 여기에는 노사모, 박사모와 같은 정치인 팬클럽도 있고 일베나 삼국 카페 및 여러 정치적 온라인 커뮤니티, 티파티(Tea Party), 해적당(Pirate Party), 무브온(MoveOn)과 같은 새로운 수평적 정치조직도 포함된다. 집단화된 정치세력은 신속하고 광범위한 네트워크를 작동시켜 대중동원효과를 거두기도 하며, 주목받지 못하는 개개인이지만 소수의 집결에 의해 롱테일(long-tail) 참여효과를 거두기도 한다(Chris Anderson 2006). 과거의 조직이 권위적이고 수직적·단절적이었다면 온라인 공간에서 형성되는 정치조직은 민주적·수평적 그리고 언제나 연결되어 있다는 것이 가장 큰 장점으로 평가된다. 한편, 인적 자원의 연결에 의한 네트워크 효과가 정치세력화로 이어질 경우, 득표율 상승이나 소셜 펀드와 같은 물질적 자원의 동원으로 전환될 수도 있다. 따라서 집단화 유형에 대한 연구에서는 새로운 집단이 나타났는가, 많은 사람이 새로운 집단에 참여하고 있는가 그리고 이들이 새로운 정치 세력이 되었는가에 주목한다.

넷째, 의제 설정은 정치 효과면에서 가장 의미있는 참여유형으로 평가된다. 새로운 정치적 의견 제시, 자유로운 의제 설정은 정치 구조 변화의 핵심 요소이기 때문이다. 블로그나 팟캐스트와 같은 1인 미디어를 통해 매스미디어에서 알려지지 않은 새로운 의제와 생활 의제를 지속적으로 생산하고 투표 인증샷 등을 게시하여 투표 독려[2]를 하는 것은 새로운 참여유형으로서 우리나라 온라인 참여에서 가장 활성화된 부분이기도 하며 기존의 매스미디어가 아닌 대안 미디어의 위력으로 나타난 부분이기도 하다.[3]

---

2) 박창문·조재욱(2010); 이동훈(2010) 참조.

3) 2012년 대선에서야 투표독려 운동이 활성화된 미국에 비하면 우리나라의 경우는 2년이나 먼저 그 방법이 매우 활성화되어 나타났으니 가히 세계 최초이자 최고라고 평가해도 무방한 것이 바로 이 투표독려운동이다.

Ⅲ. 제6회 지방선거 온라인 참여의 특징

2014년 제6회 지방선거에서는 기존에 진행된 참여유형이 다양하게 활성화되었다기보다는 정보제공유형이 여전히 강력한 수준에 머물러 있고, 그 외 유형별로 조금씩 편차가 나타났으며 이후의 선거에서나 심화를 기대할 수 있는 수준 정도에 머물러 있다.

〈표 2〉 2014년 제6회 지방선거에서의 유형별 온라인 참여 현황

구분	2014년 이전 참여유형	2014년 지방선거 참여유형
정보 제공	• 후보자의 홈페이지 · 이메일 · 블로그 홍보 • 시민단체의 낙천낙선 운동을 통한 정보제공 • 후보자의 인터넷 광고 • 유권자의 정치 패러디	• 웹툰, 뮤직 비디오, 패러디 − 후보자 공급형 콘텐츠(contents) 제공 − 유권자 눈높이에 맞춘 이미지 홍보 − 만화 정책 홍보('원혜영의 버스 공영제 이야기') − 원순 TV와 같은 동영상 정보 제공 − 티브로드, 유스트림 연설 방송 중계 등 동영상 정보 제공 • 소셜 미디어 − 트위터, 페이스북, 카카오스토리에서의 홍보 − 소셜 미디어 출마 선언 − 가족의 소셜 미디어 폭로(고승덕) 혹은 지원 (조희연) • 모바일 − 앱(김부겸, 김영춘, 김진표, 윤진식, 이강덕, 이시종, 이홍수) − 메신저(밴드, 카톡)
대화	• 후보자와 유권자 간 대화 • 유권자 간 대화 • 게시판에서의 정치 토론	• 모바일 앱 − 새누리당 '응답하라 시장님'
집단화	• 수평형 정치조직 • 후보자 팬클럽	• 페이스북 팬 페이지 − 지지자, 페친 · 트친 · 카친 동원 − 좋아요(likes) 조작 • 소셜 펀드 − 선거 펀드('신영수 희망열쇠 펀드'[4])

의제 설정	• 블로그 등 1인 미디어, UCC, 인터넷 언론, 팟캐 스트의 의제설정	• 인포그래픽스 - 비주얼 다이브, 뉴스 젤리 등 그래픽을 활용한 정책정보 제공 • 공약 - 레이니스트 공약 블라인드 테스트 • 투표 독려, 투표 인증샷 - 다이노스 야구단 표 지급 - 페이스북 투표인증(I'm a Voter) 서비스 - 미디어 다음 투표 인증샷 • 팟캐스트 - '그것은 알기 싫다'

* 자료: 조희정·신경식(2014), pp.131-132을 참고하여 재구성

1. 정보제공

먼저 정보제공유형에서는 과거처럼 홈페이지·블로그·이메일을 통한 일방적인 홍보보다는 이미지·동영상·소셜 미디어 중심의 좀 더 적극적인 홍보나 출마선언으로 변화하는 상황이다. 선관위는 현직 후보자의 경우, 의정활동보고 제한기간(2014년 3월 6일~6월 4일) 중이라 하더라도, 홈페이지, 게시판, 대화방, 이메일, SMS, SNS를 이용해 의정활동 내용을 전송하는 것은 가능하다고 밝혔기 때문에 온라인 정보제공이 다른 어떤 유형보다 더욱 활성화된 측면이 강하게 나타났다.

이동성이 강한 모바일 앱(Application)의 경우 안드로이드 마켓에서 135개의 앱이 제공되었지만 대부분 후보자가 독자적으로 만든 앱이라기보다는 선거홍보업체에서 일괄적으로 만드는 앱이 다수였기 때문에 앱의 표지그림이 거의 같아서 누구의 앱인지 구분하기도 어렵도록 불성실하게 제공되었다. 후보자별 콘텐츠 차별성이 거의 나타나지 않았는데, 오히려 모바일 앱보

---

4) http://fund.sysgood.co.kr

다는 밴드나 카카오톡과 같은 모바일 메신저를 통한 다소 폐쇄적인 그룹 홍보나 직접 메시지 전달에 주력하는 경향을 보였다. 선거정보제공매체로서 모바일 앱의 기능은 거의 기대하기 어려운 수준이었던 것이다.

한편, 긍정적인 정보제공 혹은 후보자에 대한 홍보 외에 박원순 서울시장 후보의 경우는 네거티브 신고센터[5]를 통해 온라인 네거티브 URL를 접수하고, 캡처(capture)한 이미지를 이메일로 신고받는 네거티브 정보수렴방식으로 정보제공형 선거운동을 실시하였다. 이와 같이 네거티브에 대한 단순 해명 차원을 넘어 적극적인 네거티브 정보 수집 등의 대응방식은 2008년 미국 오바마 대통령 후보의 선거운동에서부터 활성화된 방식으로 네거티브 정보가 필연적으로 발생할 수밖에 없는 선거운동 구조에서 중요한 정보제공유형으로 나타날 것이다. 네거티브를 단지 흑색선전 마타도어쯤으로 거의 제대로 평가하지 않고 외면했던 이전 상황에 비한다면 네거티브 정보 분석 혹은 네거티브 정보수렴을 통한 지지자 결집 효과 역시 주목해야 할 하나의 대상이 되었다. 이번 선거에서 나타난 또 하나의 네거티브 정보 생산 주체는 '가족'이었다. 2014년 지방선거 직후, 재보선에서도 나타난 바와 같이 (고승덕 후보나 조희연 후보 사례처럼) 가족의 소셜 미디어 발언의 중요성이 최초로 사회적 주목을 받았다.[6] 후보자나 유권자에 비해 주목받지 않았던 후보자의 가족이 중요한 정보제공자로 등장하게 된 것이다.

2. 대화

소셜 미디어 공간의 빅데이터를 분석한 자료에 의하면 2014년 4월의 세월호 사건 직후 온라인 공간에서는 사건 최초 1주일간 하루 35만 건의 글이

---

5) https://docs.google.com/forms/d/1hSMJyLUGbA7TFroGZOAHJ2ieub-1XMOk-O4K cKB7E6I/viewform

6) 2014년 5월 31일 고승덕 서울시 교육감 후보의 딸이 페이스북에 올린 폭로글은 고 후보의 패인으로 평가된다.

올라왔지만 선거 국면에 들어서서는 사전투표나 후보자에 대한 글이 급격히 늘어났다. 인물 언급량에 있어서도 5월 21~27일까지 박원순 서울시장이나 고승덕 서울시 교육감 후보에 대한 관심이 높게 나타났으며, 주요 이슈의 경우 5월 29일 하루 동안 사전투표에 대해 1만 건 이상의 트윗(tweet)이 생성되었다. 이후에 이루어진 연구에서도 2014년 1월 1일부터 6월 3일까지의 지방선거 언급량을 분석하였는데 총 1,100만 건을 기록했으며 특히 서울을 중심으로 5대 광역시에서 특히 많은 선거 관련 언급이 읽어났음을 밝히고 있다. 이 가운데에는 각 후보자들과 직접 관련된 트윗이 100만 건 포함되어 있으며, 여야 간 트위터 언급량의 격차로 줄어들고 있다고 밝히고 있다.[7]

　선거 관련 트윗과 세월호 관련 트윗의 특성을 비교해보면, 세월호 사건 이후에는 선거에 대한 언급과 안전 공약이 증가하였다(〈그림 1〉 참조). 또

〈그림 1〉 선거운동 기간 동안 대화의 상위 키워드

* 자료: 코난 테크놀로지 펄스K(http://bit.ly/1gYJ3kZ)

---

7) 트위터 코리아(2014년 6월).

한 선거 관련 트윗은 박원순 후보, 투표 이슈를 다루었던 방송 프로그램 '무
한도전'에 대한 언급, 정몽준 후보에 대한 언급이 고르게 분포되었고, 세월
호 관련 트윗의 경우 사건과 책임자에 대한 특정 키워드 몰림 현상이 강하
게 나타났다. 결국 세월호 사건 때문에 선거에 대한 국민들의 관심이 낮을

〈그림 2〉 서울시와 광역시장 후보의 트위터 언급량

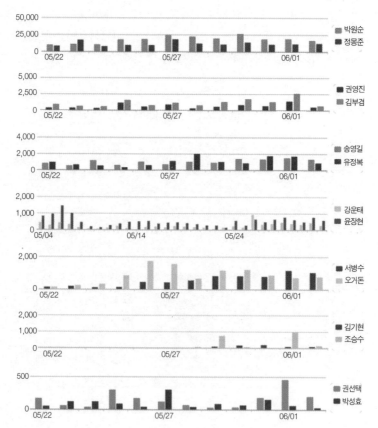

기간: 2014.5.22~6.3

* 자료: http://www.choice2014.co.kr

것이라는 예상이 있었지만 국민들은 다양한 시선으로 선거를 바라보았다는 것이다.[8]

다음으로는 트위터 공간에서 서울시와 광역시장 후보자에 대한 언급량을 비교하였다. 역시 서울시장 후보에 대한 언급량이 다른 지역에 비해 월등하게 많았고, 그 다음이 대구, 인천, 광주, 부산, 울산, 대전순으로 나타났다. 이와 같은 차이는 지역 규모에 따른 격차라기보다는 서울과 비서울의 격차 혹은 정치적 관심도에 따른 대화양의 격차라고 평가할 수 있다. 소셜 미디어상의 대화는 과거와 마찬가지로 지역 편중 현상, 특히 광역시 중심의 도시 편중 현상이 강하게 나타나 다양한 지역에서 다양한 주제의 대화가 이루어진다기 보다는 여전히 지역별 정보 격차가 존재하고 있는 것이다.

3. 집단화

2014년 지방선거에서 나타난 가장 특징적인 집단화는 모바일 메신저를 이용한 지지 호소, 페이스북 팬페이지를 활용한 지지자 동원, 2012년 총선과 대선에서도 활성화된 바 있는 네트워크형 정치자금 모금 방법으로서 소셜 펀드가 시도되었다는 것이다. 즉, 전면적으로 팬클럽이 나타나는 과거의 집단화 방식보다는 트위터 팔로어(follower), 카카오톡 친구, 페이스북 친구를 인위적으로 늘리기 위한 과도한 경쟁이 이루어졌다.

일례로 페이스북 팬페이지의 경우는 일부 후보의 '좋아요(likes)'가 갑자기 특정 국가에서 80% 정도로 나타나는 등 인위적인 조작의 의혹이 나타나기도 했다.[9] 더구나 2012년 댓글 공작논란에 대한 우려가 제시되던 상황이니만큼 트위터뿐만 아니라 페이스북에서도 자연스러운 정보제공, 대화가 아

---

8) 코난 테크놀로지 펄스 K(http://bit.ly/1gYJ3kZ).

9) 페이스북 팬페이지 분석 툴인 팬페이지카르마(http://www.fanpagekarma.com)를 통한 후보 분석(2014년 5월 31일).

닌 인위적인 인기도 조작의 가능성이 제기되었던 것이다.

4. 의제 제시(매니페스토)

투표 인증샷이나 투표 독려 메시지 게시 등과 같은 행위는 정보제공이나 집단화 유형이라기보다는 투표하자라는 가장 기본적인 참여의제를 제시하고 확인하는 의제제시유형의 참여라고 볼 수 있다. 2014년 지방선거에서도 과거처럼 온라인 공간에서 수많은 투표 인증샷과 투표 독려 행위가 진행되었다. 페이스북은 '나는 유권자다(I'm a Voter)'라는 서비스를 제공하여 투표 인증자를 알리고 투표 인증 친구수 및 전체 투표 인증수를 게시하는 별도의 서비스를 제공하였으며, 포털 다음(Daum)의 투표 인증샷 서비스[10]에는 3,238명의 인증샷이 게시되기도 하였다. 트위터 공간에서 2014 지방선거 관련 투표 독려 해시태그는 '#LetsVote0604'를 사용하였다. 그중에서도 트위터 사용자 난다요(@vvippower)는 영화 '엑스맨 데이즈 오브 퓨처 패스트'를 패러디한 투표 독려 영상을 트윗해 인기를 끌었는데, 투표율 저하로 선거가 사라진 50년 후 미래에서 온 주인공이 한 번도 투표를 하지 않은 50%의 국민들을 설득한다는 내용으로 재미를 주면서 동시에 투표를 해야겠다는 공감을 이끌어냈다.[11]

콘텐츠 형식으로 보았을 때, 이미지의 경우 데이터 시각화를 통한 스토리텔링(Storytelling) 기법으로 보여주기 위한 시도들이 많이 나타나 인터렉티브 인포그래픽(Interactive Infographics)과 같은 시각적인 콘텐츠로 제공되었는데, 비주얼 다이브[12]와 뉴스젤리[13] 등은 인포그래픽스 뉴스 서비스를 본격적으로 제공하였다.

---

10) http://media.daum.net/election2014/vote/photoshot
11) 트위터 코리아(2014.6.4).
12) http://www.visualdive.co.kr
13) http://newsjel.ly

〈그림 3〉 인터랙티브 선거정보 뉴스 서비스 '뉴스 젤리'

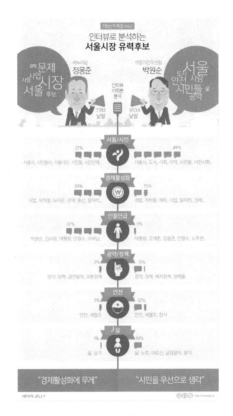

* 자료: http://newsjel.ly/issue/election2014_seoul2

특히 데이터커뮤니케이션 그룹 뉴스젤리가 운영하는 '선택 2014, 당신의 선택을 응원합니다' 서비스는 2014년 5월 30일부터 서비스를 시작하여 그래픽을 클릭하면 지역별 재정건전진단서 정보 및 도지사·도의원·교육감 후보자 정보로 연결되고 페이스북, 트위터, 구글플러스 등 소셜 미디어와도 공유할 수 있도록 서비스하였다. 서비스는 온라인 공간에서 나타난 후보자에 대한 관심도 지수(BAI), 신뢰지수(BTI), 매체총노출지수(BVI) 등을 중심

〈그림 4〉 참여연대의 의정활동기록 서비스

국회의원 출신 시도지사 후보자 / 출마 지역

1. 정몽준 / 서울특별시장
2. 김진표 / 경기도지사
3. 남경필 / 경기도지사
4. 송영길 / 인천광역시장
5. 유정복 / 인천광역시장
6. 최문순 / 강원도지사
7. 강운태 / 광주광역시장
8. 이낙연 / 전남도지사
9. 원희룡 / 제주도지사
10. 권영진 / 대구광역시장
11. 김부겸 / 대구광역시장
12. 김기현 / 울산광역시장
13. 조승수 / 울산광역시장
14. 홍준표 / 경남도지사
15. 서병수 / 부산광역시장

* 자료: http://www.peoplepower21.org/Politics/1163419

으로 광역단체장과 교육감 후보의 활동을 비교분석하였다.[14] 한편, 뉴스 젤리의 서비스는 기존 포털이나 앱에서 제공하는 선거후보 정보와 달리 전국

---

[14] 그러나 서비스 분석에서 높은 지수를 나타낸 후보가 반드시 당선된 것은 아니었다.

지도 기반의 그래픽을 제공함으로써 사용자들이 보다 시각적으로 지역 정보에 접근하여 자신의 선거구 후보 정보를 확인할 수 있으며, 후보자 정보뿐만 아니라 각 지역의 4년간 재정 상태를 종합적으로 평가한 재정건강진단서를 함께 제공하면서 유권자의 선택을 지원하였다.

레이니스트[15) 서비스는 선관위 정책공약 알리미에 올라온 5대 공약을 바탕으로 공약 블라인드 테스트 서비스를 제공하였다. 공약 블라인드 테스트는 각 정책에 대한 의견을 체크하면 정책 항목별로 적합한 후보를 매치하여 보여주는 서비스로서 2012년 대선에서도 활용된 바 있다. 반면, 후보자 외 시민사회에서는 참여연대의 의정활동기록[16) 서비스가 참고정보를 제공하는 정도에 그쳤는데, 과거와 같은 낙천낙선운동이나 바로 직전의 2012년 제19대 총선에서와 같은 적극적인 공약 알림 서비스는 활성화되지 못했다. 또한 선관위의 정책공약 관련 온라인 서비스는 활성화되어 가는 데 비해 유권자의 판단을 돕기 위한 정책 정보알림 서비스는 매우 줄어들고 있다는 특징이 나타나고 있다.

모바일에서의 가장 강력한 의제설정도구인 팟캐스트는 '그것은 알기 싫다'[17)와 정의당의 '정치다방(현재는 노(회찬)유(시민)진(중권)의 정치카페로 변경)'[18) 정도가 가장 유명했는데, 2012년 10월 11일에 시작한 시사 팟캐스트 '그것은 알기 싫다'는 '지방선거 데이터 센트럴'을 통해 5월 한 달 동안 18회에 걸쳐 지역별 후보자를 소개하고 논평을 제공하였으며, '정치다방'은 선거기간동안 6편 방송되었는데, 노회찬, 유시민, 진중권과 같은 정치인과 논객이 참여하는 선거 팟캐스트로 관심을 받았다. 그러나 아이튠즈에 200여 개의 뉴스 및 정치 팟캐스트가 존재함에도 불구하고 과거의 '나는 꼼수다'나 '이슈 털어주는 남자'와 같은 압도적인 인기를 누리는 선거 팟캐스트는 등장

---

15) http://www.rainist.com
16) http://www.peoplepower21.org/Politics/1163419
17) https://itunes.apple.com/kr/podcast/id570067454
18) https://itunes.apple.com/kr/podcast/noyujin-ui-jeongchikape/id881265770

하지 못했다.

IV. 온라인 참여의 쟁점과 과제

1. 일반적인 온라인 참여의 쟁점[19]

2010년부터 심화된 온라인 선거운동 유형을 중심으로 전체적으로 평가해 보면, 미디어에 있어서는 트위터에서 페이스북이나 모바일의 위력이 점차적으로 강해지고 있으며, 네트워크의 개방성이나 네트워크 효과를 활용하기보다는 모바일 메신저와 같은 폐쇄적 연결에 주력하는 반동적 경향이 나타나고 있다. 자유로운 표현과 규제의 갈등이 명확하던 과거에 비해 조작이나 감시와 같은 잠정적 규제가 심화되고 있는 상황에서 온라인 공간 활용에 대한 두려움과 불신이 강화되는 조짐이 나타나고 있는 것이다. 한편, 온라인 정치가 활성화된 1997년 PC 통신 선거운동 시점부터 2014년 현재까지 17여 년간의 주요 선거에서 온라인 공간을 통해 표출된 주요 참여유형과 이에 대응하는 제도적 쟁점은 〈표 3〉과 같다.

17여 년의 온라인 선거운동시기는 각기 특징적 참여유형이 나타나는 시기를 기점으로 도입기(1997~2001년), 전개기(2002~2009년), 심화기(2010~2014년 현재)로 구분할 수 있는데, 도입기에는 다양한 참여유형이 등장하거나 제도가 무르익기보다 일종의 실험적 시도가 많이 나타나고, 웹(web) 기반이라기보다는 제한된 온라인 공간으로서 PC통신 활용이 주를 이루었던 것이 특징이다. 다음으로 전개기는 현재와 같은 온라인 참여의 전형이 마련된 시기로서, 이 시기가 되어서야 인터넷이 보편화되고, 여러 가지 참여시도

---

19) 조희정·신경식(2014), pp.127-131.

〈표 3〉 온라인 선거운동의 참여유형과 쟁점(1997~2014년)

구분	지방선거	쟁점	총선/대선	쟁점
도입기	-	-	1997년 15대 대선 (PC통신 정치토론방, 사이버대선후보 토론회)	• 1996년 규제 시작(선거사범: 18건) • 최초로 정보통신망 선거운동 허용 • 컴퓨터 통신을 이용한 선거운동 규제
	-	-	2000년 16대 총선 (홈페이지, 낙천낙선운동, 이메일)	• 홈페이지 내용 규제 • 이메일 선거운동 해석 문제 • 최초의 인터넷 불법선거운동 단속
전개기	2002년 제3회	-	2002년 16대 대선 ((진보/보수) 온라인커뮤니티, 노사모 등 팬클럽, 인터넷 언론, SMS)	• 인터넷 토론회 규제 • SMS 규제
			2004년 17대 총선 (패러디, 어록, 투표부대, 정치인 팬클럽)	• 온라인 선거규제 본격화 (반면, 미디어 선거운동 허용 조항 대거 신설) • 인터넷 보도심의위원회 설치 • 사이버선거부정감시단 설치 • 무차별 이메일 전송 금지 • 인터넷 실명제 실시 • 인터넷 언론 및 포털 규제 • 패러디 규제(네티즌 1,170명 입건, 1996년에 비해 65배) • 인터넷 범죄 전담 수사반, 정보통신망 이용 선거 운동 규제
	2006년 제4회 (홈페이지, 이메일, SMS, 인터넷 광고, UCC, 미니홈피, 투표 참여 패러디, 정치인 팬클럽)	• 포털을 인터넷 언론 범주에 포함(인터넷 언론을 최초로 정의) • 인터넷 실명제	2007년 17대 대선	• UCC 선거운동 규제 • 표현의 자유 위축
			2008년 18대 총선	• 국가인권위원회의 UCC 규제 개선 권고(2009년)

심화기	2010년 제5회 (트위터 여론조사, 투표 독려, 홈페이지보다 블로그 홍보, 인터넷 언론)	• 최초로 트위터의 정치적 영향력 논의 시작 • 트위터 투표독려 규제(선거법 제93조, 230조) • 투표율 증가 효과(54.5%) • 트위터 여론조사 규제	–	–
	2011년 재보궐 (트위터, 투표 인증샷(투표 독려), 투표소 속보, 정치인 소셜 펀드, 동영상 이용 활성화, 모바일 앱(LBS))	• 헌법재판소의 공직선거법 한정 위헌 판결 (12월 19일) • 소셜 미디어 규제 • 투표율(57%)	2012년 19대 총선 (빅데이터 분석, SNS 여론조사, 카카오톡 선거운동, 소셜 펀드, 팟캐스트(나꼼수), 페이스북 사용 급증, 소셜 댓글, 투표 독려, 투표 인증샷, 리멤버뎀, 개념시민, 열려라 국회)	• 인터넷에 후보자 비방글이나 허위사실 30회 이상 게시 규제(1월 17일) • 온라인 선거운동 전면 허용 (규제 완화, 2월 29일) • 소셜 댓글 실명제 적용 • SNS 여론조사 제한 • SNS 지수를 반영한 정당 공천
			2012년 18대 대선 (카카오톡, 페이스북 페이지)	• (알바, 십알단 등)댓글 공작, 플랫폼 무력화 전략

* 자료: 조희정·신경식(2014), pp.127-128

가 활발하게 전개된 시기이다. 이어서 심화기는 이른바 소셜 미디어 참여의 시대로서 규제와 참여가 모두 활성화되면서 갈등하고 온라인 공간을 누가 선점하고, 어떤 아이디어를 제시하는가와 같은 질적 경쟁과 갈등의 시대였다고 평가할 수 있다. 그러나 심화기라고 할 수 있는 2010년부터의 시기는 과거의 강력한 규제에 의한 위축 효과(chilling effect)가 나타난 시기로서 심화기라기보다는 침체기로 평가할 수 있는 부분이 있지만 모바일 참여의 전형이 나타났고 어쨌든 IT 활용도가 전 세계적으로 가장 높은 우리나라에서는 향후의 참여활성화를 위한 잠재기라고 보는 것도 맞는 평가일 것이다. 각 시기의 특징을 중심으로 나타난 온라인 참여문화 경향의 특징은 다음과 같이 분석할 수 있다.

첫째, 관여도의 활성화이다. 즉, 도입기에는 PC통신이나 홈페이지를 활용한 초기 선거정보제공형태가 주로 나타나고, 전개기에서는 홈페이지, 블로그, UCC 등의 다양한 미디어를 통해 정보제공과 대화가 활성화되었으며, 심화기에는 트위터와 모바일과 같은 뉴미디어를 활용하여 정보제공, 대화, 의제 설정, 여론조사 등─상대적으로 좀 더 관여도가 높은─참여 활동이 주를 이루고 있다. 한편, 경향성으로만 본다면 총선·대선·지방선거간의 특별한 참여유형의 차이가 나타난다고 보기는 어렵다. 상대적으로 총선의 경우에 다양한 참여유형이 나타나는 것은 맞지만 그것보다는 전체적으로 기술 발전이 다양한 관여도의 활성화에 영향을 미치는 흐름을 보이고 있다.

둘째, 기술 의존성에서 자율성으로의 발전이다. 즉, 도입기의 활동이 기껏해야 PC 통신, 홈페이지, 이메일이라는 정보제공 수준에 머물러 있었다면 전개기부터는 어떤 미디어를 사용하는가보다는 기왕에 모두 활용하고 있는 미디어에 의해 마련된 공간에서 어떤 아이디어를 제시하고, 어떤 참여유형을 실천하는가 하는 질적 과제가 훨씬 중요한 평가 요인으로 나타나게 되었다.

셋째, 의제설정력의 발전이다. 즉, 2010년부터 활성화된 소셜 미디어를 이용한 참여는 2014년 현재까지 댓글, 투표독려나 팟캐스트에서의 의제 설정력이 강화되었다. 매스미디어에서 일방적으로 제공하던 의제를 수동적인 차원에서 유권자가 수용하는 것이 아니라 풍부한 미디어를 통한 다양한 의제 설정 공간 및 기회의 확장 가능성이 나타난 것이다. 2012년 대선에서는 카카오톡과 같은 모바일 메신저를 통한 정보제공이나 대화의 활용도 높게 나타나 유선뿐만 아니라 모바일을 통한 대화와 의제설정력의 가능성도 커지고 있다고 평가할 수 있다.

넷째, 규제의 참여위축효과이다. 즉, 자유로운 표현·참여 권리와 규제·단속간 갈등은 2012년 대선에서 댓글 공작과 같은 정부의 플랫폼 오염 전략[20]으로 정점을 찍게 되었지만, 일단은 2012년 「공직선거법」 개정에 의해

---

20) 트위터에 인위적으로 개입하여 루머를 퍼뜨려 트위터 여론의 이미지를 오염시키고자

온라인 참여에 대한 규제는 전면 자유화되는 방향으로 진행되고 있다. 다만, 2007년의 UCC 선거 규제는 가장 가시적인 온라인 규제로서 이후 실명제, 표현의 자유 규제 등으로 확대 재생산되어 심화기에도 다양해진 참여유형들과 대립축을 형성하게 되었으며, 그런 의미에서 2007년부터 2009년에 이르는 시기는 전개기 속의 정체기로 구분되어 나타났다. 이와 같이 전체적인 온라인 참여유형의 특징을 정리하면, 관여도의 활성화, 기술 의존성에서 자율성으로의 발전, 의제 설정력의 발전, 규제의 참여 위축 효과로 크게 정리할 수 있다.

2. 제6회 지방선거 온라인 참여의 쟁점과 과제

2014년 제6회 지방선거에서는 일반적인 온라인 참여의 특징처럼 관여도가 활성화되거나 자율성이 발전했다고 보기는 어려웠다. 온라인의 역할이 강력했다기보다는 몇 가지 뉴미디어 서비스를 활용하되 의제는 집중되지 못했고, 홍보가 적극적으로 이루어졌다고 보기도 어려웠다. 정보제공·의제설정은 공급자 중심형에서 시민사회중심형으로 발전하지 못하고 있는 상태이며, 다각적인 공약 평가 서비스도 과거에 비해 지체되어 나타났다. 인증샷에 의한 투표참여효과도 과거처럼 폭넓은 참여를 유도하기에는 연부족인 것으로 나타났다. 아울러 여론조사결과를 활발하게 발표할 수 없는 제도적 규제도 여전히 온라인 선거규제의 과제로 남아 있다.

2012년 「공직선거법」 개정에 의해 온라인 선거운동이 전면적으로 허용된 이후, 남아 있는 가장 대표적인 문제는 인터넷 언론사의 온라인 여론조사에 대한 규제가 타당한 것인가인데, 2014년 2월 「공직선거법」 개정에서 시군구 단위 소규모 지역 신문사와 하루 평균 이용자 수 10만 명 미만의 소규

한 전략이라는 장우영 교수의 평가("국정원, SNS 신뢰도 떨어뜨리려 트위터 이용," 『국민일보』, 2013년 10월 22일자) 참조.

모(독립형) 인터넷 신문사는 여론조사 2일 전에 의무적으로 사전 신고를 해야 하는 상황이 되었다. 그런데, 문제는 인터넷 신문사를 어디까지 규정할 것인가와 여론조사에 대한 엄격한 규제가 현실성이 있는가를 판단해야 한다는 것이었다.

2014년 3월 17일 선관위 중앙선거여론조사 공정심의위원회에서는 3월 25일부터 적용될 선거여론조사 기준을 최초로 제정하였는데, 그 내용은 앞으로 공표 또는 보도되는 모든 여론조사 결과는 선거여론조사심의위원회 홈페이지를 통해 전체 내용을 공개한다는 것이었다. 설문 과정에서 중간에 전화를 끊는 부분 면접이나 중도 이탈은 비응답으로 처리(그동안에는 부분 면접도 응답률에 포함하던 관행을 변경)하고, 지역, 성, 연령별 특정 계층의 목표 표본수가 채워지지 않았을 경우 사용하는 가중치 산출방법 등 오차보정방법에 대해 반드시 신고해야 한다는 것이었다. 실제로, 후보자는 사전신고제 때문에 여론조사가 미리 있는 것을 알고 사전에 유권자들에게 여론조사 협조요청 문자와 전화를 돌려 여론조사 결과를 왜곡한다는 의혹이 제기되었고, 바른지역언론연대(바지연)·리서치 뷰, 시사브리핑, 팩트 TV, 뷰엔폴 등의 시민단체, 여론조사기관, 인터넷 언론사들은 소규모 언론사만 선거여론조사 사전신고제를 강제하는 것은 언론 자유와 평등 원칙을 위배한 것이라는 이유로 5월 7일 헌법소원을 제기하였다.

또 다른 문제는 카카오톡과 마이피플을 통한 무차별 선거홍보방식의 문제와 유권자 정보 매매 문제,[21] 개인정보 유출 문제에 대한 관리에 대한 문제였다. 현행 공직선거법에서는 문자 메시지와 달리 SNS를 전자우편으로 취급하며, 예비후보로 등록하면 선거당일을 제외하고 누구에게나 문자메시지를 보낼 수 있는데 이 경우 이미지나 동영상을 첨부하면 안 되고 횟수도 5회로 제한된다. 그러나 SNS에는 이와 같은 문자메시지 제한 조치가 적용되지 않기 때문에 선거정보가 점점 스팸으로 평가되어 유권자의 선거피로감을 높이는 콘텐츠로 작동하게 되었다.

---

21) "선거용 5만 명 정보, SNS에서 단돈 20만 원," 『서울신문』, 2014.3.20.

V. 결론: 참여유형의 다원화와 참여효과의 극대화를 위한 조건

정치참여는 진공상태에서 활성화될 수 있는 것이 아니다. 특히, 선거에서 투표 참여도가 높아지기 위해서는 많은 조건이 충족되어야 한다. 성실하고 능력있는 후보, 후보의 공약 실천을 뒷받침할 수 있는 정당의 지원, 유권자의 지속적인 정치적 관심, 시의적절한 현안을 선거의제로 전환할 수 있는 홍보력, 풍부한 뉴미디어의 정치 공간 등이 모두 투표 참여 활성화를 위해 필요한 조건들이다. 아울러 기술을 잘 사용하기만 한다고 해서 정치 영역에서 온라인 참여가 늘어나는 것도 아니다. 급작스럽게 규제가 강화될 경우 공간 자체가 경직되고 참여가 위축되는 효과가 나타날 수도 있다. 2007년의 UCC 규제가 2012년 선거법 개정 전까지 이루어진 표현의 자유 규제에 대한 논쟁 그리고 2012년 대선에서의 정부 개입 논란 등은 온라인 공간의 자연스러운 다양화와 참여 활성화에 장애가 되는 큰 사건들이었다.

2014년의 지방선거는 2010년의 트위터선거, 2012년의 소셜 미디어선거 혹은 빅데이터선거와 같은 온라인 참여에 대한 평가가 무색할 정도로 급격히 새로운 참여 유형이나 명명백백한 참여효과는 보이지 않았다. 총 3,952명(광역자치단체장 17명, 교육감: 17명, 기초자치단체장: 226명, 광역의원: 789명, 기초의원: 2,898명, 교육의원: 5명)을 뽑는 제6회 지방선거에서 여전히 도시 후보와 지방 후보간의 온라인 미디어 활용도는 차이가 있었고, 유권자는 정보제공 외에 높은 관여력을 보여주는 수준에는 못 미쳤다. 기술 활용의 흐름은 과거와 유사하게 확대되고 있지만 지역 편차는 줄어들지 않고 있는 것이다. 대다수의 국민이 휴대폰을 사용하고 있는 환경이지만 모바일을 이용한 참여의 다양화나 대화의 폭발 혹은 새로운 의제 설정력이 높아졌다고는 평가하기 어려운 상황인 것이다.

정치 본연의 목적대로 보자면 지방선거의 온라인 선거운동은 풀뿌리 민주주의 활성화에 기여하거나 지역 정보 제공에 풍부한 뉴미디어가 제공되어야 한다. 그러나 전체적으로 유권자보다는 후보자의 홍보만이 두드러져 일방적 홍보와 동원 경향이 강하게 나타났으며 17여 년 동안 자유롭게 다양하게 시도되었던 참여유형이 활발해졌다고 보기는 어려웠다. 동영상이나 인포그래픽스와 같은 과거에 다수가 사용하지는 않았던 새로운 정보제공 전달방식이 나타났지만 새로운 기술에 좋은 콘텐츠를 담거나 효과적으로 유권자에게 전달할 수 있는 정보제공력이 보였다기보다는 현재 유행하는 신기술이기 때문에 사용한다는 (철학없는) 관성적 이용 혹은 동원을 위한 일방적인 이용이 주류를 이루었다.

따라서, 정치 혐오와 정당 불신 그리고 고질적인 참여 저하가 여전히 문제인 현재의 정치상황 속에서 온라인 참여가 새로운 돌파구나 참신한 시도에 의한 참여효과를 촉진하는 기폭제로 작동하기에는 여전히 강력한 현실정치의 구조가 큰 영향을 미쳤을 수도 있다. 여러 개입에 의한 플랫폼 무력화 전략과 같은 사건이나 동원만을 위한 기술 이용에 머물지 않기 위해서, 무엇보다 온라인 참여라는 좋은 기회요인을 현실적으로 의미있게 만들기 위해서는 민주적 전략이 무엇인가에 대한 고민이 필요하다. 여전히 일회성으로 끝나는 참여가 아닌 지속적인 참여가 이루어지고 있고, 기존의 미디어에 대한 대안으로서 온라인 참여에 대한 기대가 높아지고 있으며, 총선이나 대선에 비해 훨씬 많은 후보가 유권자와 만날 수 있는 기회로서 지방선거를 평가한다면, 한국의 온라인 참여는 도입기, 전개기, 심화기의 시계열적 흐름을 따라갈 것이 아니라 전략의 가치를 고민하는 전환기의 매개체로서 온라인 참여의 특성과 효과에 주목할 필요가 있다.

【참고문헌】

김경호. 2008. "정치 표현의 자유와 선거운동 규제에 대한헌법 재판소 결정 연구." 『언론과학연구』 8(2): 5-50.

김규화. 2011. 『지방선거에 트위터가 미친 영향에 관한 연구』. 단국대학교 정치학 석사학위논문.

김기훈. 2014. "선거를 통해 본 소셜 미디어 활용: 2014 지방선거 온라인/SNS 여론 분석 사례." 사이람.

김범수. 2014. "뉴미디어가 투표율을 높이는가: 2014년 서울시장선거 온라인 설문조사." 한국정치학회 하계학술대회 자료집.

김용희. 2011. "트위터에서 선거여론 확산구조 예측: 10·26 서울시장 재보선을 중심으로." 『정치커뮤니케이션연구』 제23호: 103-139.

남현주·김하나. 2014. "정치적 소통도구로써의 SNS 활용: 제18대 대선 후보자를 중심으로." 『공공정책과 국정관리』 8(1): 31-68.

류철균·이주희. 2011. "트위터를 통한 선거 후보자의 스토리텔링 분석: 4·27 재보궐 선거기간의 최문순·엄기영 후보의 트윗을 중심으로." 『인문콘텐츠』 제23호: 237-259.

박창문·조재욱. 2010. "6·2 지방선거와 정치공급자의 인터넷 선거운동: 홈페이지와 SNS의 활용을 중심으로." 『한국시민윤리학회보』 23(2): 153-180.

신현기·우지숙. 2011. "트위터에서 일어나는 정치적 담론활동에 대한 탐색적 연구: 2010년 6·2 지방선거관련 트윗글 내용 분석을 중심으로." 『언론과 사회』 19(3): 45-76.

안명규. 2007. "17대 대선과 인터넷 선거보도 심의제도."

이광석. 2010. "트위터와 지방선거." 『실천문학』 제98호: 322-328.

이동훈. 2010a. "인터넷 언론의 유권자 참여 플랫폼을 활용한 선거 공론장 관련 탐색적 사례 연구: 제5회 지방선거를 중심으로." 『사회과학연구』 21(4): 91-116.

_____. 2010b. "6·2 지방선거에 나타난 소셜 미디어의 시티즌 저널리즘 역할에 대

한 탐색적 사례 연구." 『선거관리』 56호: 224-247.

이동훈·현경미·이진영. 2011. "선거 커뮤니케이션의 이론적 규범성과 현실 정치의 한계: 2010년 6·2 지방선거 자치단체장 후보자 캠프의 인터넷 미디어 전략 관련 심층 인터뷰 연구." 『사회과학연구』 22(4): 89-113.

이준한. 2006. "5·31 지방선거와 인터넷 이용." 한국언론학회 발표문.

임연희. 2010. "5대 지방선거와 트위터: 대전 충남 시도지사 후보자들의 이용과 충족, 규제에 관한 태도." 『사회과학담론과 정책』 3(2): 67-98.

장덕진. 2011. "트위터 공간의 한국 정치: 정치인 네트워크와 유권자 네트워크." 『언론정보연구』 48(2): 80-107.

장덕진·김기훈. 2011. "최문순 트윗 266만 명이 열람 … 선거 흐름 바꾼 트위터 파워." 『중앙선데이』 제216호.

장우영·민 희·이원태. 2010. "지방선거와 웹캠페인: 제5회 서울시장 선거를 중심으로." 『정보와 사회』 3(2): 45-85.

조희정. 2009. "온라인 선거운동의 정책 선거 활성화 방안." 『선거관리』 제55호: 84-101.

_____. 2010. "SNS를 통한 정치적 표현행위에 대한 규제의 개선방향." 『언론중재』 115호: 30-44.

_____. 2011. "4·27 재보선과 SNS참여의 의미." 『이슈와 논점』 제230호.

_____. 2011. "10·26 재보선에서의 SNS 참여문화와 선거제도의 과제." 『이슈와 논점』 제315호.

_____. 2012. "온라인 선거규제의 쟁점과 한계: 공정성과 참여 가치 사이의 균열을 중심으로." 『시민사회와 NGO』 10(1): 5-41.

_____. 2013. "소셜 미디어 지방선거 현황과 과제." 『자치의정』 3/4월호: 57-68.

조희정·신경식. 2014. "제6회 지방선거의 온라인 참여: 참여유형과 참여효과를 중심으로." 『시민사회와 NGO』 12(2): 119-151.

조희정·심우민. 2012. "「공직선거법」 한정위헌판결의 영향과 온라인 선거규제의 과제." 『이슈와 논점』 제415호.

최민재·이홍천·김위근. 2013. "한국과 일본의 지방자치단체장 선거에 나타난 유권자의 SNS 정보이용과 정치적 의사결정의 관계: 2011년 서울특별시장 보궐선거와 오사카시장 선거의 비교." 『한국언론학보』 57(1): 392-421.

최운규·이성원. 2013. "트위터와 매스미디어의 정치정보 이용이 투표참여에 미치는 영향에 관한 연구." 『지방자치연구』 제17집: 1-19.

하세헌·강명구. 2012. "인터넷 정치정보 이용과 정치적 관심: 2010년 지방선거를 중심으로." 『정치정보연구』 15(1): 1-27.

한국사회과학데이터센터. 2014. 『제6회 전국 동시 지방선거 관련 유권자 정치의식 조사』.

한국정치학회. 2014. 『제6회 전국 동시 지방선거 유권자 의식조사』.

홍주현·박미경. 2011. "선거기간 중 트위터에 나타난 후보자와 유권자의 정치적 행위 연구." 『사이버커뮤니케이션학보』 28(4): 257-301.

누가, 왜 분할투표를 했는가?:
2014년 광역의회선거를 중심으로

김형철 | 성공회대학교 민주주의연구소

I. 서론

이 연구는 제6회 전국동시지방선거 중 광역의원선거를 중심으로 분할투표(split ticket voting)를 한 유권자의 특성과 동기를 추적하는 데 목적이 있다. 이를 위해 두 차례의 지방선거 직후 한국선거학회와 한국사회과학데이터센터가 조사한 유권자 조사 자료를 이용하였다.

분할투표는 하나의 의회를 구성할 때나 또는 서로 다른 수준의 공직후보를 선출할 때 유권자가 동일한 정당에 모두 투표하는 일괄투표(straight ticket voting)와 달리 서로 다른 정당에 투표하는 행위이다. 분할투표는 일반적으로 수평적 분할투표(horizontal ticket splitting)와 수직적 분할투표(vertical ticket splitting)로 구분된다(Burden and Helmke 2009, 2-3). 즉, 수평적 분할투표는 유권자가 동일한 수준의 공직 후보를 선출함에 있어 서로 다른 정당 및 후보에게 투표하는 것으로 1인 2표의 혼합형 선거제도

(mixed electoral system)에서 주로 발견되는 투표행태이다. 반면에 수직적 분할투표는 유권자가 서로 다른 수준의 공직(예: 대통령과 의원)선출에 있어 다른 정당의 후보를 선출하는 투표행태이다. 이 글에서는 광역의회를 구성하는 지역대표와 비례대표의 선택에 있어 나타나는 수평적 분할투표에 초점을 맞추고자 한다.

수평적 분할투표(이하 분할투표)는 혼합형 선거제도의 정치적 결과에 강한 영향을 미치고 있다. 일반적으로 혼합형 선거제도는 다수대표제의 문제점으로 지적되는 사표(waste votes)를 최소화하고 비례대표제를 통해 다양한 사회세력의 정치적 대표성을 보장하는 선거제도로서 평가된다(Gschwend 2007; Shugart and Wattenberg 2001). 이와 같은 혼합형 선거제도의 효과는 유권자가 자신이 선호하는 정당을 선택하는 소신투표(sincere voting)와 사표방지를 위해 자신의 선호와 다른 정당을 선택하는 전략투표(strategic voting)의 기회를 적극적으로 이용한 분할투표의 결과이다(Karp 2006, 726; Tavits and Annus 2006, 79; 박찬욱·홍지연 2009, 11). 즉, 유권자가 비례대표선거에서 자신이 선호하는 정당에 투표하고, 1위대표제로 선출하는 지역구선거에서 사표방지를 위해 차선 또는 차악을 전략적으로 선택함으로써 정치적 대표성의 보장과 사표의 최소화라는 혼합형 선거제도의 효과를 산출한다.

국내 선거연구에서 유권자의 분할투표에 관심은 비록 2002년 지방선거 중 광역의원 선출방식으로 1위대표제와 정당명부비례대표가 병립된 혼합형 다수대표제(이하 혼합형 다수대표제)가 도입되었지만, 2004년 국회의원선거제도가 혼합형 다수대표제로 개정되면서 높아졌다. 그 이유는 국회의원선거가 중앙차원의 선거라는 점도 있지만, 전국정당을 지향하는 열린우리당의 과반수 의석 획득, 군소정당의 의회진출이라는 기존의 지역정당구도의 변화가 보였고, 또한 새로운 선거제도하에서 유권자가 어떠한 투표행태를 보이고 있는지를 그리고 분할투표가 선거결과에 어떠한 영향을 미쳤는지를 분석하기 위해서이다.

한국에서 2002년 전국동시지방선거 이후 3번의 국회의원선거와 4번의 지

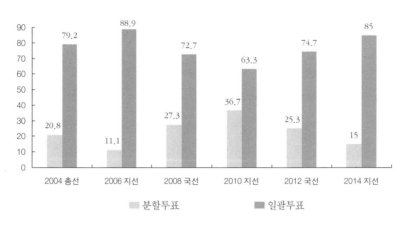

〈그림 1〉 분할투표율 경향(2004~2014)

자료: 한국사회과학데이터센터(KSDC), 유권자 정치의식조사

방선거가 혼합형 선거제도로 치러졌다. 이들 선거에서의 분할투표의 비율[1]을 보면, 17대 총선(2004년)에서 20.8%, 18대 총선(2008년)에서는 27.3% 그리고 19대 총선(2012년)에서는 25.3%가 분할투표를 한 것으로 응답하였으며, 전국동시지방선거 중 광역의원선거와 관련해서는 2006년에 11.1%, 2010년에 36.7%, 그리고 2014년에 15%가 분할투표를 하였다고 응답되었다.[2] 비록 국회의원선거보다 전국동시지방선거에서의 분할투표 응답률이 낮지만, 그 비율이 선거결과에 유의한 변화를 줄 수 있다는 점에서 분할투표를 한 유권자의 특성과 동기를 추적하는 것은 의미 있는 작업이다.

그렇다면 어떤 유권자들이 어떤 동기를 갖고 분할투표를 하는 것일까? 이에 답하기 위해 2014년 전국동시지방선거를 대상으로 분할투표에 영향을

---

1) 분할투표의 비율은 한국사회과학데이터센터에서 매 선거 후 실시한 유권자 설문조사 자료에 따른 것이다.

2) 2002년 지방선거에서도 혼합형 다수대표제가 실시되었으나 한국사회과학데이터센터의 조사 항목에 있어 "광역의원 중 지역대표에 누구를 선택했는지"라는 질문이 없어 분할투표 비율을 제외하였다.

준 유권자의 사회인구학적 특성과 정치성향 요인을 분석하고자 한다. 또한 분할투표의 동기가 정당이나 정책에 기초한 전략적 동기에 의해 한 것인지 아니면 후보와의 친밀감이나 후보자의 능력과 자질에 따른 인물투표에 의해 한 것인지를 분석하고자 한다.

이 연구의 구성은 다음과 같다. II절에서는 분할투표와 관련된 이론적 논의 및 선행 연구의 검토를 분할투표의 유형과 설명 요인을 중심으로 다룰 것이다. 그리고 광역의회선거에서 분할투표에 영향을 준 요인과 동기를 추적하기 위한 가설과 연구방법을 제시하였다. III절은 가설을 구성하는 변인들 사이의 관계 유무를 분석하기 위해 교차분석을 수행하였으며, 카이제곱분석을 통해 연구가설의 기각여부를 검증하였다. IV절에서는 검증된 변인을 중심으로 분할투표를 설명하는 주요 요인을 중심으로 로지스틱 회귀분석 모형을 구성하고 각 변인들의 영향과 분할투표 동기를 추적하였다.

II. 기존 연구 검토 및 연구가설

1. 기존 연구 검토: 분할투표의 동기 유형과 설명 요인

일반적으로 분할투표는 효용극대화라는 유권자의 동기에 기초한 전략투표의 결과로 설명되고 있다. 즉, 유권자는 자신이 가장 선호하는 정당이나 후보가 당선가능성이 낮을 때 당선 가능한 정당이나 후보에게 투표함으로써 사표를 방지하고 선거결과와 정책에 영향을 미치고자 하는 전략적 의도를 갖고 분할투표를 한다는 것이다. 따라서 분할투표와 관련된 기존 연구는 유권자가 사표방지 심리, 연합정치와 정책균형이라는 전략적 동기를 중심으로 분할투표를 설명하여 왔다(Bawn 1999; Cox 1997; Karp, Vowles, Banducci, and Donovan 2002; Moser and Scheiner 2009; Tavits and Annus 2006). 이 같은 설명 틀은 정당과 정책을 대상으로 한 유권자의 전략적 계산의 중요성을 강조하며, 분할투표의 전략적 동기 유형을 크게 사표방지 전략, 연합보장 전략, 그리고 정책균형 전략으로 구분한다.

첫째, 사표방지 전략은 듀베르제(M. Duverger)의 심리적 효과에 기초한 것으로 1위대표제를 통해 대표를 선출할 때 당선가능성이 낮은 군소정당을 선호하는 유권자들이 자신의 표가 사표가 되는 것을 방지하기 위해 당선가능성이 높은 후보자 중 차선 또는 차악을 선택하는 전략적 행위를 의미한다 (Cox 1997; Tavits and Annus 2006). 즉, 혼합형 선거제도하에서 사표방지를 위한 분할투표는 주로 군소정당을 지지하는 유권자들이 비례대표 투표에서 가장 선호하는 정당을 선택하며, 지역대표 투표에서 사표를 방지하기 위해 당선가능성이 높은 다른 정당의 후보를 선택함으로써 발생한다.

둘째, 연합보장 전략은 연립정부를 구성하려는 목적이거나 선거연합이 이루어진 조건하에서 유권자가 자신이 선호하는 정당 및 후보에게 한 표를 행사하고 다른 한 표는 연합에 합의하거나 가능성이 높은 다른 정당 및 후보에게 투표하는 행위이다(Gschwend 2007; 어수영 2011). 즉, 거대정당을 지지하는 유권자가 정당 간 연합이라는 기대효용에 기초하여 지역대표 투표에서 가장 선호하는 정당을 선택하고 비례대표 투표에서는 군소정당을 선택하는 분할투표이다. 연합에 기초한 분할투표는 대통령제 그리고 양당제 국가보다는 의회제를 실시하는 다당제 국가에서 주로 보이는 유권자의 전략적 투표행위이다(Gschwend and Kolk 2006, 169-170). 그러나 대통령제이면서 다당제인 국가에서 선거연합을 통한 후보단일화가 이루어진 경우, 거대정당 지지자뿐만 아니라 군소정당 지지자들은 연합에 기초한 분할투표를 할 가능성이 높다.

마지막으로 정책균형 전략은 권력의 집중 및 정책의 편향성을 견제하기 위한 동기에 기초한 투표행위로서 서로 다른 층위(예: 대통령과 의원, 광역 단체장과 광역의회 등)의 공직을 선출함에 있어 각각 다른 정당 및 후보를 선택하는 분할투표이다(Fiorina 1992). 이 분할투표는 주로 거대정당 지지자들이 특정 정당에 집중된 권력을 견제하고 균형적인 정책을 산출하려는 동기에 기초한 전략적 투표인 것이다. 즉, 경쟁적인 거대정당들 간에 행정부와 입법부를 분점하게 함으로써 균형적인 정책을 생산하거나 또는 의회권력이 한 정당에 집중되는 것을 견제하려는 유권자의 전략적 동기가 지역대표 투표와 비례대표 투표에 있어 서로 다른 거대정당을 선택하는 투표행위를 결과한다는 것이다(박찬욱·홍지연 2009; 어수영 2011).

반면에 분할투표가 전략적 동기보다는 후보의 자질을 중심으로 한 인물투표의 영향이 크다는 주장도 존재한다(Burden 2009; Moser and Scheiner 2005; 2009). 즉, Moser and Scheiner(2005)는 제도적 요인으로 혼합명부 다수대표제일 때, 정당의 제도화가 낮을 수준일 때, 그리고 단기비이양식 또는 1위대표제를 경험한 유권자일 때 인물의 자질에 기초한 분할투표를 할 가능성이 높다고 지적한다. 그리고 그들은 인물투표의 동기에 영향을 주는 심리적 요인으로 현직효과, 지역선거구에서의 선거경쟁도가 높을 때, 그리고 당선가능한 후보가 누구인지를 판단할 수 있는 정보의 부족 등을 제시하고 있다(Moser and Scheiner 2005; 2009). 또한 Karp, Vowles, Banducci, and Donovan(2002)은 뉴질랜드 선거에서 후보의 개인적 대중성이 분할투표에 의미 있는 영향을 주고 있다고 밝히고 있다.

〈그림 2〉 분할투표의 동기와 투표패턴

(실선: 군소정당 지지자, 점선: 대정당 지지자)

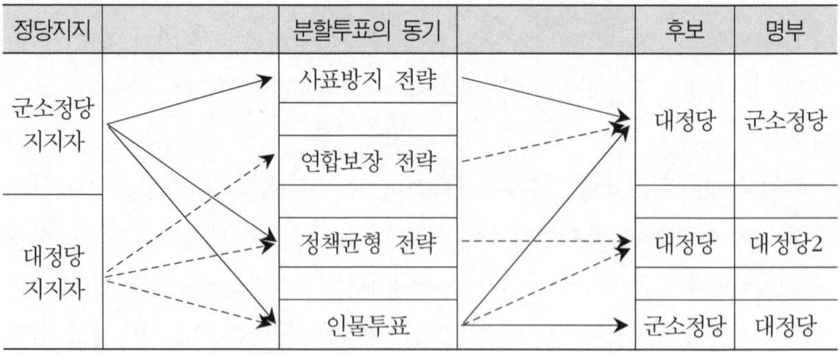

정당지지		분할투표의 동기		후보	명부
군소정당 지지자		사표방지 전략		대정당	군소정당
		연합보장 전략			
대정당 지지자		정책균형 전략		대정당	대정당2
		인물투표		군소정당	대정당

출처: Gschwend(2007), p.5 수정

그러나 혼합형 선거제도에서 분할투표는 정당과 정책을 중심으로 한 전략적 동기와 후보의 자질을 중심으로 한 인물투표가 결합되어 나타나고 있기 때문에 두 동기를 명확하게 구분하기 어렵다(Gschwend and Kolk 2006, 166; Moser and Scheiner 2009, 51). 따라서 기존 연구는 분할투표의 동기를 분할투표의 패턴에 기초해서 추정하고 있다. 즉, 군소정당 지지자라는 조건하에서 지역대표 선택에 있어 대정당에 전략투표를 하고 비례대표 선택에 있어서 군소정당에 소신투표를 하였을 때 사표방지 전략에 따른 분할투표를 하였다고 추정한다. 반면에 대정당 지지자라는 조건하에서 지역대표 선택에 있어 대정당에 소신투표를 하고 비례대표 선택에 있어서 연합을 위해 군소정당에 전략투표를 하였을 때 연합보장 전략에 따른 분할투표를 하였다고 추정한다.

또한 정책균형 전략에 의한 분할투표는 군소정당 지지자뿐만 아니라 대정당 지지자가 지역대표와 비례대표의 선택에 있어 모두 대정당에 투표하는 경우라 할 수 있다. 이때 군소정당 지지자는 두 선택에 있어 모두 전략투표를 하는 것이며, 대정당 지지자는 지역대표에 대해서는 소신투표와 비례대표에 대해서는 반대당에 전략투표를 하는 투표패턴을 보인다고 할 수 있다. 그러나 문제는 인물투표에 따른 분할투표가 위에 제시한 모든 투표패턴에 영향을 주고 있다는 점에서 전략적 동기에 의한 분할투표와 구분하기 어렵다. 단, 유권자가 지역대표에 군소정당을 선택하고 비례대표에 대정당을 선택했을 경우에 인물투표에 의한 분할투표가 이루어졌다고 할 수 있다.

일반적으로 전략적 동기에 따른 분할투표는 지지정당의 유형, 정당일체감, 정치적 지식 또는 정보, 이념적으로 온건한 유권자, 그리고 정치적 쟁점에 대한 선호의 정도 등과 같은 미시적 요인이 영향을 미치고 있음을 지적한다(Burden and Helke 2009; Kohno 1997; Gschwend 2007; Gschwend and Kolk 2006; Karp 2006; Karp et al. 2002; Moser and Scheiner 2009; Tavits and Annus 2006). 반면에 인물투표에 따른 분할투표는 현직효과, 후보의 대중성 및 친밀감 그리고 기존 선거제도의 경험(electoral history heuristic) 등이 설명 요인으로 제시된다(Moser and Scheiner 2005).

분할투표와 관련된 국내 연구의 대부분은 누가 분할투표를 하는가라는 연구 문제를 다루고 있으며, 분할투표에 영향을 주는 주요 요인으로 성별과 연령이라는 사회인구학적 특성과 정당선호도, 이념근접성, 후보자 효과, 정치적 쟁점, 그리고 정치적 지식(political knowledge)[3] 등의 정치성향을 지적한다(강원택 2010; 김영래·박상신 2009; 김왕식 2006; 김형철 2012; 박찬욱 2004; 박찬욱·홍지연 2009; 윤광일 2014a; 2014b; 정한울 2013; 조진만·최준영 2006; 지병근 2014; 한상익 2013; 2014).

그러나 유권자가 어떤 동기를 갖고 분할투표를 하는지에 대한 연구는 많지 않으며, 또한 국회의원선거에 한정되어 있다(박찬욱 2004; 2009; 박찬욱·홍지연 2009; 어수영 2011; 한상익 2014). 이들 연구는 공통적으로 한국에서의 분할투표가 사표방지 전략에 기초하고 있음을 지적한다. 제17대와 제18대 총선을 대상으로 분할투표의 동기를 분석한 연구는 제17대의 경우 분할투표를 한 응답자 231명 가운데 120명인 51.9%가 그리고 제18대 총선에서는 165명 중 94명인 57%가 지역대표 선출에 있어 거대정당에게 그리고 비례대표 선출에서는 군소정당에게 투표하였다는 점을 제시하며 국회의원선거에서 분할투표의 동기는 사표방지 전략에 의한 것이라고 주장한다.[4]

그러나 이 같은 결과를 갖고 한국에서 사표방지 전략에 의한 분할투표가 이루어졌다고 단정하기는 어렵다. 왜냐하면 군소정당 지지자라도 사표방지를 위한 의도보다는 군소정당이 모든 선거구에 후보를 낼 수 없다는 제약적인 조건 때문에 다른 정당에 투표하는 '필수 분할투표(necessary split-ticket)' 때문이기도 하다(Burden and Helke 2009). 또한 지역대표의 경우 대정당의 후보를 선택하는 이유가 후보 개인의 특성, 후원주의, 연고주의,

---

3) 정치적 지식의 경우는 17대 총선을 대상으로 한 박찬욱(2004)과 어수영(2011)의 연구에서만 독립변인으로 상정되었는데 로지스틱회귀분석을 한 결과 분할투표에 대한 영향이 없는 것으로 나타났다.

4) 정책균형 전략에 의한 분할투표(대정당에 대한 분할투표) 비율이 제17대 총선에서 20.8%에서 제18대 총선에서 8.5%로 크게 감소되었음을 제시하고 있다. 연합보장 전략에 의한 분할투표는 두 차례의 선거에서 정당 간 선거연합이 없었기 때문에 분할투표 중 어느 정도의 비중이 존재하는지를 추적하기 어렵다.

후보의 대중성 그리고 현직효과 등과 같은 인물투표의 결과일 수 있기 때문이다. 특히, 한국은 Moser and Scheiner(2005, 264-265)가 제시한 인물투표의 구조적 조건으로서 혼합형 다수대표제, 낮은 수준의 정당 제도화, 그리고 1위대표제의 경험을 갖고 있다는 점과 정당보다는 지역주의와 인물 중심의 선거가 이루어졌다는 점에서 사표방지 전략보다 인물투표에 따른 분할투표의 가능성이 더 크기 때문이다.

이와 같이 분할투표의 패턴을 통해 분할투표의 동기를 명확히 구분하기는 어렵다. 그 이유는 유권자의 분할투표의 동기가 다를지라도 관측상 동일한 투표패턴이 나타나기 때문이다(윤광일 2014a, 62). 따라서 이 연구에서는 분할투표에 영향을 주는 요인과 분할투표의 패턴 간의 관계에 초점을 맞춰 분할투표의 동기를 추적하고자 한다.

2. 연구가설 및 분석방법

지방선거를 대상으로 한 분할투표에 대한 관심은 국회의원선거와 달리 낮으며, 연구의 양도 매우 적은 편이다. 대표적으로 서울지역의 광역단체장과 기초단체장 간의 수직적 분할투표를 분석한 연구(강원택 2010), 광역단체장과 광역의회선거를 분석한 연구(지병근 2011; 윤광일 2014a), 기초단체장과 기초의회선거를 대상으로 한 연구(윤광일 2014b)와 기초의회에서의 수직적 분할투표에 대한 연구(지병근 2014) 등이 있다. 이 연구는 광역의회선거를 대상으로 분할투표를 결정하는 요인과 분할투표 패턴을 통해 동기를 추적한다는 점에서 6·4 지방선거와 관련된 설문 문항 중에서 분할투표의 동기를 추적할 수 있는 요인들을 중심으로 연구가설과 분석모형을 제시하고자 한다.

일반적으로 학자들은 민주주의가 제도화된 국가들에서 전략적 동기에 의해 분할투표가 이루어지지만 신생민주주의 국가에서는 인물투표에 의한 분할투표가 행해질 가능성이 더 높다고 지적한다(Burden and Helmke 2009,

6; Moser and Scheiner 2009, 53). 특히, Moser and Scheiner(2005, 265)는 정당 제도화 수준이 낮고 전략투표의 경험이 미흡한 신생민주주의 국가에서 유권자들이 정치적 지식과 정보의 부족에 의해 전략적 동기보다는 후보의 특성, 현직효과, 그리고 후원에 의존한 인물투표에 의한 분할투표를 한다고 주장한다. 이는 유권자가 충분한 정치적 지식과 정보를 갖고 있을 때 전략적 동기에 의해 분할투표를 할 가능성이 높음을 의미하는 것이다. 이를 위해 분할투표자들이 투표 선택에 있어 정당, 정책, 그리고 인물 중 어느 것을 중요하게 고려하였는지를, 그리고 선거제도에 대한 지식과 선거 정보에 대한 유권자의 평가를 독립변인으로 선택하였다. 따라서 분할투표의 동기가 전략적 동기에 의한 것인지 아니면 인물투표에 의한 것인지를 검증하기 위해 다음과 같은 가설을 제시하고자 한다.

〈가설 1〉 분할투표자들은 투표결정시 정당과 정책보다는 인물을 중요한 기준으로 투표할 것이다.
〈가설 2〉 정치적 정보나 지식이 낮은 유권자일수록 인물투표에 기초한 분할투표를 할 것이다.

기존 연구에서는 군소정당의 지지자들이 당선가능성이 낮은 지역대표를 선택함에 있어서는 전략투표를 비례대표 선택에서는 지지정당에 대한 소신투표의 패턴이 뚜렷이 보이고 있다고 지적한다(박찬욱·홍지연 2009; 어수영 2011; 한상익 2013). 이 같은 투표패턴을 사표방지 전략에 기초한 분할투표로 단정하기는 어렵다.[5] 그 이유는 군소정당의 지지자가 최악을 회피하고 대정당과의 정책연합을 통해 자신들의 가치를 실현하기 위한 동기로 분할투표가 이루어질 수 있기 때문이다. 이 같은 연합보장 전략에 기초한 분할투표는 일반적으로 분할투표에 영향을 미치는 정당선호와 일체감이 강

---

5) 제17대 총선을 대상으로 집합자료를 통해 군소정당의 전략투표 요인을 분석한 한상익은 민주노동당 지지자의 전략투표가 이념적으로 근접한 열린우리당에게 유리한 방향으로 이루어졌으며, 이슈보다는 이념적 요인의 설명력이 더 사실적이라고 주장한다 (2013), p.249.

한 정당지지자보다는 온건한 정당지지자에게서 발견될 수 있다. 또한 대정당 지지자들이 지역대표와 관련해서 대정당에 그리고 비례대표와 관련해서 군소정당에 투표하는 패턴이 이루어진다면 연합보장 전략에 의한 분할투표를 한 것으로 이해할 수 있다. 따라서 지역대표에서 대정당에 그리고 비례대표에 군소정당을 선택하는 패턴이 사표방지 전략에 의한 것인지 아니면 연합보장 전략에 의한 것인지를 추적하기 위해 다음과 같은 가설을 세웠다.

> 〈가설 3〉 군소정당에 친밀감을 갖는 유권자는 전략투표로 지역대표를 선택하고 소신투표로 비례대표를 선택할 것이다.
> 〈가설 4〉 온건한 정당선호도를 갖는 유권자일수록 분할투표를 할 것이다.

정책균형 전략에 의한 분할투표는 특정 정당의 정책이 독점적으로 추진되는 것을 견제하고 다른 정당과의 타협을 통해 정책균형을 이루기 위해 경쟁적인 정당에게 각각 투표하는 행위이다. 이 분할투표는 일반적으로 대통령과 의회 간의 분할투표를 설명하고 있으나, 의회선거에서의 분할투표를 설명할 수 있다. 특히, 수평적 분할투표의 차원에서 정책균형 전략은 대정당 지지자가 지역대표에 있어 소신투표를 그리고 비례대표에 있어 전략투표를 함으로써 대정당 간의 분할투표로 나타난다. 이 같은 분할투표는 현 정부에 대한 국정운영과 주요한 사건에 대한 평가와 관계가 있다. 즉, 현 정부의 국정운영과 사고에 대한 대처에 대해 강한 지지와 반대의 입장을 갖는 유권자일수록 일괄투표를 하며, 온건한 입장을 갖는 유권자일수록 분할투표를 할 가능성이 높다. 또한 온건한 이념성향을 갖는 유권자일수록 특정한 이념적 가치를 지양하고 정책균형 전략에 의한 분할투표를 할 가능성이 높다.

> 〈가설 5〉 현 정부의 국정운영과 세월호 사고 대처에 대해 온건한 평가를 하는 유권자일수록 분할투표를 할 것이다.
> 〈가설 6〉 중도적 이념성향을 갖는 유권자일수록 정책균형 전략에 의한 분할투표를 할 것이다.

이 연구는 위의 가설을 분석하기 위해 지방의회선거를 대상으로 한 한국
선거학회와 한국사회과학데이터센터가 조사한 설문조사자료를 이용할 것이
다. 최근에 집합자료를 이용한 연구들이 늘어나고 있지만, 설문조사자료를
이용하는 이유는 유권자의 분할투표 동기를 파악하는 것이 이 연구의 주요
한 목적이기 때문이다. 물론 이 연구에서 이용하는 설문조사자료가 유권자
의 분할투표 동기를 명확하게 보여주는 데 한계를 갖고 있다. 즉, 응답자들
의 응답과 실제 투표가 진실된 것이라는 보장이 없으며(한상익 2013, 240
재인용), 설문문항이 유권자의 분할투표 동기를 구분할 수 있도록 분명하고
구체적으로 구성되어 있지 않기 때문이다. 그럼에도 불구하고 집적자료를
이용할 경우 생태적 오류의 한계가 존재한다는 점과 분할투표에 영향을 주
는 유권자 개인의 조건과 동기를 설명하는 데 한계가 있다는 점에서 설문조
사자료를 이용하였다. 이를 분석하기 위해 먼저 분할투표를 행한 유권자들
의 사회인구학적 특성과 정치성향을 카이자승 기법을 이용하여 가설을 검증
하고, 다음으로 이분형 로지스트 회귀분석을 이용하여 유권자의 투표행태에
영향을 주는 요인을 탐색하고자 한다.

Ⅲ. 누가 분할투표를 하였는가?

1. 사회인구학적 특성과 분할투표

2014년 제6회 전국동시지방선거에서 어떤 유권자들이 분할투표를 하였
는가? 이를 위해 사회인구학적 특성과 분할투표 사이의 관계를 분석하였다.
유권자의 사회인구학적 요인으로 성별, 연령, 학력, 가구소득(월), 직종, 거
주지역(권역별)을 살펴보았다. 이 같은 요인을 채택한 이유는 기존 국회의
원선거를 대상으로 한 분할투표 연구와의 비교를 통해 유사성과 상이성을

추적하기 위함이다.

〈표 1〉을 통해 지방선거에서 나타난 유권자의 사회인구학적 특성을 보면, 성별, 가구소득 그리고 지역은 분할투표와 통계적으로 유의미한 관계가 없으며, 학력과 직업이 분할투표에 통계적으로 유의미한 관계성을 갖는 변인으로 탐색되었다.

먼저 분할투표와 통계적으로 유의미한 관계를 갖는 학력은 고학력자일수록 분할투표를 하며, 저학력자일수록 일괄투표를 하는 경향을 보이고 있다.6) 즉, 학력이 높아질수록 분할투표 비율이 높아지고 있다. 4년제 대학 이상일 경우, 2014년 지방선거에서는 전체 유권자의 분할투표 비율인 15% 보다 5.4%p 높은 20.4%가 분할투표를 하였다. 이처럼 학력이 높을수록 분할투표를 하는 비율이 높을 것이라는 점은 정치적 정보 또는 지식과 연관성이 존재할 것으로 추론할 수 있다. 즉, 학력이 높은 유권자일수록 국회의원선거와 달리 복잡한 지방선거에서 선택을 위한 정보와 지식을 더 많이 획득할 수 있기 때문에 학력과 분할투표 사이에 통계적 유의미한 관계를 보인다고 할 수 있다.

또한 분할투표와 통계적으로 유의미한 관계를 보이는 직종은 화이트칼라라 할 수 있는 공무원, 관리직 및 전문직 그리고 사무직 유권자들이 다른 직종에 종사하는 유권자보다 분할투표를 하는 경향이 높은 것으로 나타났다. 직종은 제17대 국회의원선거를 제외하고 제18대와 제19대 국회의원선거에서 통계적으로 유의미하지 않은 것으로 나타났으나, 2014년 지방선거에서 직종이 분할투표에 유의미한 관계를 보이고 있다.

반면에 국회의원선거에서 분할투표와 유의미한 관계를 보였던 연령은 유의수준 0.05 수준에서는 통계적으로 유의미하지 않은 것으로 나타났지만, 유의수준 0.1수준에서는 통계적 유의성을 갖는 것으로 검정되었다. 연령의 경우, 60대 이상일 때 분할투표의 비율이 매우 낮은 것으로 나타났으며,

---

6) 세 번의 국회의원선거(제17대~제19대)를 대상으로 한 기존 연구에서 학력과 분할투표 사이의 관계는 통계적으로 유의미하지 않은 것으로 검정되었다.

〈표 1〉 유권자의 사회인구학적 특성과 분할투표

		2014		
		분할투표	일괄투표	검정치
성별	남자	15.7	84.3	x^2 = 0.304
	여자	14.2	85.8	sig. 0.582
연령	20대 이하	17.4	82.6	
	30대	18.5	81.5	x^2 = 8.444
	40대	15.0	85.0	sig. 0.077
	50대	17.9	82.1	
	60대 이상	8.7	91.3	
학력	중졸 이하	11.5	88.5	
	고졸	10.3	89.7	x^2 = 13.582
	전문대학	19.7	80.3	sig. 0.004
	4년대재 이상	20.4	79.6	
가구소득 (월)	100만 원 이하	10.0	90.0	
	100~199만 원	12.2	87.8	
	200~299만 원	13.2	86.8	
	300~399만 원	11.7	88.3	x^2 = 7.89
	400~499만 원	16.7	83.3	sig. 0.342
	500~599만 원	16.2	83.8	
	600~699만 원	22.2	77.8	
	700만 원 이상	28.0	72.0	
직종	공무원	41.7	58.3	
	관리직 및 전문직	28.1	71.9	
	사무직	20.3	79.7	
	노동직	5.4	94.6	x^2 = 22.86
	농업	11.9	88.1	sig. 0.002
	학생	17.2	82.8	
	주부	11.3	88.7	
	기타	13.9	86.1	

거주지역	서울	12.2	87.8	
	인천경기	17.7	82.3	
	강원권	20.6	79.4	x^2 = 3.702
	충청권	13.7	86.3	sig. 0.593
	호남권	15.9	84.1	
	영남권	13.2	86.8	

20~30대와 50대에서 분할투표의 경향이 전체 조사자가 응답한 분할투표 비율보다 높게 나타났다. 또한 40대가 다른 연령대보다 분할투표 비율이 낮게 나타났는데, 세 번의 국회의원선거를 대상으로 한 분석에서도 유사한 경향이 보이고 있다.

2. 유권자의 정치성향과 분할투표

다음으로는 유권자들의 정치성향과 분할투표 사이의 관계가 통계적으로 유의미한 관계를 갖고 있는지를 검증하고자 한다. 따라서 〈가설 1〉과 〈가설 2〉를 검증하기 위해 한국선거학회와 한국사회과학데이터센터에서 조사한 지방선거 관련 〈유권자 정치인식조사〉의 설문항목 중 '후보 선택 시 무엇을 가장 많이 고려하였는지'를 묻는 항목과 '선거당일 이전에 선거방식을 알고 있었는지' 그리고 '선거정보가 충분했는지'라는 항목을 이용하였다.

그 결과, 투표결정시 고려사항과 선거지식 및 정보 모두 분할투표와 통계적으로 유의미한 관계를 보이고 있다. 먼저 응답자들은 투표고려 시 중요한 기준으로 소속정당(50.6%), 인물(30.2%), 그리고 정책/공약(19.2%)순으로 응답하였으나, 분할투표자 중에 인물을 고려하였다는 응답자의 비율(19.2%)이 가장 높으며, 다음으로 정책과 공약의 고려가 17.6%로 나타났다. 그리고 정당을 고려하여 분할투표를 하였다는 비율은 11.5%로 낮게 응답되었다. 이는 2014년 지방선거에서 분할투표가 정당제도화가 이루어진 국가와 같이 정

〈표 2〉 유권자의 정치성향과 분할투표

		2014		
		분할투표	일괄투표	검정치
투표 고려	정책/공약	17.6	82.4	$x^2 = 7.530$ sig. 0.023
	정당	11.5	88.5	
	인물	19.2	80.8	
선거제도지식	알고 있었다	16.7	83.3	$x^2 = 7.389$ sig. 0.007
	알지 못했다	7.7	92.3	
선거정보	매우 충분	10.5	89.5	$x^2 = 11.503$ sig. 0.009
	충분	14.1	85.9	
	부족	13.6	86.4	
	매우부족	31.9	68.1	

당을 중심으로 한 전략적 동기보다는 인물투표에 의한 것임을 보여주는 것이다.
〈표 3〉은 2014년 지방선거에서 분할투표를 한 응답자를 대상으로 지역
대표 선출에 있어 각 정당에 투표자들이 투표 시 고려한 점을 분석하였다.
새누리당 후보를 선택한 응답자 46명 중 19명인 41.3%가 인물을, 다음으로
30.4%인 14명이 소속정당을, 그리고 28.3%인 13명이 정책과 공약을 고려

〈표 3〉 각 정당의 지역대표 선택 시 고려한 점

		정책/공약	소속정당	인물	전체
새누리당	분할투표	13(28.3)	14(30.4)	19(41.3)	46(100)
	일괄투표	61(17.6)	196(56.6)	89(25.7)	346(100)
새정치민주연합	분할투표	10(20.4)	24(49.0)	15(30.6)	49(100)
	일괄투표	52(19.3)	129(47.8)	89(33.0)	270(100)
통합진보당	분할투표	2(40.0)	1(20.0)	2(40.0)	5(100)
	일괄투표	3(27.3)	6(54.6)	2(18.2)	11(100)

하여 투표하였다고 응답하였다. 대정당 중 하나인 새정치민주연합 후보를 선택한 분할투표자들 49명 중 24명인 49.0%가 소속정당을 고려하였고, 인물을 고려한 응답자는 15명(30.6%) 그리고 정책과 공약을 고려한 응답자는 10명(20.4%)으로 나타났다. 반면에 일괄투표를 한 응답자들을 조사한 결과, 새누리당 후보를 선택한 유권자 346명 중 196명(56.6%)이 소속정당을 고려하였고, 인물을 고려한 응답자는 89명으로 25.7%로 그리고 정책과 공약은 61명(17.6%)이 고려한 것으로 응답하였다. 새정치민주연합은 49명 중 24명(49.0%)이 소속정당을 고려하였으며, 인물은 30.6%인 15명 그리고 정책과 공약은 10명(20.4%)이 고려한 것으로 응답하였다. 이러한 분석 결과는 일괄투표자들은 소속정당을 고려하여 투표하는 경향이 강한 반면, 분할투표자들 중 새누리당 후보를 지역대표로 선택한 응답자들은 인물투표를 하였으며, 새정치민주연합 후보를 선택한 응답자들은 소속정당을 고려한 분할투표를 하였음을 보여주는 것이다.

다음으로 1인 7표제라는 선거방식을 알고 있을 때 분할투표 비율이 높게 나왔다. 이는 선거제도에 대한 지식이 유권자의 투표행태에 영향을 준다는 주장을 보여주는 것이다. 그러나 선거정보의 차원은 기존 주장과 달리 나타나고 있다. 즉, 일반적으로 선거정보가 많을수록 전략투표와 분할투표 비율이 높아진다는 주장(Moser and Scheiner 2009; Tavits and Annus 2006)이 받아들여지고 있는데, 오히려 2014년 지방선거에서는 후보를 선택하는 데 있어 정보가 부족할 때 오히려 분할투표의 비율이 높아지고 있음을 보여준다. 이러한 이례적 사례에 대해서는 추후 더 논의할 필요가 있지만, 선거정보의 부족에 의해 유권자들이 전략적 동기에 의한 분할투표보다는 인물투표에 의한 분할투표를 한다고 할 수 있다.

일반적으로 분할투표를 하는 유권자의 정치적 성향 중 하나로 가장 많이 언급되는 것은 정당일체감이다. 즉, 정당일체감이 낮은 유권자일수록 일괄투표보다는 분할투표를 한다는 점이 검증되고 있다(Gschwend 2007). 2014년 지방선거에서도 정당일체감과 분할투표 사이에 관계가 있는지를 분석하고자 한다. 그러나 유권자 의식조사 항목에 있어 정당일체감을 묻는 항목이 존재

〈표 4〉 정당 친밀감과 분할투표

	새누리당	새정치민주연합	군소정당	전체
분할투표	27(9.4)	24(11.0)	6(40.0)	57(10.9)
일괄투표	261(90.6)	195(89.0)	9(60.0)	465(89.1)

$x^2 = 13.748$ sig. 0.001

하지 않기 때문에 정당일체감을 직접적으로 나타내는 지표를 사용하기 어렵다는 한계를 갖고 있다. 따라서 기존 연구에서 정당일체감을 대체하여 사용한 정당선호도와 분할투표 사이의 관계를 검증하고자 한다. 이는 한국정치 현실에서 정당일체감과 선호도에 대한 구분이 어렵다는 사실을 고려한 것이다(윤광일 2014a, 44).

〈표 4〉는 대정당과 군소정당에 친밀감을 갖는 응답자들 중 분할투표의 비율을 살펴본 것이다. 그 결과 대정당에 친밀감을 갖는 응답자의 약 10%가 분할투표를 하였으며, 군소정당에 친밀감을 갖는 응답자의 40%가 분할투표를 한 것으로 응답되었다. 이 결과만을 보면 군소정당 지지자들의 분할투표 비율이 높다는 것은 듀베르제(M. Duverger 1954)가 제시한 사표방지를 위한 심리적 효과에 따른 분할투표가 있다는 점을 보여주는 것이다.

그러나 대정당과 군소정당에 대한 친밀감을 갖는 응답자들의 분할투표 패턴을 보면 사표방지 전략에 의한 분할투표가 이루어졌다고 보기 어렵다. 즉, 새누리당에 친밀감을 가지면서 지역대표로 새누리당을 선택한 응답자 17명 중 7명(41.2%)이 비례대표에서는 새정치민주연합에 투표하였으며, 군소정당에 투표한 응답자는 9명(52.9%)이다. 새정치민주연합에 친밀감을 갖고 지역대표를 새정치민주연합에 투표한 응답자 18명 중 비례대표로 한나라당을 선택한 응답자는 5명(27.8%)이며, 군소정당에 투표한 응답자는 2명(11.1%)이다. 마지막으로 군소정당에 친밀감을 응답자 6명 중 지역대표로 대정당을 선택하고 비례대표로 군소정당을 선택한 응답자는 2명으로 33.3%로 나타났으며, 지역대표로 군소정당을 그리고 비례대표로 대정당을 선택한

〈표 5〉 분할투표자의 정당선호도 비율

정당선호도	새누리당		새정치민주연합		통합진보당		정의당	
	분할	일괄	분할	일괄	분할	일괄	분할	일괄
0점	0.9	2.1	0.9	3.2	3.6	6.1	3.9	5.1
1점	5.4	2.9	0	2.9	10.0	12.8	2.0	11.2
2점	10.8	6.0	1.8	4.6	6.4	14.5	15.7	14.7
3점	5.4	11.0	7.2	9.6	22.7	14.5	11.8	16.0
4점	15.3	8.5	12.6	14.2	11.8	16.9	13.7	18.2
5점	16.2	15.2	23.4	16.2	20.0	17.1	23.5	22.1
6점	22.5	9.4	16.2	14.2	11.8	10.5	21.6	9.4
7점	11.7	15.2	12.6	16.9	10.0	6.1	3.9	2.0
8점	7.2	15.7	19.8	13.9	3.6	1.1	3.9	1.2
9점	1.8	6.2	5.4	4.1	-	-	0	0.2
10점	2.7	6.3	0.0	0.3	0	0.3	-	-
전체	100	100	100	100	100	100	100	100
	$x^2 = 36.546$ sig. 0.000		$x^2 = 14.542$ sig. 0.150		$x^2 = 18.830$ sig. 0.027		$x^2 = 27.458$ sig. 0.001	

응답자도 2명(33.3%)이다. 또한 지역대표와 비례대표 모두 대정당에 투표한 응답자도 2명으로 나타났다. 이와 같은 대정당과 군소정당에 친밀감을 갖는 응답자들의 분할투표 패턴은 사표방지 전략보다는 연합보장 전략 또는 정책균형 전략에 의한 것으로 이해할 수 있다.

다음으로 정당선호도와 분할투표의 관계를 분석하였다. 일반적으로 정당선호와 일체감이 온건한 유권자는 정책균형 전략에 따른 분할투표를 함으로써 정책의 일방적인 결정과 집행을 견제한다고 보고 있다(Fiorina 1996; 윤광일 2014a). 따라서 정당선호도의 정도를 통해 분할투표의 동기를 추적할 필요가 있다. 즉, 대정당 또는 군소정당에 대한 온건한 정당선호도를 갖는 응답자의 분할투표 비율이 높을 때 분할투표 동기로 정책균형 전략이 작용하였다고 할 수 있다. 정당에 대한 선호도와 분할투표 사이의 관계를 보면, 분할투표 분포가 정상분포를 보이고 있다. 즉, 각 정당에 대한 선호도가 아주 높거나 아주 낮을 때 분할투표의 비율은 낮아지고 정당선호도가 중앙에 분포할수록 분할투표의 비율이 높아지고 있다. 특히 11점 척도 중에서 4점부터 6~7점까지 분할투표 분포가 밀집되어 있다. 이러한 결과는 대정당이든 군소정당이든 정당에 대한 온건한 선호를 보이는 유권자일수록 분할투표를 할 가능성이 높음을 보여준다.

분할투표의 동기가 정책균형 전략에 의한 것인지를 파악하는 또 다른 방법은 정당에 대한 투표패턴을 보는 것이다. 즉, 정책균형 전략은 한 정당의 독주를 막기 위해 대정당 간의 분할투표를 보이고 있다. 이 같은 분할투표 패턴이 존재하는지를 분석한 결과, 111명의 분할투표자 중 대정당 간 분할투표를 한 응답자는 53.2%인 59명이었으며, 지역대표로 대정당 후보를 그리고 비례대표로 군소정당에 투표한 응답자는 21명(18.9%)이다. 그리고 지역대표로 군소정당 후보에게 그리고 비례대표로 대정당에 투표한 응답자는 5명(4.5%)이며, 군소정당 간 분할투표를 한 응답자는 발견되지 않았다.

<표 6> 지역대표와 비례대표의 분할투표 패턴

		비례대표(111명)					
		새누리당	새정치민주연합	통합진보당	정의당	기타정당	기권
지역대표	새누리당	0	33 (71.7)	3 (6.5)	4 (8.7)	4 (8.7)	2 (4.3)
	새정치민주연합	26 (53.1)	0	7 (14.3)	2 (4.1)	1 (2.0)	13 (26.5)
	통합진보당	2 (40.0)	3 (60.0)	0	0	0	0
	무소속	4 (36.4)	5 (45.5)	1 (9.1)	1 (9.1)	0	0
$x^2 = 24.353$(sig. 0.000)							

이 같은 결과는 군소정당에 대해 친밀감을 갖는 응답자들이 사표방지 전략이나 연합보장을 위해 분할투표 보다는 정책균형 전략에 의해 유권자들이 분할투표를 하고 있음을 보여주는 것이다. 즉, 대정당과 군소정당 간의 분할투표의 비율보다 대정당 사이의 분할투표 비율이 높다는 점은 분할투표자들이 사표방지 전략이나 연합보장 전략보다는 특정정당의 일방적인 정책결정과 집행을 견제하고자 하는 정책균형 전략에 의해 분할투표를 하고 있다고 볼 수 있다(박찬욱 2004; 박찬욱·홍지연 2009; 어수영 2011).

마지막으로 정책균형 전략에 의해 분할투표가 이루어졌는지를 검증하기 위해 현 정부에 대한 유권자의 평가를 분석하였다. 정책균형 전략에 따른 분할투표가 이루어졌는가를 평가하기 위해서는 각 정당의 주요 정책 내용과 정부의 정책에 대한 유권자의 평가를 측정하는 것이 중요하나, 자료의 한계로 인해 현직 대통령의 국정운영에 대한 평가와 세월호 사고 이후 정부의 대처에 대한 평가를 묻는 질문항을 이용하였다. 그 결과, 두 분석 모두 통계적으로 유의미하지 않은 것으로 검증되었다는 점에서 현 정부의 국정운영과 세월호 사고에 대한 정부의 대처가 유권자의 정책균형 전략에 기초한 분할투표에 영향을 주지 않았다고 평가할 수 있다.

〈표 5〉에서 유권자의 이념과 분할투표의 관계를 분석하였다.[7] 그 결과

〈표 7〉 현 정부의 국정운영과 세월호 사고 대처에 대한 평가와 분할투표

		현 정부의 국정운영			현 정부의 세월호 대처		
		분할투표	일괄투표	검정치	분할투표	일괄투표	검정치
현 정부에 대한 평가	매우 잘했다	11.4	88.6	$x^2 = 1.273$ sig. 0.736	25.0	75.0	$x^2 = 6.577$ sig. 0.087
	잘한 편이다	14.8	85.2		8.9	91.1	
	못한 편이다	16.3	83.7		15.0	85.0	
	매우 못했다	11.7	88.3		18.8	81.2	

7) 이념은 설문조사에서는 11점 척도로 구성되어 있으나, 본 연구에서는 진보(0~3), 중도(4~6), 보수(7~10)로 변환하여 사용하였음.

<표 8> 유권자의 이념과 분할투표(이념 중 %/분할투표 중 %)

		2014		
		분할투표	일괄투표	검정치
이념	보수	12.0/32.7	88.0/41.3	x^2 = 4.133 sig. 0.127
	중도	15.1/43.0	84.9/41.4	
	진보	19.4/24.3	80.6/17.3	
	전체	100/100	100/100	

유권자의 이념은 통계적으로 유의미하지는 않은 것으로 나타났다. 그리고 지난 3번의 총선에서와 같이 진보적일수록 분할투표의 비율이 다른 이념성향보다 높게 나타났다. 그러나 흥미로운 점은 분할투표를 한 응답자들의 분포이다. 즉, 분할투표를 한 응답자에 있어 중도적 이념성향을 갖는 응답자의 분할투표 비율이 가장 높으며, 다음으로 보수적인 응답자들이 높게 나왔다.[8] 이러한 결과는 중도적 이념성향일수록 분할투표 할 경향이 높음을 보여준다.

---

8) 제17, 18, 19대 국회의원선거의 이념성향과 투표행태(출처: 김형철(2012), p.69 수정).

	제17대 총선		제18대 총선		제19대 총선	
	일괄	분할	일괄	분할	일괄	분할
보수	88.6	11.4	62.8	37.2	84.3	15.7
중도	78.2	21.8	51.6	48.4	71.4	28.6
진보	69.4	30.6	59.9	40.1	64.2	35.8

IV. 유권자의 분할투표 전략에 영향을 준 요인 검증

1. 분석모형과 변인의 조작화

이 절에서는 앞서 분할투표와 관계를 맺는 정치성향 요인의 영향력을 검증함으로써 유권자가 분할투표를 함에 있어 어떤 동기가 작용하였는지를 로지스틱 회귀분석을 통해 밝히고자 한다. 이를 위해 다음과 같은 분석모형을 구축하였다.

> 분할투표 여부 = f(투표 시 중요한 고려 요인, 정치적 지식과 정보, 정당선호도,
> 현 정부의 국정운영에 대한 평가, 유권자의 이념성향, 통제변인)

이 연구의 종속변인은 유권자들의 투표전략을 이항변인화하였다. 즉, 응답자들이 광역의회선거에서 지역대표와 비례대표에 대해 같은 정당에 투표한 일괄투표일 때 0, 각각 다른 정당에 투표한 분할투표일 때 1로 측정하였다(일괄투표=0; 분할투표=1).

다음으로 독립변인은 먼저 투표 시 고려 요인을 정책 및 공약(1), 소속정당(2), 인물(3)으로 측정하였으며, 정치적 지식은 유권자의 선거제도에 대한 지식을 묻는 "투표 이전에 지방선거가 1인 7표제인지 알고 있는지"에 대해 알고 있었다(1), 알지 못했다(2)로 측정하였다. 또한 정치적 정보와 관련해서는 "이번 선거에서 지지할 후보나 정당을 고르는데 정보가 어느 정도 충분하였는지를 묻는 항목을 이용하였으며, '매우 충분하다'와 '충분한 편이다'(1), '부족한 편이다'와 '매우 부족한 편이다'(2)로 이항변인으로 측정하였다. 그리고 정당선호도는 매우 싫어한다(0)에서 매우 좋아한다(10)까지 11점 척도로 측정하였다.

현 정부의 국정운영과 세월호 사고 대처에 대한 유권자의 평가를 묻는 항목을 이용하여 측정하였다. 즉, 현 정부의 국정운영과 세월호 대처에 대해

온건한 입장일수록 분할투표에 영향을 주는가를 분석하기 위해 '매우 잘하고 있다'(1), '대체로 잘하고 있다'(2), '대체로 잘못하고 있다'(3), '매우 잘못하고 있다'(4)로 측정하였다. 유권자의 이념성향은 주관적 이념성향을 묻는 항목을 이용하였으며, 진보(0)에서 보수(10)까지 11점 척도로 측정하였다.

　마지막으로 통제변인으로는 사회인구학적 특성으로 기존 연구에서 분할투표에 영향을 준 것으로 언급되는 연령과 이 연구에서 카이제곱 검증결과 통계적으로 유의미한 관계를 갖은 학력 그리고 직종을 분석모형에 포함하였다. 학력은 전문대 이하와 4년제 대학 이상을 하나의 범주로 조작하여 중졸 이하(1), 고졸 이하(2), 전문대 이상(3)으로 측정하였다.

2. 분석 결과

　2010년 지방선거와 2014년 지방선거를 대상으로 응답자들의 사회인구학적 요인과 정치적 요인을 통합한 로지스트 회귀모형을 분석한 결과는 〈표 9〉와 같다. 먼저 통제변인으로 제시한 사회인구학적 요인의 경우, 연령, 학력 그리고 직종 모두에서 분할투표와 통계적으로 유의미한 값을 보이고 있지 않다. 그러나 방향성을 관찰하면 다른 변인이 모두 통제되었을 때 연령이 낮을수록, 고학력일수록 그리고 화이트칼라일수록 분할투표를 할 가능성이 있음을 보여주고 있다.

　다음으로 유권자의 정치성향에 대한 분석 결과는 분할투표에 통계적으로 유의미한 영향을 주는 요인들이 탐색되어진다. 먼저 투표 시 고려한 요인으로서 정책과 공약을 기준으로 했을 때 소속정당보다는 인물을 고려한 유권자들이 투표전략에 영향을 주는 것으로 나타난다. 즉, 소속정당보다는 인물을 중심으로 유권자들은 분할투표를 할 것인지 아니면 일괄투표를 할 것인지에 대한 결정을 하고 있음을 알 수 있다. 인물고려의 회귀계수 값이 -0.557로서 분할투표보다는 일괄투표의 가능성이 높은 것으로 분석된다. 이는 앞서 살펴본 투표 시 고려사항과 분할투표의 교차분석의 결과와 차이를

〈표 9〉 로지스트 회귀분석 분석 결과

변인(기준)	2014년 지방선거			
	B	SE	Wals	Exp(B)
연령	-0.045	0.104	0.186	0.956
학력	0.108	0.138	0.607	1.114
직종	-0.086	0.059	2.171	0.917
투표고려(정책/공약 기준)			4.664	
소속정당	-0.215	0.318	0.456	0.807
인물	-0.557*	0.262	4.538	0.573
선거제도에 대한 지식	-0.726*	0.364	3.989	0.484
선거정보	0.093	0.235	0.158	1.098
새누리당 선호도	-0.043	0.145	0.089	0.958
새정치민주연합 선호도	-0.071	0.154	0.210	0.932
통합진보당 선호도	-0.285+	0.170	2.832	0.752
정의당 선호도	0.815***	0.186	19.252	2.260
현 정부의 국정운영에 대한 평가	-0.429*	0.218	3.861	0.651
세월호 대처에 대한 평가	0.238	0.202	1.395	1.269
유권자의 주관적 이념	-0.025	0.079	0.098	0.975
상수항	-1.020	1.451	0.495	0.360
-2 Log 우도 Cox & Snell R2 Nagelkerke 카이제곱	521.476 .0063 0.113 45.171***		분류 정확	85.8%
N	699			

+ p<0.1, * p<0.05, ** p<0.01, *** p<0.001

보이고 있는데 이에 대해서는 정교한 분석이 요구된다.

다음으로 정치적 지식과 정보에 대한 분석 결과는 투표하기 전에 선거제
도에 대한 정치적 지식만이 투표전략에 통계적으로 유의미한 영향을 주는

것으로 분석되고 있다. 즉, 유권자들이 투표 하기 이전에 선거제도에 대한 지식이 높을수록 분할투표를 할 가능성이 큼을 예측할 수 있다. 반면에 정당과 후보에 대한 정보라는 선거정보에 대한 유권자의 만족도는 투표전략에 영향을 주지 않고 있다. 그러나 둘 사이의 관계가 양(+)의 값을 갖는다는 점에서 선거정보가 불만족스러운 유권자일수록 일괄투표보다는 분할투표를 할 가능성이 있음을 보여주고 있다. 이 연구에서는 선거제도에 대한 지식과 선거정보를 묻는 단일 설문항을 사용하였기 때문에 유권자의 정치적 지식과 정보가 분할투표에 미치는 영향에 대해 쉽게 판단하기 어렵다. 따라서 이후 연구에서는 넓은 의미에서의 정치적 지식과 정보의 영향력을 분석할 수 있는 설문항의 추가와 측정지표의 구축이 요구된다고 판단된다.

유권자의 정당선호도가 투표전략에 영향을 준 정당은 정의당과 통합진보당이다. 특히 정의당은 다른 정당과 달리 정당선호도와 분할투표 사이의 정(+)의 관계를 보이고 있으며, 회귀계수 값도 0.815로 가장 높다. 또한 통합진보당은 0.1의 유의수준에서 정당선호도와 분할투표 사이의 부(-)의 관계를 보이고 있다. 즉, 통합진보당에 대한 정당선호가 강할수록 일괄투표를 하였음을 알 수 있다. 이들 군소정당에 있어 정당선호도가 투표전략에 다른 양상을 보이는 이유는 2014년에 통합진보당에 대한 종북논쟁의 영향 때문이다. 종북논쟁은 새정치민주연합과 통합진보당의 선거연합뿐만 아니라 정의당과 통합진보당 간의 선거연합도 어렵게 하였으며, 통합진보당에 대한 두 정당의 거리두기가 통합진보당을 선호하는 유권자의 투표전략을 일괄투표로 제약하였다고 할 수 있다. 반면 정의당은 새정치민주연합과의 공식적인 선거연합을 이루지는 않았지만 대다수의 지역선거구에서 지역대표 후보를 출마시키지 않음으로써 정의당에 선호를 갖는 유권자들이 필수 분할투표를 하게 되었기 때문이라고 설명할 수 있다.

현 정부의 국정운영에 대한 평가와 세월호 사고 이후 정부의 대처에 대한 평가를 보면, 현 정부의 국정운영에 대해 긍정적으로 평가하는 유권자일수록 분할투표를 할 가능성이 높은 것으로 분석된다. 이는 역으로 현 정부의 국정운영에 대해 부정적인 평가를 하는 유권자일수록 집권정당인 새누리당이 아닌 반대당에 일괄투표를 하였음을 의미하는 것이다. 현 정부의 국정운영에 대한 평가가 유권자의 투표전략에 영향을 주었다는 점은 지방선거에서의 유권자의 투표결정이 중앙정치에 대한 평가에 의해 이루어지고 있음을 보여주는 것이라고 할 수 있다.

반면에 세월호 사고 이후 정부의 대처에 대한 평가는 투표전략에 통계적으로 유의미한 영향을 보이지 않고 있지만, 긍정적으로 평가할수록 일괄투표를 그리고 부정적으로 평가할수록 분할투표를 할 가능성이 있는 것으로 분석된다. 그리고 유권자의 주관적 이념은 통계적 유의미성이 없으며, 이념성향과 투표전략 사이의 관계는 부(-)의 관계로서 진보성향의 유권자일수록 분할투표를 하는 것으로 나타났다.

정리하면, 유권자의 분할투표에 영향을 주는 요인은 투표 시 인물 고려, 선거지식, 정당에 대한 선호도 그리고 현 정부의 국정운영에 대한 평가로 탐색되어졌다. 즉, 다른 조건이 같다면, 투표 시 고려사항으로 인물보다는 정책이나 공약을 고려하고, 선거제도에 대해 알고 있으며, 정의당에 대한 선호가 강하며, 현 정부의 국정운영에 대해 긍정적일수록 분할투표를 할 가능성이 높다고 할 수 있다. 그리고 분할투표를 한 응답자 111명의 투표패턴을 살펴보면 대정당 간 분할투표를 할 비율이 53.2%(59명)로 가장 많다. 다음으로 지역대표는 대정당을 그리고 비례대표는 군소정당에게 투표한 비율은 18.9%(21명)이며, 지역대표는 군소정당을 그리고 비례대표는 대정당

〈표 10〉 2014년 지방선거에서의 분할투표자 투표패턴 비율

지역대표	비례대표	비율
대정당	군소정당	21명(18.9%)
대정당	대정당	59명(53.2%)
대정당	기권	15명(13.5%)
군소정당	대정당	5명(4.5%)
무소속	대정당/군소정당	11명(9.9%)

에 투표한 비율은 4.5%(5명)이다. 나머지 투표패턴은 지역대표를 대정당이
나 무소속에게 투표하고 비례대표를 기권 또는 정당에 투표한 것으로
23.4%(26명)이다. 이렇듯 대정당 간 분할투표의 비율이 과반을 넘는다는
점은 이번 지방선거에서 유권자들이 정책균형 전략에 의해 분할투표를 하였
음을 추정할 수 있다.

V. 결론

이 연구의 목적은 2014년 지방선거에서 누가 그리고 왜 분할투표를 하였
는가를 분석하는 것으로 먼저 분할투표에 영향을 주는 사회인구학적 특성과
유권자의 정치성향을 가설검증기법을 통해 검증하였다. 그 결과, 사회인구
학적 특성에서 학력과 직종이 통계적으로 유의미한 변인으로 검증되었으며,
정치성향 변인은 투표 시 중요한 고려 요인, 정치적 지식과 정보, 그리고
정당선호도만이 통계적으로 유의미한 것으로 분석되었다. 그러나 유의미한
것으로 나타난 변인들이 다른 변인의 영향이 없이 분할투표에 영향을 주고
있는지를 판단하기 위해 연령, 학력 그리고 직종을 통제변인으로 하고 가설
에서 제시한 정치성향 변인을 독립변인으로 하여 로지스트 회귀분석을 수행
하였다.

그 결과, 모형의 적합성은 매우 낮지만 분할투표에 영향을 주는 독립변인
으로 투표 시 고려 사항인 인물, 선거제도에 대한 지식, 그리고 군소정당에
대한 선호의 정도 그리고 현 정부의 국정운영에 대한 평가가 다른 조건이
동일할 때 분할투표에 영향을 주는 것으로 밝혀졌다. 그리고 분할투표자의
투표패턴을 분석한 결과, 2014년 지방선거에서 분할투표 패턴이 대정당 간
에 이루어지고 있음을 알 수 있었다. 이 같은 대정당 간 분할투표 비율이
높다는 점은 유권자의 분할투표 동기가 특정 정당의 지배적인 정치과정을

방지하기 위한 정책균형 전략에 의한 것이라고 할 수 있다. 반면 지역대표는 대정당을 그리고 비례대표는 군소정당을 선택한 분할투표는 18.9%로 두 번째 많지만, 군소정당과 친밀감이 있다는 응답자 15명 중에 6명만이 분할투표를 하였다는 점에서 사표방지 전략이 이번 지방선거에서 분할투표의 동기로 제시되긴 어렵다고 할 수 있다. 즉, 지역대표는 대정당에 그리고 비례대표는 군소정당에 투표한 응답자는 총 21명이며, 이 중 28.6%인 6명만이 이론적으로 사표방지 전략에 의한 분할투표를 했으며, 나머지 15명은 연합보장 전략 또는 인물투표에 의해 분할투표를 했다고 할 수 있을 것이다.

이 연구의 한계는 첫째, 누가 분할투표를 하는가를 명확하게 밝히고 있지 못하다는 점이다. 즉, 가설검정기법에서 탐색된 변인들과 로지스틱 회귀분석에서 탐색된 변인들이 차이를 보이고 있다. 예를 들어, 현 정부의 국정운영에 대한 평가는 가설검정기법에서 통계적으로 유의미하지 않았는데 로지스틱 회귀분석에서는 분할투표에 유의미한 영향을 주는 것으로 나타났다. 또한 투표 시 고려점도 가설검정기법에서는 인물을 중시할수록 분할투표 비율이 낮아졌는데 로지스틱 회귀분석에서는 일괄투표를 하는 것으로 나타났다. 따라서 이들 변인들의 영향을 분명하게 보여주기 위한 이론적·방법론적 노력이 요구된다.

둘째, 왜 분할투표를 하는가에 대한 명확한 분석이 이루어지지 않고 분할투표 패턴을 통해 추정하고 있다는 점이다. 이같이 분할투표 패턴을 중심으로 동기를 추적할 때 발생되는 문제는 동기가 다르더라도 관측상 동일한 투표패턴이 보이기 때문이다(윤광일 2014a, 62). 때문에 이 연구에서는 분할투표에 영향을 주는 요인과 분할투표 패턴을 통해 동기를 추적하고자 하였으나 설문조사 항목의 제한성 및 조작화의 어려움에 의해 추론적 설명에 그치고 말았다. 따라서 이 같은 문제를 해결하기 위해 분할투표 동기를 분석하기 위한 설문조사 항목의 정교화와 연구기법의 개발이 요구된다.

【참고문헌】

강원택. 1999. "지방정치에 대한 중앙정치의 영향-지방적 행사 혹은 중앙정치의 대리
　　전?" 조중빈 편. 『한국의 선거 III: 1998년 지방선거를 중심으로』, 78-114.
　　서울: 푸른길.
＿＿＿. 2010. "2010년 지방선거에서의 분할투표: 서울 지역을 중심으로." 『한국과
　　국제정치』 제6권 4호, 1-26.
김영래·박상신. 2009. "한국의 혼합선거제도와 정당체계의 변화 연구." 『OUGHTO-
　　PIA: The Journal of Social Paradigm Studies』 제24권 제1호.
김영태. 2002. "1인 2표제의 제도적 효과와 정치적 영향." 진영재 편. 『한국의 선거
　　제도 I』. 서울: 한국사회과학데이터센터.
김왕식. 2006. "1인 2표제 도입의 정치적 효과." 어수영 편저. 『한국의 선거 V』,
　　155-184. 서울: 오름.
김형철. 2012. "혼합식 다수대표제의 정치적 결과에 대한 분석: 제19대 국회의원선거
　　를 중심으로." 『선거연구』 제2권 제2호, 51-86.
박찬욱. 2004. "제17대 총선에서 2표병립제와 유권자의 분할투표: 선거제도의 미시
　　적 효과 분석." 『한국정치연구』 제13집 제2호, 39-85.
박찬욱·홍지연. 2009. "제18대 국회의원 총선거에서 한국 유권자들의 분할투표 행
　　태에 관한 분석." 『한국정치연구』 제18집 제1호, 1-28.
박천호. 2008. "미국 정당의 양극화 현상과 분할투표 결정요인의 변동에 관한 연구:
　　피오리나(Morris P, Fiorina)의 정책균형 분할투표 이론을 중심으로." 『미국
　　학』 제31권 제2호, 293-326.
어수영. 2011. "혼합선거제도 도입에 따른 정치적 효과 분석." 『선거연구』 제1권 제1
　　호, 7-36.
윤광일. 2014a. "6·4 지방선거와 분할투표: 광역단체장과 광역의회 선거를 중심으
　　로." 『한국정당학회보』 제13권 제3호, 35-67.
＿＿＿. 2014b. "6·4 지방선거와 분할투표: 기초단체장과 기초의회 선거 사례 분
　　석." 『의정연구』 제43호, 185-220.

조진만·최준영. 2006a. "1인 2표 병립제의 도입과 유권자의 투표행태."『한국정치학회보』제40집 제1호, 71-90.

지병근. 2011. "6·2 지방선거에서 나타난 분할투표: 광역단체장 선거와 광역비례대표의원 선거 사례를 중심으로." 이내영·임성학 공편. 『변화하는 한국 유권자 4: 패널조사를 통해 본 2010 지방선거』. 서울: 동아시아연구원, 55-71.

_____. 2014. "선거구 제도와 군소정당 지지자들의 투표행태: 2010년 기초의회선거 사례분석."『한국정치연구』제23집 제2호, 185-210.

한상익. 2013. "2표병립제에서 군소정당 지지자들의 전략투표."『한국정치학회보』제47집 제5호, 235-254.

_____. 2014. "선거구 경쟁도와 전략적 분할투표: 17대와 18대 국회의원 총선거를 사례로."『한국정치연구』제23집 제2호, 161-184.

Burden, Barry C., and Gretchen Helmke. 2009. "The Comparative Study of Split-Ticket Voting." *Electoral Studies*, Vol.28, 1-7.

Cox., Gary W. 1997. *Making Votes Count*. New York: Cambridge University Press.

Gschwend, Thomas. 2007. "Ticket-Splitting and Strategic Voting under Mixed electoral rules: Evidence from Germany." *European Journal of Political Research*, Vol.46, 1-23.

Gschwend, Thomas, and Henk van der Kolk. 2006. "Split Ticket Voting in Mixed-Member Proportional Systems: The Hypothetical Case of The Netherlands." *Acta Politica*, Vol.41, 163-179.

Duverger, Maurice. 1954. *Political Parties: Their Organization and Activity in Modern State*. New York: Wiley; 장을병 역. 1982. 『정당론』. 서울: 사상문고.

Karp, Jeffey A. 2006. "Political Knowledge about Electoral Rules: Comparing Mixed Member Proportional Systems in German and New Zealand." *Electoral Studies*, Vol.25, 714-730.

Karp, Jeffey A, Jack Vowles, Susan A. Banducci, and Todd Donovan. 2002. "Strategic Voting, Party Activity, and Candidate Effects: Testing Explanations for Split Voting in New Zealand's New Mixed System." *Electoral Studies*, Vol.21, 1-22.

Kohno, Masaru. 1997. "Voter Turnout and Strategic Ticket-Splitting under

Japan's New Electoral Rules." *Asian Survey*, Vol.7, No.5.

Moser, Robert G. and Ethan Scheiner. 2005. "Strategic Ticket Splitting and the Personal Vote in Mixed-Member Electoral Systems." *Legislative Studies Quarterly*, Vol.30, No.2, 259-276.

Moser, Robert G., and Ethan Scheiner. 2009. "Strategic Voting in Established and New Democracies: Ticket splitting in Mixed-Member Electoral Systems." *Electoral Studies*, Vol.28, 51-61.

Park, Chan Wook. 2009. "Effects of a Two-vote Mixed-Member Majoritarian System on Citizens' Voting Behavior in the Korean National Assembly Elections." 『한국정치학회보』 제43집 제5호.

Fiorina, Morris P. 1992. "An Era of Divided Government." *Political Science Quarterly*, Vol.107, No.3, 387-410.

Shugart, Matthew S., and Martin P. Wattenberg. 2001. *Mixed-Member Electoral Systems: The Best of Both Worlds?* New York: Oxford University Press.

Tavits, Margit, and Taavi Annus. 2006. "Learning to Make Votes Count: The Role of democratic Experience." *Electoral Studies*, Vol.25, 72-90.

제10장

한국 지방선거 연구의 동향과 과제:
선거제도의 정치적 효과와 투표행태 분석

황아란 | 부산대학교 공공정책학부

I. 서론

　민주화 이후 한국의 지방자치제 도입은 풀뿌리 민주주의의 실현이란 정치적 상징이자 민주주의를 공고화시키기 위한 실천적 의미도 강하게 지닌 것이었다. 광역과 기초의 지방의원선거가 1991년 30여 년 만에 다시 실시되고, 1995년 단체장선거와의 동시 실시로 본격적인 지방자치 시대가 개막되었다. 지방선거는 1998년 국회의원선거와의 선거주기 조정을 위해 한시적으로 3년 만에 치러졌으나 그 이후로는 4년마다 정기적인 지방선거가 실시되어 안정적인 제도화 과정에 들어섰으며, 지금까지 많은 연구가 진행되어 왔다.

　한국의 지방선거에 대한 연구는 일반적인 선거연구와 같이 크게 제도적인 접근과 행태적인 접근으로 나눌 수 있으며, 분석에 활용되는 경험적 자료 또한 선거결과의 집합자료와 유권자 인식조사의 설문자료로 구분할 수 있다. 지방선거제도에 대한 연구들은 특히 선거제도의 변화, 즉 지방의원 비례대표 선출의 1인 2표제와 여성할당제, 기초의원선거의 단기비이양식 중선거구제와 정당공천제 도입 등이 가져온 정치적 효과를 분석하는 데 중점을 두어 왔다. 한편 지방선거의 투표행태에 대한 연구들은 투표참여의 도저촌고(都低村高) 현상이나 투표 선택의 지역분할 현상, 일당지배 현상 등에 주목하여 지방선거에 대한 유권자의 관심을 비롯해 투표참여와 후보 선택의 결정 요인을 밝히는 데 많은 노력을 기울여 왔다.

그러나 지방선거에 대한 연구가 대통령선거나 국회의원선거를 대상으로 한 연구들과 다른 점은 보다 거시적인 차원에서 민주화 이후 지방자치제의 도입이 가져온 변화와 영향을 살피는 데 있다. 지방선거의 투표참여와 후보 선택은 지방자치에 대한 유권자의 관심과 기대를 반영한다는 점에서 지방정치의 현실을 진단하는 기초이다. 특히 지방선거는 선거구제를 포함하여 핵심적인 선거제도들의 변화가 이루어졌기 때문에 민주화 직후의 다양한 실험적 선거들에 대한 연구는 그 의미가 크다고 할 수 있다. 이는 역사를 반복할 수도, 인위적으로 바꿀 수도 없다는 점에서 연구자에게는 매우 흥미롭고 귀중한 기회라 할 것이다. 요컨대 민주화 이후 다양한 정치 환경의 변화와 더불어 지방선거제도의 변화가 유권자의 투표행태와 선거결과에 미친 영향을 분석하는 것은 중앙정치와의 새로운 관계 변화 속에 정립해 나가는 지방정치의 현주소를 살피는 데 매우 중요하다 하겠다.

이 글은 필자가 지난 15년간 지방선거를 주제로 발표한 20여 편의 논문을 중심으로 관련 문헌들을 참조하여 지방선거의 경험적 연구 동향을 정리하고, 이를 통하여 향후 지방선거의 특징과 변화를 분석하는 데 필요한 연구 주제의 발굴과 접근 방법을 모색하는 데 도움이 되고자 한다. 먼저, 지방선거제도의 정치적 효과에 대한 연구는 동시선거제, 정당공천제, 여성할당제, 중선거구제 등의 실시가 지방선거 결과에 미친 영향에 대한 것을 중심으로, 본고에서는 각 제도의 찬반 쟁점과 제도 현황을 기술한 후 연구결과의 주요 내용을 요약할 것이다. 한편 지방선거의 투표행태에 대한 연구는 투표참여와 투표 선택을 분석하기 위해 개발된 모형을 기술한 후, 주요 발견 내용을 정리할 것이다. 끝으로 지금까지 지방선거 결과의 현황과 특징을 들어 향후 연구 과제를 논의하고자 한다.

II. 지방선거의 제도 연구: 선거제도의 정치적 효과

1. 동시선거제도

1) 쟁점 및 현황

지방선거의 동시실시는 선거관리의 효율성을 높이고 유권자들이 선거에 대한 관심을 갖도록 하여 투표참여를 활성화시키는 긍정적인 측면을 지니는 반면, 유권자의 관심이나 참여의사가 없는 선거에 대해서도 투표하도록 만드는 제도적 강제성을 지닌다. 주시할 점은 동시선거의 제도적인 투표강요는 투표참여뿐 아니라 선거결과에도 중요한 영향을 미칠 수 있다는 점이다. 특정 선거에 자발적인 참여 의사가 없는 유권자에게 투표를 하도록 강요하는 것은 신중한 판단에 의한 투표 선택을 방해하며, 그로 인한 선거결과는 유권자들의 진정한 의사를 제대로 반영하지 못하는 문제를 지닐 수 있다.

지방선거의 동시실시에 따른 제도적 동원은 지방의원선거와 같이 관심이 낮은 선거에서도 유권자가 투표를 해야 할 경우, 후보의 소속 정당이 정보비용을 줄여주는 유용한 도구가 되어 정당에 의존하는 투표 선택을 낳게 한다. 특히 전국에서 동시에 시행되는 지방선거는 중앙정당의 과도한 개입을 유도함으로써 지역의 이슈 대신 중앙정치의 쟁점과 정부·여당의 중간평가로서 심판론이 가장 중요한 선거이슈로 부각되는 결과를 가져온다(황아란 2006a; 2010a). 지방선거가 지방 중심이 아닌 중앙 중심의 행사로 치러지는 이러한 특징은 지방자치의 본질을 벗어난 것이라는 심각한 우려가 제기되는 이유이다. 지방선거에 미치는 중앙정치의 영향이 큰 이유 중에 하나는 유권자가 동시선거의 각급 선거에 출마한 후보들을 인지하는 데 과도한 정보비용이 요구되기 때문이다. 특히 각종 선거규제(보름 남짓한 짧은 선거운동기간과 여론조사결과의 공포 금지, 시민단체 활동 제한 등)로 인하여 유권자가 각급 선거의 후보를 제대로 파악하기 매우 힘든 한계를 지니는 것이다.

지금까지 지방선거의 동시실시는 계속 확대 적용되면서 유권자의 인지혼란을 가중시키는 문제를 야기해 왔다. 1995년 첫 동시지방선거에서는 광역 및 기초의 단체장과 지방의원을 선출하는 1인 4표제가 실시되었으며, 2002년 지방선거에서는 광역의원의 비례대표 정당명부 투표가 추가되어 1인 5표제가, 그리고 2006년 지방선거는 기초의원선거의 정당공천 확대와 함께 비례대표의원에 대한 정당투표도 추가되어 1인 6표제가 실시되었고, 2010년 지방선거는 교육감과 교육위원 선거까지 추가되어 1인 8표제로 실시됨으로써 유권자가 인지해야 하는 지역구 후보만도 평균 23명에 달하였다(황아란 2010b). 다만 2014년 지방선거에서는 교육위원선거가 제외되어 1인 7표제로 실시되었다.

2) 연구 성과

동시실시의 지방선거제도에 대한 연구는 크게 투표참여와 투표 선택으로 나누어 살펴 볼 수 있다. 투표참여에 미치는 동시선거제의 영향에 대한 연구는 유권자의 선거관심이 다른 각급 선거의 동시실시가 투표율에 부가적인 상승효과를 지니는지, 아니면 허위적인 관계의 동원효과인지를 밝히는 데 중점을 둔 것이라 할 수 있다. 각급 지방선거에 대한 유권자의 관심과 만족에 관한 설문자료에 기초하여 1998년 광역단체장과 광역의원선거의 분리실시에 대한 모의실험 연구(이현우·황아란 1999)는 동시실시의 비자발적 동원효과가 광역단체장선거보다 광역의원선거에서 매우 크다는 사실을 보여주었다.

지방선거 결과의 집합자료에 나타난 각급 선거의 당선경합에 기초하여 2010년 광역단체장과 기초단체장선거의 동시실시가 투표율에 미친 영향을 분석한 연구(황아란 2011a)는 각급선거의 당선경합도가 높을수록 투표율이 상승할 것이란 가설을 검증하였는데, 광역단체장선거와 기초단체장선거의 당선경합도가 각각 투표율에 독립적인 영향력을 지닌 것을 발견하고 동시선거제의 부가적인 상승효과를 주장하였다. 주목할 점은 광역시와 도를 구분하여 분석할 경우, 광역시는 광역시장선거의 당선경합도만이 투표율에 독립적인 영향을 미치는 반면, 도는 시장·군수선거의 당선경합도만이 독립적인 영향력을 지닌다는 것이다. 이는 광역시와 도의 상이한 행정적·재정적 권한의 차이에서 기인한 유권자의 자치효능감이 상이하기 때문에 투표참여의 동인이 다를 수 있음을 보여준 것이라 할 수 있다.

한편 전국 동시실시의 지방선거제도가 투표 선택에 미치는 영향은 줄투표, 기호효과, 1당독점 등 동시선거의 인지적 혼란에 따른 정당 효과의 강화란 측면에서 정당공천제와도 밀접한 관련이 있다. 지방선거에서의 정당일괄투표현상(이현우 1999; 이현우·황아란 1999)이나 기초의원선거에서의 기호편중 현상(정준표 2007; 황아란 2010b; 2010c) 등은 동시선거의 후보인지 혼란으로 인한 제도적 동원의 결과라고 할 수 있다. 또 동시선거의 구조하에 발생하는 분할투표 현상 역시 흥미로운 연구주제라 할 수 있는데, 광역단체장과 광역비례의원선거의 분할투표에 대한 연구(지병근 2011)와 광역단체장과 기초단체장의 분할투표에 대한 연구(강원택 2010)는 정당에 대한 선호와 정부·여당에 대한 평가가 분할선택의 주요 요인으로 중앙정치의 정당 영향이 지방선거의 투표 선택에 중요한 요인임을 보여주었다.

2. 정당공천제

1) 쟁점 및 현황

민주화 이후 지방자치가 재개될 때부터 지방선거의 정당공천 문제는 기초단체선거를 중심으로 찬반 논쟁이 첨예하게 대립되어 왔다. 특히 2006년 기초의원선거에 정당공천이 확대 도입됨으로써 뜨거운 쟁점으로 부상하였는데, 2012년 대선에서 주요 후보들의 기초단체 정당공천폐지 공약이 2014

년 지방선거를 앞두고 철회되어 논란을 빚기도 하였다. 정당공천의 찬성론자들은 대의민주제의 기본원칙, 책임정치의 기반, 정당정치의 제도화, 중앙정치와의 연계성, 후보인지의 정보제공 효과 등을 논거로 삼으면서 정당공천의 점진적인 개선안을 주장하는 것을 볼 수 있다. 반면에 정당공천의 반대론자들은 지방자치의 비정치성을 강조하며, 현실에서 나타나는 중앙정치의 예속과 지역주의 확산, 정당공천의 부패 등을 논거로 삼으면서 정당공천 폐지 또는 잠정적인 배제안을 주장해 왔다.[1]

그러나 정당공천제 대한 찬성론자들이 그 폐해를 부인하는 것도, 반대론자들이 그 유용성을 모두 인정하지 않는 것도 아니라는 점에서 균형감 있는 접근을 요한다. 특히 정당공천제는 지역주의와 정부 여당에 대한 중간평가와 맞물려 지방선거의 통제기능이 지방수준에서 제대로 작동되지 못하고 중앙정치에 좌우되며, 일당 독점의 기관구성이 견제와 균형을 저해하는 심각한 문제를 낳기도 하지만, 다른 한편으로 선거의 경쟁성을 높이고 여성의 대표성을 증진시킬 수 있으며, 유권자의 낮은 선거관심과 정보부족으로 후보 선택에 곤란을 겪는 지방의원선거에서 투표 선택의 유용한 기준을 제공한다는 점도 인정해야 할 것이다.

사실 정당공천이 유권자의 투표행태에 광범위하고 강한 영향을 미치는 것은 정당이 선거과정의 핵심적인 역할을 담당하는 주체이기 때문이기도 하지만 유권자가 지방선거에 대한 관심과 후보에 대한 정보 수준이 매우 낮은 현실에 기인한 문제이기도 하다. 앞서 논의하였듯이 일괄투표가 빈번한 동시실시의 지방선거가 지닌 제도적 특성은 공직의 비중이 상대적으로 낮은 지방의원선거에 대한 유권자의 관심이 크지 않기 때문에 후보의 소속정당에 의존한 투표 선택이 일반적인 경향으로 나타나는 것이라 할 수 있다. 이는 지방선거의 정당공천제 폐해가 유권자의 낮은 선거관심과 중앙정치의 과도한 개입에서 비롯된 것으로, 정당공천제의 문제는 동시선거제도와 중선거구

---

1) 정당공천제의 찬반 논의는 박재욱(2007), 조성대(2007), 주용학(2007), 송광운(2008), 강경태(2009), 이승종(2009), 성기중(2009), 이동윤(2010) 참조.

제와 맞물려 증폭된 것이라 할 수 있기 때문이다.

2) 연구 성과

지방선거의 정당공천제에 대한 연구는 주로 정당공천이 지방자치의 자율성을 제약하고 지역의 일당독점을 강화시킨다는 분석이 많았다(정영태 1999; 황아란 2002a; 2002b; 조성대 2003; 이상묵 2007; 송광운 2008). 그러나 최근 들어 정당공천의 순기능적 측면, 즉 정당공천이 후보인지의 편의성을 높이고 선거관심을 제고시킬 수 있는 정보제공 효과에 주목하는 연구도 늘어나고 있다(가상준 2009; 황아란 2010b). 특히 2006년 기초의원선거의 정당공천 허용은 많은 연구자들이 지방정치엘리트 충원에 미친 영향, 즉 후보와 당선자의 인적구성 변화를 비롯하여 투표율과 선거경쟁, 정당분포 등의 변화들을 분석하는 데 높은 관심을 보이게 하였다(김용철 2006; 안청시·이승민 2006; 김원홍 외 2007; 박재욱 2007; 조찬례 2007; 이상묵 2008; 황아란 2010a; 2010b; 전용주 외 2011).

먼저 1995년과 1998년 기초단체장선거의 정당공천에 대한 연구(황아란 2002a)는 1990년대 지역주의 선거환경 속에서 정당 간 경쟁이 약화되고 지방정부의 자율성이 제약되는 문제를 제기하였다. 기초단체장선거에서 나타난 지역주의의 배타성은 정당공천의 과도한 영향으로 중앙선거와 지방선거의 차별성을 상실케 하였으며, 현직효과에도 불구하고 지역주의 정당의 공천여부가 선거결과에 미친 영향이 매우 큰 것을 발견하였다. 또 1998년 지방선거에 미친 지역주의 영향에 대한 연구(황아란 2002b)는 전국적인 1당 독점 현상과 지역별 기초단체장 당선자의 정당분포를 분석하면서 선거의 통제기능이 정당의 공천결정 과정에서 작동될 수 있어야 지역주의 폐단을 줄일 수 있음을 주장하고, 정당공천제 개선을 위하여 2002년 주요 정당들이 도입한 상향식 경선제도의 문제점과 개선방안을 제시하였다.

한편 2006년 지방선거에 대한 정당공천의 정보제공 효과에 중점을 둔 연구(황아란 2010b)는 2002년 지방선거와 비교하여 선거경쟁율과 투표율의 상승, 무투표 당선의 감소와 무소속 당선의 하락, 그리고 여성의원의 증가

등이 나타났음을 보여주었다. 2006년 기초의원선거에서 정당공천의 정보제공 효과는 도시화 수준이 높을수록, 정당선호가 강한 영호남에서 뚜렷한 것을 발견하였는데, 이는 선거관심과 정보 수준이 낮은 선거구환경에서 큰 변화가 있었음을 의미한다. 특히 지역구 여성의원의 증가는 소속정당의 정보제공이 당선율의 남녀 간 성차를 극복하는 데 큰 영향을 미침으로써 정당공천제가 여성의 정치적 대표성을 높이는 데 중요한 기제임을 입증하였다. 또 정당공천의 영향에 대하여 각급 선거의 비교분석에 중점을 둔 연구(황아란 2010a)는 정당공천의 정보제공효과가 후보자에 대한 유권자의 인지수준이 다른 광역과 기초의 단체장선거와 지방의원선거에서 상이하게 나타나는 것을 발견하였다. 정당소속과 무소속의 당선 비율이나 여당심판론의 영향이 기초보다 광역선거에서 더 컸으며, 지역주의의 영향이나 일당 지배의 기관구성도 기초보다 광역 자치단체에서 훨씬 강한 것을 보여주었다.

3. 여성할당제

1) 쟁점 및 현황

여성의 정치적 대표성을 높이기 위한 대표적인 선거제도는 지방의원의 비례대표 여성할당제라 할 수 있으며, 그에 대한 요구는 균형사회 실현이라는 규범적이고 당위적인 논거 외에도 정책영역에서 정치적 역할을 달리하는 남녀 간 의정활동의 실제적인 차이에 근거한다(손봉숙 2000; 최정원 외 2008). 1995년 광역의원 정수의 10%(최소 3명) 비례대표제 도입은 지역주의 1당 독점을 완화시키고 한국사회 내부의 소수파, 특히 여성의 정치적 대표성을 증진시키기 위하여 활용되어 왔는데, 여성의 저대표성이라는 심각한 현실로 인해 비록 제한적이지만 비례의석에 대한 여성할당의 적극적 조치는 합의쟁점의 성격이 강한 특징에서 비롯된 것이라고 할 수 있다.

비례대표 여성할당제는 지금까지 그 범위가 확대되고 실효성도 강화되는 변화를 거쳐 왔다. 1998년 광역 지방의회 비례대표 선출에서 30% 여성할당이 정당의 당헌·당규에 의해 시행되었으며, 2002년부터 공직선거법에 비례대표선출을 위한 1인 2표제의 도입과 함께 비례대표 여성할당제가 법제화되었다. 2002년의 광역 비례대표 선출은 50% 여성할당과 2인마다 1인의 여성후보 의무배정으로 지퍼식 명부작성이 규정되었다. 2006년에는 광역과 기초의 비례명부 홀수순번의 여성 의무배정으로 강화시켜 비례의석이 홀수인 지방의회의 여성할당 효과를 증폭시켰고, 광역의회선거의 경우 홀수 의무배정 위반 시 등록무효를 규정하여 실효성을 높였다. 2010년에는 기초의회선거까지 여성할당의 비례명부 규정 위반 시 명부등록 무효처리의 강제조항을 확대 적용하였다.

한편 지역구 지방의원선거의 여성할당제는 2002년 광역의원 후보의 정당공천에 30% 여성할당을 권고규정으로 신설하여 정치자금지원 혜택을 부여하였지만 실효성이 없었다. 그러나 2010년 광역 및 기초 지방의원의 지역구 여성후보 의무공천제 도입과[2] 함께 이를 위반할 경우 후보등록을 무효화시키는 강제조항을 신설하였을 뿐 아니라 중선거구제의 기초의원선거에 복수후보를 공천한 정당에게 기호배정의 자율성을 부여한 것 등이 여성의 정치적 대표성을 높이는 데 중요한 기여를 하였다(조정래·박지영 2011; 황아란·서복경 2011).

2) 연구 성과

여성의 정치충원에 대한 지방선거 연구는 비례대표 여성할당제를 비롯하여 정당공천제, 선거구제 등의 제도 효과에 중점을 두어왔다. 광역의회 비례대표선출의 여성할당제와 정당명부에 대한 직접투표제의 도입효과를 분석한 연구(황아란 2005a)는 1998년 선거와 비교하여 2002년 선거의 비례대표와 지역구 의원의 차이를 살펴보는 한편, 2002년 비례대표 남녀 의원의 차

---

[2] 여성후보 의무공천제는 정당이 지역구 광역 및 기초 의원선거에 정수의 1/2 이상을 공천할 경우, 국회의원선거구 마다 1명 이상 여성을 추천하도록 규정하고 있다(공직선거법 제47조 5항, 제52조 2항).

이 그리고 주요 정당명부의 상위순번 배정에 대한 특징을 비교하였다. 2002
년 선거는 여성할당제의 영향이 직접투표제보다 지배적이었으며, 여성 비례
의원의 증가가 지방의원의 평균 연령을 낮추고 사회노동단체 출신을 증가시
키는 변화를 가져왔지만 비례의석이 차지하는 비중(10%)이 낮아 제한적인
효과를 지닌 것으로 평가되었다.

　정당의 권력극대화 모형으로 여성의 정치참여 확대를 분석한 연구(황아
란 2006b)는 2006년 광역과 기초 의회의 남녀 비례대표를 비교하고 주요
정당의 여성공천이 지역구와 어떤 차이를 보이는가를 살피는 데 중점을 두
었다. 여성의 정치적 참여확대 요구를 정당이 수용하는 것은 그 목적이 정
당지지를 확산시킴으로써 선거에서 보다 많은 당선자를 내기 위한 것으로,
여성의 낮은 정치참여는 여성후보군의 공급부족도 있지만 정당이 여성후보
를 제한적으로 공천하는 것이 당선자 수의 극대화라는 상위 목표에 충분조
건이 되지 못하기 때문에 지역구 공천을 기피하고 정치적 상징성이 높은
비례대표에 적극적으로 수용한 것이라 설명하였다. 또 광역과 기초, 비례와
지역구 정당후보 모두 정치인 출신이 높은 비중을 차지한 원인을 지역구
국회의원의 재선 목표를 위한 지방정치인에 대한 통제와 보상 차원으로 해
석하였다.

　기초의원선거의 2006년 정당공천제 확대와 중대선거구제 도입에 대한 부
산 사례연구(황아란 2007a)는 여성참여의 변화와 특징을 정당공천의 과정
과 내용을 중심으로 분석하였다. 정당공천 확대는 여성의 정치적 대표성을
높이는 유용한 기제이며, 여성 공천후보의 다수가 정당의 주요 당직자를 비
롯한 정치인 출신인 것은 여성의 정치충원이 다른 어떤 사회적 조건보다
정치적 조건에 의해 직접적으로 제한받고 확대될 수 있다는 것을 보여주었
다. 특히 공천심사위원회의 구성과 의사결정 방법에서 나타난 첨예한 이해
대립은 여성후보라도 지역구 공천심사나 선거운동의 재정지원 등에 인센티
브를 크게 부여할 수 없고, 중선거구제 도입도 여성의 대표성을 높이는 데는
별 실효성이 없었던 것을 보여준 반면, 비례대표 여성할당에 정당이 젊고
학력이 높은 정치신인을 선호한 것은 정치적 세대교체에 대한 요구를 반영

함으로써 정당지지를 높이고자 했던 것이라고 주장하였다.

여성의 정치적 대표성에 대한 역대 지방선거 제도의 효과분석에 중점을 둔 연구(황아란·서복경 2011)는 기존의 제도에 2010년 새롭게 도입된 규정, 즉 비례대표제의 기초의원 정당명부 작성 위반 시 등록무효 규정과 정당공천의 지역구 여성 의무할당제, 중선거구제의 기호배정에 대한 정당 자율성 등이 여성의 정치적 대표성에 미친 효과를 분석하였다. 여성의원의 증가는 비례대표 여성할당제의 강화가 가장 중요한 영향을 미쳤지만 비례의석 비율이 낮아 전체적으로는 제한적인 효과만을 거두었고, 지역구 여성후보 의무공천제 역시 의무공천에 해당하는 지역구 숫자 자체가 매우 적어 제도효과가 크지 않았던 데 비하여, 중선거구제의 기호배정에 대한 정당의 자율성은 특히 3인선거구에 기호 '가'를 여성후보에게 많이 부여한 것이 여성의 당선율을 높이는 중요한 요인이라고 주장하였다.

4. 기초의원선거의 중선거구제

1) 쟁점 및 현황

선거구제 개편은 핵심적인 선거규칙의 변화로서 선거과정의 주요 행위자인 정당, 후보, 유권자 모두에게 큰 영향을 미치며 정치권력에도 중요한 변화를 가져올 수 있다. 특히 2006년 기초의원선거에 단기비양식 중선거제도를 도입한 것은 의원유급제와 정당공천제 도입과 더불어 전면적인 개혁이라는 점에서 주목된다. 중선거구제의 긍정적인 기대효과는 여성이나 군소정당 후보의 진입과 지역주의 및 정당독점 현상의 완화, 사표발생의 감소 등을 들 수 있다. 부정적 효과로는 선거구역 확대로 선거비용이 증가하고, 대표범위가 넓어져 광역의원과 활동범위가 중첩되고 대표의 책임을 다수에게 분산시키며, 정당의 복수 후보공천은 당내 파벌형성을 촉진할 수 있고 유권자나 정당 모두 고도의 전략적인 판단이 요구되기 때문에 유권자의 선호를 제대로 반영하기 어려운 문제를 지닌다.

2006년 기초의원 정수는 비례대표를 포함하여 총 2,888명으로, 2002년 과 비교하여 597명이 줄고, 선거구도 3,459개에서 1,028개로 감소되어 2인선거구 610개, 3인선거구 379개, 4인선거구 39개로 획정되었다(황아란 2007b). 중선거구제의 기대효과를 높이기 위해서는 4인선거구가 많아야 하지만 선거구획정위원회에서 제안되었던 160개 4인선거구들이 대도시에서 거의 모두 2인선거구로 분할되었던 이유는 한국 정당체계가 양당제 경향이 강하여 양대 정당이 의석을 나누어 갖기 유리하기 때문이라 하겠다. 2010년 기초의원선거구 획정에서는 2인선거구와 3인선거구가 각각 19개, 7개 더 증가한 대신 4인선거구는 15개가 감소했으며, 2014년의 경우는 2인선거구가 감소한 대신 3인선거구와 4인선거구가 증가했지만, 2인선거구 612개, 3인선거구 393개, 4인선거구 29개로 획정되어 큰 변화는 없었다.

선거구획정의 주요 기준인 인구등가성과 지역의 특성을 고려할 때 대도시는 인구가 많고 생활권이 넓어 4인선거구가 많아야 하고, 반대로 인구가 적고 지역 공동체의 정체성이 강한 농촌은 2인선거구가 많아야 할 것이다. 그러나 실제는 2인선거구의 비중이 군 지역에서 가장 적고 자치구에서 가장 많은 반면, 4인선거구의 비중은 군에서 많고 자치구에서 적은 특징을 보여 왔다.

2) 연구 성과

중선거구제의 도입효과에 대해서는 일부 긍정적인 평가를 주장하는 연구(김순은 2010; 안철현 2011; 지병근 2014)도 있지만, 대부분의 연구들은 군소정당의 약진과 지역주의 완화효과 등에 대한 부정적인 평가가 지배적이라 할 수 있다(강민제·윤성이 2007; 박재욱 2007; 이상묵 2007; 정준표 2010; 지병근 2014; 황아란 2007b). 중선거구제의 도입효과를 분석한 한 연구(황아란 2007b)는 2006년의 중선거구제가 긍정적인 기대를 실현시키지 못하였고, 정당들도 기존의 구조화된 선거환경을 이용하여 기득권을 유지하려는 행태를 보여줌으로써 총체적으로 실패한 제도개혁이라 평가하였다. 소수파 진입효과로서 무소속의 증가는 도시화 요인에 의한 것이며, 영호남 지역은 지역선호 정당과 무소속의 구성으로 지역주의 완화라 평가되기 미흡하며, 독점적인 정당구도는 소선거구의 광역단체보다 줄어들기는 하였지만 1당 지배적인 의석점유 현상이 재연되는 것을 막지 못한 데다 선거구 크기에 비례하여 다수당의 의석점유율이 낮아지는 일정한 경향도 발견할 수 없으며, 사표발생을 줄이지도 못하면서 당선자 간 득표율 차이가 크게 벌어져 소수대표의 문제를 야기한 것으로 나타났기 때문이다. 이는 한국 정당체계의 양당제적 경향과 도시화, 지역주의의 영향이 중선거구제 도입의 기대효과를 무력화시킨 것으로 정당제와 선거제도, 그리고 유권자의 투표행태가 상호 밀접한 관계를 맺고 있기 때문이라 해석할 수 있다.

한편 단기비이양식 투표의 중선거구제는 정당공천에 고도의 전략적인 결정을 요한다는 점에서 중선거구제 개편에 따른 정당의 공천 전략과 성과에 대한 연구 관심도 높다(한인택 2006; 정준표 2007; 황아란 2010d). 중선거구제의 단기비양식 투표는 특히 대정당의 경우 과다공천이나 과소공천으로 의석 손실이 발생할 수 있기 때문에 적정한 공천후보 수를 결정해야 하는 문제와 더불어 표의 편중이 발생하지 않도록 지지 배분에 신중을 기한 선거운동 전략이 요구된다. 중선거구제 개편에 따른 정당의 공천전략과 실책에 대한 연구(황아란 2010d)는 정당실책의 판별식과 손실 의석의 계산식을 개발하여 이를 경험적인 분석에 적용하였는데, 분석 결과 한나라당은 다른 정당보다 월등히 많은 의석을 차지했으나 정당실책, 특히 표의 편중을 잘 관리하지 못한 의석 손실도 매우 많았으며, 그 혜택은 군소정당이 아니라 열린우리당이 누렸던 것을 보여주었다. 또 열린우리당을 비롯해 지역주의 정당지지에 의존도가 높았던 민주당과 국민중심당은 과다공천의 실책이 빈번한 경향을 나타내었으며, 특히 선거구 크기가 커질수록 실책률이 증가되는 공통적인 현상은 공천 후보수의 범위가 커질수록 불확실성이 증가하는 데 기인한 것임을 보여주었다.

끝으로 중선거구제에 따른 정당 복수후보의 기호효과를 규명한 연구(황아란 2010c)는 선거관심이 낮은 기초의원선거에서 정당공천의 정보제공 효과가 동일 정당의 복수 후보 존재로 무력화되어 투표용지의 기재순서, 즉 기호에 의존하는 경향이 매우 높다는 것을 보여주었다. 당선율에서 월등한 기호 '가' 효과는 주요 3당 소속 후보들의 공통 현상으로 지지지역보다 비지지지역에서 그리고 농촌보다 도시에서 그 영향이 큰 것으로 나타났으며, 특히 당락을 결정짓는 데 현직효과를 압도하는 영향력을 지닌 것으로 나타났다. 이는 기초의원후보에 대한 유권자의 인지가 미흡한 환경일수록 기호와 같은 비본질적인 요인에 의한 비합리적 투표 선택이 많다는 것을 뜻한다.

III. 지방선거의 투표행태 연구: 변화와 지속성

1. 투표참여

투표참여에 대한 지방선거 연구는 각급 선거 간, 또는 동일 선거 내 상이한 선거환경 요인에 주목하여 투표참여의 특징과 변화를 설명하는 분석모형을 개발하고 검증하는 데 중점이 두어진다. 일반적으로 투표참여 분석은 합리적 선택의 기대효용 이론에 근거하여 투표의 효용과 비용, 그리고 심리적 편익에서 도출된 하위이론이나 가설에 기초하여 경험적 검증을 시도하는 것으로, 미시적인 접근을 통한 지방선거의 투표참여 행태 분석(김욱 1999; 강경태 2008)뿐만 아니라 거시적인 접근의 투표율 분석에서도 널리 활용된다 하겠다(황아란 2011a; 2011b; 박경미 2014).

특히 투표율에 대한 분석모형에는 선거구 환경으로서 도시유형, 지역, 인구수, 당선경합도, 현직선거구 등이 주요 변수로 포함되는데, 도시유형과 지역은 유권자의 선거관심에 영향을 주는 공동체의식과 정당지지 등 심리적 편익과 관련지을 수 있다. 인구수와 당선경합도는 각각 투표 효용의 객관적·주관적 확률에 영향을 미치는 변수로 간주될 수 있을 것이다. 현직선거구는 자치효능감의 투표효용 또는 정보습득의 투표비용에 중요한 영향을 미치는 변수라 할 수 있다. 이러한 변수들은 또 선거구 환경의 장·단기적 특성을 나타낸다는 점에서 특히 투표율의 지속성과 변동을 분석하는 데 유용하다 할 것이다.

기초단체를 분석단위로 하여 2002년, 2006년, 2010년 투표율의 결정 요인을 분석한 연구(황아란 2011b)는 선거구 환경요인에 대한 장·단기적 특성으로 모형을 구성하였으며, 분석 결과 장기적 환경요인으로서 도시유형과 선거인수, 지역이 투표율에 독립적인 영향력을 미치며, 단기적 선거경쟁의 요인으로서 기초단체장의 당선경쟁도와 현직선거구 유형도 중요한 요인임을 검증하였다. 장기적 요인이 단기적 요인보다 투표율에 훨씬 강한 영향을 미치지만, 물리적 환경의 영향력이 줄어들고 선거경쟁의 영향이 증가하는 경향을 발견함으로써 기초단체의 투표참여가 단기적인 선거구 환경에 따라 역동성이 증가되고 있음을 주장하였다.

광역 및 기초 단체장 선거경쟁이 2010년 동시선거 투표율에 미친 영향에 대한 연구(황아란 2011a)는 장기적인 선거구 특성 요인들과 함께 단기적인 선거경쟁 요인으로서 광역단체장과 기초단체장선거의 당선경합도를 분석모형에 포함하여 상대적 영향력을 검토하였다. 분석 결과, 장기적인 요인으로 도시유형과 지역이 투표율에 주요 요인이며, 인구수는 자치구에서는 그 영향이 미약하지만 시·군에서는 상대적으로 강한 부정적 영향을 나타냈다. 특히 주목되는 발견은 앞서 동시선거제에서 언급했듯이 단기적인 요인의 상이한 영향력으로, 광역시와 도의 차이, 즉 자치구에서는 광역시장선거의 당선경합이, 그리고 시·군에서는 기초단체장의 당선경합이 투표율에 영향을 미치는 주요 요인이며, 현직단체장의 출마여부도 광역단체장의 경우는 현직이 출마하지 않은 경우에, 그리고 기초단체장의 경우는 현직이 출마한 경우에 투표율이 높게 나타났다.

2. 투표 선택

투표 선택에 대한 연구는 일반적으로 정당, 이슈, 후보 요인이 투표행태에 미치는 상대적 영향력을 규명하는 데 중점이 두어진다. 지방선거 결과의 주요 특징이라 할 수 있는 지역주의와 1당 독점 현상은 중앙정치적인 정당 요인으로, 그리고 정부 여당의 중간평가로서 심판론은 지방선거의 대표적인 이슈로 간주될 수 있다. 현직자의 후보 요인은 단기적이고 지방적인 요인으로서 지방 선거과정의 의미를 재조명하는 중요한 변수일 뿐 아니라 현직자의 공직수행에 대한 유권자의 반응과 평가를 포함한다는 점에서 지방선거의 통제기능을 평가하는 주요 변수로 주목된다. 투표 선택의 이러한 요인이 지방선거의 투표행태에 미치는 영향을 미시적인 자료로써 분석하는 연구들은 지방선거의 쟁점이라 할 수 있는 정치적 이슈(강원택 2011)나 정권심판론(강원택 1999; 김진하 2010; 정한울 2011), 현직평가(이곤수·김영종 2010; 이곤수 2011) 등에 중점을 두거나, 사회균열 변수로서 이념(이우진 2011)이나, 세대(이내영 2011; 정진민 2012), 지역(이남영 1999; 임성학 2010) 등이 투표 선택에 미치는 영향을 밝히는 데 많은 노력을 기울여 왔다.

한편 당락이나 득표율 등 투표 선택에 대한 집합자료 분석에서는 후보의 소속정당, 지지지역 출마, 현직, 도시유형, 경쟁후보수, 학력, 연령, 성별 등이 주요 변수로 포함된다. 소속정당은 여·야 구분으로 심판론 이슈의 영향을 측정하기 위하여, 지지지역 출마는 영·호남 지역주의의 영향을 규명하기 위하여, 그리고 현직은 후보 요인으로 현직효과를 규명하기 위한 변수라 할 수 있다. 도시유형은 선거에 대한 유권자의 관심이나 정보 수준의 도농 차이를 고려한 변수로 주로 정권 심판론이나 지역주의, 현직효과의 차이를 살피기 위하여 포함된다.

먼저 1998년 기초단체장선거를 분석한 연구(황아란 1999)는 도시규모와 소속정당에 따라 현직 재선율과 득표율을 살펴보는 한편, 설문자료 분석을 통하여 각급 선거에 대한 유권자의 당선자 인지와 현직의 공직수행에 대한 평가를 기초로 후보 선택에 대한 모형을 분석하였다. 분석 결과, 후보의 당락과 득표율에 모든 변수가 유의한 영향을 미치지만 현직이 가장 중요한 것으로 나타나며, 다음으로 지역주의 정당지지가 영향력이 큰 변수로 규명되었다. 현직선택 여부에는 현직의 공직수행에 대한 평가와 지역주의가 가장 큰 영향을 미치며, 대통령에 대한 중간평가도 중요한 영향을 미치는 변수인 것을 확인하였다.

또 1995년, 1998년, 2002년 기초단체장선거의 후보 득표율을 분석한 연구(황아란 2006a)는 지역주의와 소속 정당이 매우 중요한 영향을 미치며, 학력과 연령도 득표율을 높이는 요인임을 보여주었다. 2000년대 지방선거의 변화와 지속성에 중점을 둔 연구(황아란 2013)에서는 2002년, 2006년, 2010년의 각급 지방선거 간 통시적인 비교를 통하여 당락에 미치는 주요 요인의 영향과 변화를 분석하였다. 분석 결과, 중앙정치의 정당 요인으로 지역주의 정당지지와 정권심판론이 중요한 영향을 미치는 것이 사실이지만, 현직의 후보 요인도 중요한 영향력을 지닌 것을 발견하였다. 당락의 주요 요인들은 각급 선거 간에 영향력이 상이할 뿐 아니라 시기적인 유동성에도 차이를 지녔는데, 정당의 영향은 기초보다 광역에서, 현직효과는 지방의원보다 단체장선거에서 강하였으며, 시기적인 영향은 정당 요인이 현직효과보다 큰 것으로 나타났다.

특히 2010년 지방선거의 현직효과에 대한 연구(황아란 2012)는 현직의 이점이 공직을 달리하는 지방선거에 미치는 영향력을 비교하는 데 중점을 둔 것을 볼 수 있다. 분석 결과, 정당 요인이 지배적인 영향을 미치지만, 현직의 후보 요인 역시 당락과 득표율에 중요한 영향을 미치는 것을 확인하였으며, 단체장선거의 현직효과가 지방의원선거의 경우보다 크고, 지방의원선거 중에는 기초의원선거에서의 현직효과가 광역의원선거의 경우보다 큰 것으로 나타난 점에 대하여 전자는 지명도가 높기 때문에, 후자는 주민과의 근접성이 높기 때문으로 해석하였다. 또 소속 정당이나 지역, 도시유형에 따른 현직의 교차효과에 대하여 유권자의 선거관심과 후보 인지수준이 현직효과의 중요한 요인임을 주장하였다.

기초단체장 현직후보의 당선경쟁력에 대한 연구(황아란 2014)는 선거구

유형을 현직당선, 현직낙선, 비현직 선거구로 구분하여 현직의 직접적인 효과와 배제효과를 검증하고 현직후보의 선수와 당적변경 여부가 당선경쟁력에 미치는 영향을 네 가지 모형(후보자의 당락과 득표율, 당선자의 득표율과 당선경합)으로 분석하였다. 분석 결과, 비현직선거구의 후보와 비교할 때, 현직후보는 후보자의 당락과 득표율뿐 아니라 당선자의 득표율과 당선경합에서 유리하다는 점에서 현직의 직접적인 효과를, 그리고 현직의 도전후보가 불리하다는 점에서 현직의 간접적인 배제효과를 입증하였다. 현직후보의 경우 초선이 2선의 단체장후보보다 네 가지 분석모형에서 모두 선거경쟁력이 높아 초선효과를 확인하였다. 현직의 당적변경은 당선자의 득표율이나 당선경합에 부정적인 영향을 미치는 것을 확인할 수 있지만, 후보자의 당락이나 득표율에서는 검증되지 않은 반면, 비현직후보의 당적변경 여부는 후보자의 선거경쟁력 분석에서만 중요한 차이를 나타냈다. 후보의 소속 정당은 후보자의 당락과 득표율에 중요한 영향을 미치지만 당선자의 득표율이나 당선경합에는 별 차이를 보이지 않은 데 비하여, 지역주의와 후보수는 후보자와 당선자 분석의 네 가지 모형에서 모두 중요한 영향을 미친 것을 보여주었다.

IV. 지방선거 연구의 향후 과제

1. 선거제도

지금까지 지방선거는 매 선거마다 새로운 제도 도입의 실험이 이루어져 왔던 것을 특징으로 꼽을 수 있으며, 그에 따른 제도적 성과 또는 정치적 효과에 대하여 많은 관심이 쏟아진 것을 볼 수 있다. 1998년 선거에서는 1996년 헌법재판소의 인구편차에 대한 판결에 따라 선거구획정의 변화와 함께 지방의회의 정수가 대폭 감축(광역 19%, 259명; 기초 23%, 283명 감소)되고, 특히 고비용 선거운동의 개선과 방송매체의 선거운동 활성화, 기탁금 반환요건 강화 및 선거공영제 확대 등의 공직선거법 개정이 이루어졌다(황아란 1998). 2002년 선거에서는 1인 2표제의 광역의회 비례대표선출과 50% 여성할당제 도입, 정당공천의 상향식 경선제 일부 도입, 기탁금 반환 및 선거비용 보전요건의 완화조치가 취해졌다.

괄목할 만한 제도적 변화는 2006년 선거에서 나타났다고 할 수 있는데, 기초의원의 대폭적인 정수감축(597명)과 중선거구제 도입, 정당공천제 허용, 비례대표선출의 홀수 순번 여성할당제, 광역단체장선거를 제외한 지방선거 정당공천권의 시도당 이양, 예비후보등록제 실시, 기탁금 반환 및 선거비용 보전요건의 추가 완화(15% 이상 전액, 10% 이상 15% 미만 반액) 등이 시행되었다. 2010년 선거에서는 기초의원 정당 복수후보의 기호배정 자율화, 지역구 공천의 여성할당 의무제 도입, 교육감·교육위원선거의 전국 동시실시가 시행되었으며, 2014년 선거에서는 사전투표제가 도입되었다.

선거제도에 대한 연구는 제도도입 초기의 효과뿐 아니라 제도화되어가는 과정에서 나타나는 성과와 변화에 주목할 필요가 있다는 점에서 향후 연구과제의 중요성이 강조된다. 특히 지방선거의 다양한 제도들의 조합과 상호작용에 대한 종합적인 검토가 요구되는 한편, 개별 선거제도가 지닌 특성이 한국의 정치문화와 선거환경에 결합하여 어떠한 결과를 빚어내는지에 대해 주시할 필요가 있다.

각급 지방선거제도의 종합적인 평가를 위한 분석틀로는 평가기준과 평가대상, 그리고 운영성과로 분류하여 지방선거결과의 특징과 변화를 분석하는 데 적용할 수 있을 것이다(황아란 2005b; 김명환 2010). 선거제도평가는 제도개선의 주요 현안이자 핵심요소인 주민대표성의 강화, 정치적 책임성의 확보, 후보 간 선거경쟁의 공정성 제고라는 점에서 제도평가의 기준은 대표성, 책임성, 공정성 등이 포함되어야 할 것이다.

선거제도의 평가대상은 대표성의 경우 선거구제와 대표방식, 책임성의 경우 정당공천제, 그리고 공정성의 경우 선거공영제를 포함할 수 있다. 지방

선거결과의 운영성과는 대표성의 경우 투표율, 득표율, 의석전환률, 표의 등
가성 문제, 지배집단의 당선비율 등을 포함하며, 책임성의 경우 정당 당선
율, 현직 재선율 및 재공천 요인, 그리고 선거공영제의 경우 기탁금, 선거비
용제한, 선거비용보전 및 보전요건 등을 포함할 수 있다.

한편 정당공천제, 여성할당제, 중선거구제 등 개별적인 선거제도에 중점
을 두는 연구는 각 제도가 지닌 현실적인 한계와 문제점에 대해 분석적으로
접근하는 것이 필요하다. 정당공천제의 경우는 정당공천의 결과뿐 아니라
정당공천과정에 대한 후속연구가 요청된다. 여성할당제의 경우 광역과 기초
비례대표명부의 분석뿐 아니라 어떤 여성후보가 충원되며, 남성후보와 어떤
차이를 보이는지, 그리고 특히 지역구 여성후보 정당공천에서 광역과 기초
간 차이와 남녀 후보의 당선경쟁력을 살피는 데 연구관심을 기울일 필요가
있다. 중선거구제의 경우 정당의 공천전략에 대한 분석과 기호배정에 대한
특징을 검토할 필요가 있으며, 선거운동과정에 대한 심도 있는 연구도 진행
되어야 할 것이다.

2. 투표행태

투표참여는 2006년 선거를 기점으로 투표율의 하락현상이 멈추고 다시
상승하게 되었으며, 특히 도시의 투표율 상승이 도저촌고 현상을 둔화시키
는 요인으로 작용한 것이 주요 특징이라 할 수 있다. 그러나 투표율의 집합
자료를 이용한 거시적 접근은 향후 미시적 분석의 보완을 요하는 것으로,
도시의 투표율 상승에 대한 요인을 체계적으로 연구할 필요가 있다. 당선경
합을 비롯한 지역, 현직 등이 투표율에 미치는 구체적인 영향을 규명하기
위해서도 설문자료를 통하여 유권자의 인식을 분석하여 투표참여 동인을 밝
힐 필요가 있을 것이다. 특히 도시유형에 따라 광역단체와 기초단체에 대하
여 유권자가 느끼는 자치효능감이 각급 지방선거의 당선경합과 동시선거 투
표율에 미치는 영향 등에 대해 심도 있는 연구가 뒤따라야 할 것이며, 단체

장의 3선 제한으로 현직이 출마하지 않는 지역에서의 선거경합과 투표율에 대해서도 관심이 두어져야 할 것이다.

투표 선택 요인으로는 지역주의 정당지지의 영향력이 여전히 강하지만 2000년대 들어 약화되고 있는 경향을 보이며, 지방선거에 중앙정치의 정권심판론 이슈가 선거결과의 유동성에 매우 큰 영향을 미치는 것이 주요 특징이라 할 수 있지만, 이와 동시에 현직의 후보 요인이 유권자의 투표 선택에 중요한 영향을 미친다는 점을 간과하지 말아야 할 것이다. 특히 투표행태의 요인은 유권자의 관심과 정보 수준의 차이, 혹은 그에 따른 선거구 환경의 차별적인 영향에 높은 관심을 기울일 필요가 있다. 예를 들어, 집합자료 분석의 경우 도시유형이나 지역에 따라 정당소속/무소속 또는 남녀, 현직과 비현직 후보의 당선 분포, 기관구성의 일당 지배 정당구도 등의 차이를 분석하고, 나아가 각급 지방선거와의 비교 분석을 통하여 정당 요인과 후보 요인의 상대적 영향력을 살피는 것이 체계적이고 종합적인 이해를 넓히는 데 기여할 수 있을 것이다.

또 향후 연구에서는 정당, 이슈, 후보 요인 등이 지방선거에 미치는 영향뿐 아니라 이들의 영향력을 변화시키는 요인에도 주목해야 할 것이다. 정당 요인은 특히 지역주의 정당지지의 변화에 주시하면서 선거경쟁의 정당구도에 따라 투표참여와 후보 선택에 미치는 정당 요인의 영향력이 달라질 수 있는 점을 고려할 필요가 있다. 아울러 수도권을 비롯한 도시의 투표율이 증가하는 경향을 보임에 따라 젊은 유권자의 투표행태가 지방선거에 중요한 요인으로 부상할 가능성이 높아졌다는 점에 주의를 기울여야 할 것이다. 지방선거에서의 정권심판론 이슈 역시 선거주기의 효과에 따라 달라질 수 있다는 점과 현직의 후보 요인도 정권심판론의 영향에 따라 여당과 야당의 차별적인 효과가 예상된다는 점에서 이를 규명하는 노력이 요청된다. 이를 위해서는 현직의 재선율이나 교체율에 대한 분석뿐 아니라 현직후보의 현직 기초단체장의 재출마 요인에 대한 체계적인 연구도 병행되어야 할 것이다.

V. 요약 및 결론

지방선거에 대한 분석은 중앙정당의 과도한 영향 속에서 지방선거가 중앙정치의 대리전인가, 또는 그럼에도 불구하고 지방적인 행사의 의미를 지니는가의 문제와 관련하여 유권자의 자치효능감과 지방자치제의 실효성을 가늠하는 중요한 경험적 자료를 제공할 수 있다. 지방선거제도와 투표행태에 대한 연구에서 발견되는 지방선거의 특징과 변화를 통하여 지방자치가 한국에서 어느 정도 뿌리내리고 있으며, 민주주의의 공고화가 어느 정도 진전되고 있는가를 평가할 수 있을 것이다.

지금까지의 논의를 종합하면, 지방선거결과의 특징과 변화를 살피기 위한 연구들은 분석틀로써 선거유형(단체장과 지방의원, 광역과 기초단체)과 선거구 환경(도시유형, 지역, 현직선거구)을 고려하고, 후보 요인으로 소속정당, 현직(선수), 사회인구학적 변인(성, 연령, 학력, 경력, 재산 등)의 영향에 대해서도 검토가 요청된다. 단체장과 지방의원의 선거유형은 후보에 대한 유권자의 정보 수준(인지효과)과 자치효능감에 중요한 요인일 수 있기 때문에 정당의 영향이나 현직효과에 상이한 영향력을 지닐 수 있다. 광역과 기초단체의 선거유형도 지명도를 달리한다는 점에서 후보에 대한 유권자의 정보 수준과 자치효능감에 중요한 요인일 뿐 아니라 지방의원선거의 경우 선거구제를 달리한다는 점에서 투표참여와 후보 선택에 상이한 영향을 미치는 요인이라고 할 수 있다.

선거환경으로서 지역(영호남, 수도권 등)은 정당지지의 심리적 간여와 정보 수준의 차이로 인하여 정당과 후보 요인의 상대적 영향력을 비교하는데 중요한 변수이며, 도시유형은 도농 간 상이한 사회문화와 정보 수준(인지효과)의 차이가 뚜렷하여 투표참여, 무소속 당선, 여성후보의 출마와 당선, 현직효과를 살피는 데 중요할 것이다. 현직선거구는 유권자의 정보 수준과 당선경합, 그리고 공직수행에 대한 평가의 통제기능을 분석하는 데 주목해야 할 변수라 하겠다.

한편 지금까지 지방선거결과의 특징과 변화를 종합해 볼 때, 지방선거는 중앙정치의 영향을 크게 받아 온 것이 사실이지만 지방의 차원에서 현직의 후보 요인도 매우 중요한 영향력을 미친다고 할 수 있다. 지방선거에서 흥미롭게 나타나는 최근 투표율의 증가추세는 주민들의 자치효능감이 점차 증가되고 있음을 뜻하는 것일 수 있다는 점에서 고무적이며, 현직효과의 증가는 지방의회의 교체율을 낮춤으로써 의정의 연속성과 전문성을 높이는 데 기여할 수 있다는 점에서 주목할 필요가 있다. 특히 최근의 지방선거에서 나타나는 현직효과의 증가 현상은 현직의 공직수행에 대한 유권자의 관심과 그에 따른 현직자의 책임성과 반응성이 높아지는 방향으로 지방자치의 제도화가 이루어져 풀뿌리 민주주의의 공고화를 이끌 수 있기를 기대하게 한다.

결론적으로 민주주의 정치체제하에서 발견되는 선거연구의 보편적인 결론 하나는 선거제도와 유권자의 행태, 그리고 정당제도가 서로 영향을 주고받는 관계에 있다는 것이다. 앞으로의 선거제도 개편이 지방선거결과에 중요한 영향을 미칠 수 있지만 정치사회적 균열을 반영하는 정당체제와 유권자의 투표행태를 고려하지 않은 제도변화는 매우 제한적인 효과밖에 기대할 수 없다. 그러나 장기적으로 제도변화는 유권자 행태의 변화를 유도할 수 있다는 점에서 지방선거의 지속성과 변화에 연구관심이 요청되는 것이기도 하다.

끝으로 지금까지의 지방선거 연구들로써 지방자치의 향배를 조망해 본다면, 무엇보다 지방선거에 대한 주민의 관심과 참여에 자치효능감이 중요한 요건이란 점에서 분권화의 과제, 즉 중앙 행정권한의 지방이양을 위한 중앙정부의 지속적인 노력과 함께 지역 단위에서 지방정치가 활성화될 수 있도록 정당법 개정을 비롯한 정치 분권화를 위한 적극적인 실행조치가 취해져야 할 것이다. 또 민주화의 과제로써 풀뿌리 단위에서 주민참정의 자치가 생활 속에 확대될 수 있게 하려면 마을자치의 모델 정립에 대한 실효성 있는 정책지원과 제도보완이 필요하다고 할 수 있다.

【참고문헌】

가상준. 2009. "지방선거에서 정당공천제: 새로운 변화를 위한 올바른 선택." 『OU-GHOPIA』 24(1): 207-32.

강경태. 2008. "5·31 지방선거 투표참여도 분석." 『시민윤리학회보』 21(1): 223-244.

_____. 2009. "정당공천제 개선방안: 기초의회의원선거를 중심으로." 『한국정당학회보』 8(1): 225-253.

강민제·윤성이. 2007. "선거구획정과 선거결과의 왜곡: 2006년 지방선거를 중심으로." 『한국정당학회보』 6(2): 5-28.

강원택. 1999. "지방선거에 대한 중앙정치의 영향: 지방적 행사 혹은 중앙정치의 대리전?" 『한국의 선거 III: 1998년 지방선거를 중심으로』. 서울: 푸른길.

_____. 2010. "2010년 지방선거에서의 분할투표: 서울 지역을 중심으로." 『한국과 국제정치』 26(4): 1-26.

_____. 2011. "천안함사건과 지방선거." 『변화하는 한국유권자 4: 패널조사를 통해 본 2010 지방선거』. 서울: 동아시아연구원.

김명환. 2010. "지방선거에 의한 지방정부 평가: 대표성, 자율성, 책임성 ― 강원도 동시지방선거의 결과를 중심으로." 『한국지방자치학회보』 22(4): 151-72.

김순은. 2010. "기초의회 중선거구제의 효과분석." 『한국지방자치학회보』 22(3): 27-55.

김용철. 2006. "선거제도의 변화와 5·31 지방선거: 광주·전남지역 지방의원의 충원 양상." 『한국정당학회보』 5(2): 59-88.

김 욱. 1999. "거주지 규모와 연령이 투표 참여에 미치는 영향." 조중빈 편. 『한국의 선거 III: 1998년 지방선거를 중심으로』. 서울: 푸른길.

김원홍·윤덕경·김은경·김은수. 2007. "기초의회 선거제도의 변화가 여성의 의회진출에 미친 효과성에 관한 연구." 『여성연구』 73(2): 119-58.

김진하. 2010. "지방선거의 역사적 의미와 6·2 지방선거 분석: 서울시장 선거 사례 분석." 『한국정당학회보』 9(2): 5-32.

박경미. 2014. "선거구별 투표율 결정 요인: 서울시 선거구의 집합자료 분석(1987~2010년)." 『한국정당학회보』 13(1): 95-122.

박재욱. 2007. "2006년 이후 지방자치제도 변화의 정치적 효과." 『21세기정치학회보』 17(3): 281-309.

성기중. 2009. "한국 기초지방자치단체 선거에서 정당공천제 문제의 해결." 『한국동북아논총』 50: 253-84.

손봉숙. 2000. "한국 여성 국회의원 연구." 손봉숙 편. 『90년대 여성정치 제1권』. 서울: 다해.

송광운. 2008. "한국 지방선거 정당공천제의 한계와 과제." 『동북아연구』 23(2): 119-37.

안철현. 2011. "기초의회 선거에서의 중선거구제 효과." 『21세기정치학회보』 21(2): 43-60.

안청시·이승민. 2006. "5·31 지방선거와 한국의 지방정치: 2006년 제4회 지방선거 결과분석." 『한국정치연구』 15(2): 85-120.

이곤수. 2011. "시도지사선거의 현직효과." 이내영·임성학 공편. 『변화하는 한국유권자 4: 패널조사를 통해 본 2010 지방선거』. 서울: 동아시아연구원.

이곤수·김영종. 2010. "6·2 지방선거의 현직효과: 경기도와 경상남도 도시사선거의 비교분석." 『지방정부연구』 14(3): 355-71.

이남영. 1999. "1998년 지방선거와 지역주의: 제15대 대통령선거와 비교의 관점에서." 조중빈 편. 『한국의 선거 III: 1998년 지방선거를 중심으로』. 서울: 푸른길.

이내영. 2011. "6·2 지방선거와 세대균열의 부활." 이내영·임성학 공편. 『변화하는 한국유권자 4: 패널조사를 통해 본 2010 지방선거』. 서울: 동아시아연구원.

이동윤. 2010. "지방선거와 정당공천제 논쟁: 부산지역 기초자료를 중심으로." 『현대정치연구』 3(1): 71-108.

이상묵. 2007. "지방서거제도 변화의 정치적 효과 분석: 경기도를 중심으로." 『한국지방자치학회보』 19(1): 53-70.

_____. 2008. "지방선거제도 변화와 지방정치엘리트의 충원양상." 『한국행정학보』 42(1): 123-47.

이승종. 2009. "지방정치발전을 위한 정당참여의 방향." 한국지방정부학회 2009년 동계세미나 발표논문.

이우진. 2011. "6·2 지방선거에서 유권자들은 이념에 얼마나 충실하게 투표하였나?" 이내영·임성학 공편. 『변화하는 한국유권자 4: 패널조사를 통해 본 2010

지방선거』. 서울: 동아시아연구원.

이현우. 1999. "동시선거제도와 유권자의 선택." 조중빈 편. 『한국의 선거 III』. 서울: 푸른길.

이현우·황아란. 1999. "선거제도에 따른 지역주의 효과의 변화."『한국과 국제정치』 15(2): 89-118.

임성학. 2010. "지역주의 분열의 완화 가능성은?" 이내영·임성학 공편. 『변화하는 한국유권자 4: 패널조사를 통해 본 2010 지방선거』. 서울: 동아시아연구원.

전용주·차재권·임성학·김성우. 2011. "한국 지방 정치엘리트와 지방 정부 충원: 2010년 지방선거 후보자와 당선자의 인구학적 배경 분석을 중심으로."『한국정당학회보』 10(1): 35-69.

정영태. 1999. "지방자치가 정당정치에 미치는 영향." 조중빈 편. 『한국의 선거 III』. 서울: 푸른길. 73-75.

정준표. 2007. "5·31 기초의원선거에서 나타난 선거제도의 효과: 도시와 농촌의 차이."『한국정당학회보』 6(2): 29-63.

_____. 2010. "현행 기초의원 선거의 선거구제: 문제점과 그 개선 방향."『대한정치학회보』 18(1): 347-70.

정진민. 2012. "한국 유권자들의 투표행태와 세대: 2010년 지방선거를 중심으로." 『한국정치연구』 21(2): 1-21.

정한울. 2011. "50퍼센트 지지율 대통령이 왜 심판받았을까?" 이내영·임성학 공편. 『변화하는 한국유권자 4: 패널조사를 통해 본 2010 지방선거』. 서울: 동아시아연구원.

조성대. 2003. "지방선거와 정당참여: 지역주의 정당경쟁과 광역의회의 활동."『21세기 정치학회보』 13(1): 259-74.

_____. 2007. "지방의원 정당공천제와 지방정치: 경기도 사례를 중심으로."『한국지방정치학회보』 1(1): 87-106.11

조정래·박지영. 2011. "여성의무공천제의 효과성에 관한 연구: 지방정치에서 여성대표성의 확대를 중심으로."『국가정책연구』 25(3): 5-28.

조찬래. 2007. "2000년대 지방의회의원의 충원의 특징과 변화양상."『인문사회과학연구』 8(1): 163-91.

주용학. 2007. "민선4기 지방선거 결과 분석 및 정책적 함의."『한국지방자치학회보』 19(1): 29-51.

지병근. 2011. "6·2 지방선거에서 나타난 분할투표의 유형과 원인." 이내영·임성학 공편. 『변화하는 한국유권자 4: 패널조사를 통해 본 2010 지방선거』. 서울:

동아시아연구원.

_____. 2014. "선거구 제도와 군소정당 지지자들의 투표행태: 2010년 기초의회선거 사례분석." 『한국정치연구』 23(2): 185-210.

최정원·김원홍·윤덕경. 2008. "17대 국회의원의 입법 활동 성차 분석: 여성관련 법률안 입법과정을 중심으로." 『의정연구』 14(1): 83-108.

한인택. 2006. "단기 비이양식 투표제하 정당실책의 분석: 서울, 전북, 전남지역의 제4회 지방기초의원선거를 중심으로." 『한국정치학회보』 40(5): 215-32.

황아란. 1998. "1998년 6·4 지방선거 분석." 한국지방행정연구원 연구보고서 98-13.

_____. 1999. "6·4 기초단체장선거와 현직효과." 『한국의 선거 III』. 서울: 푸른길.

_____. 2002a. "지역주의와 지방자치." 『한국행정학보』 36(2): 129-143.

_____. 2002b. "지방선거의 정당공천." 『지방행정연구』 16(1): 97-114.

_____. 2005a. "2002년 시도의회 비례대표선출의 변화와 특징." 『지방행정연구』 19(1): 29-54.

_____. 2005b. "민선자치 10년의 지방선거." 『한국정당학회보』 4(2): 271-305.

_____. 2006a. "정당경쟁과 한국지방선거의 구조화." 『한국과 국제정치』 22(2): 1-28.

_____. 2006b. "2006년 지방선거와 여성의 정치충원." 『지방행정연구』 20(3): 51-79.

_____. 2007a. "지방의원 선거의 여성참여와 정당공천." 『21세기 정치학회보』 17(1): 87-108.

_____. 2007b. "기초 지방의원 선거의 중선거구제 개편과 정치적 효과." 『지방정부연구』 11(1): 209-225.

_____. 2010a. "지방선거와 정당공천: 비교론적 시각에서." 『지방행정연구』 24(1): 37-65.

_____. 2010b. "지방선거의 정당공천제와 중앙정치의 영향." 『21세기 정치학회보』 20(2): 31-53.

_____. 2010c. "기초 지방의원선거와 기호효과." 『한국정치학회보』 44(1): 107-124.

_____. 2010d. "단기비이양식 투표제의 정당 공천전략과 성과분석." 『한국행정학보』 44(1): 231-250.

_____. 2011a. "광역 및 기초 단체장 선거경쟁이 동시선거 투표율에 미친 영향." 『한국행정학보』 45(4): 283-299.

_____. 2011b. "기초단체 지방선거 투표율의 결정요인 분석." 『한국지방자치학회

보』 23(1): 5-24.

_____. 2012. "지방선거와 현직효과."『지방행정연구』 26(4): 3-26.

_____. 2013. "2000년대 지방선거의 변화와 지속성."『한국정치학회보』 47(5): 277-295.

_____. 2014. "기초단체장 현직후보의 당선경쟁력."『한국과 국제정치』 30(4): 게재 예정.

황아란·서복경. 2011. "여성의 정치적 대표성과 선거제도 효과."『선거연구』 1(1): 99-128.

색 인

필자 소개(원고 게재순)

❖ 허석재

현 ┃ 목포대학교 지방자치연구소 학술연구교수

- 고려대학교 정치학 박사

- 주요 논문 및 저서

  "민주주의에 대한 불만과 투표참여," 『민주주의와 인권』 13(1) (2013)

  "정치적 세대와 집합기억," 『정신문화연구』 37(1) (2014)

  "한국의 국회의원 선거와 자원배분의 정치," 『한국정치학회보』 43(2) (2009) (공저) 외 다수

❖ 이준한

현 ┃ 인천대학교 정치외교학과 교수

- 미국 미시간주립대 정치학 박사

- 주요 논문 및 저서

  "Who Votes and Why in Korea?" *International Journal of Public Opinion Research* 16(2) (2004)

  "Partisan Effects of Voter Turnout in Korean Elections, 1992-2010," *Asian Survey* 62(6) (2012)(공저)

  『개헌과 동시선거』(인간사랑, 2011) 외 다수

❖ **지병근**

현 | 조선대학교 정치외교학과 부교수

- 미국 미주리대학교(University of Missouri) 정치학 박사

- 주요 논문 및 저서

"민주주의와 정교분리,"『한국정치학회보』 48(1) (2014)

"선거구 제도와 군소정당 지지자들의 투표행태,"『한국정치연구』 23(2)
(2014)

"한국인의 이념적 성향과 민주주의 인식,"『국가전략』 19(1) (2013)

"호남 유권자들의 이슈에 대한 태도 및 이념적 특성,"『21세기정치학회보』
24(1) (2014) 외 다수

❖ **서복경**

현 | 서강대학교 현대정치연구소 연구원

- 고려대학교 정치학 박사

- 주요 논문 및 저서

"2014년 지방선거와 지방정부 주택정책,"『지방정부연구』 18(3) (2014)

『논쟁으로서의 민주주의』(공저) (2013)

『다운사이징 데모크라시』(역서) (2013) 외 다수

❖ 경제희

현 | 경남대학교 극동문제연구소 초빙연구위원

- 일본 게이오(慶應義塾)대학교 정치학 박사

- 주요 논문 및 저서

"석패율제도와 지역주의 완화,"『한국과 국제정치』 28(2) (2012)

"일본 지방선거에서의 무소속 당선자에 대한 오해와 이해,"『일본연구논총』 39(2014)

"회고적 투표와 전망적 투표의 한일 비교 연구: 17대·18대 대통령선거와 44회·45회 중의원선거를 중심으로,"『동서연구』 26(1) (2014) 외 다수

❖ 조성대

현 | 한신대학교 국제관계학부 교수

- 미국 미주리대학교 정치학 박사

- 주요 논문 및 저서

"민주화 이후 한국 대통령선거에서 제3후보 현상과 선거연합에 관한 연구,"『선거연구』 3(1) (2013)

"부동층에 관한 연구: 19대 총선에서 정당선호, 선거쟁점과 투표 결정 시기,"『한국정치학 회보』 47(2) (2013)

"온라인 소셜 네트워크의 교차성과 정치참여: 19대 총선 사례,"『한국정당학회보』 12(2) (2013) 외 다수

❖ 이소영

현 │ 대구대학교 국제관계학과 조교수
• 텍사스대학교 정치학 박사
• 주요 논문 및 저서
"Regionalism as a Source of Ambivalence," *Korea Observer* 40(4)
(2009)
"2012 한국 여성유권자의 정치적 정향과 투표행태,"『한국정치학회보』
47(5) (2013)
"정당, 미디어, 그리고 정치적 선호: 6.4 서울시장 선거 유권자의 선택적
미디어 노출과 정치적 태도,"『21세기정치학회보』24(3) (2014) 외 다수

❖ 조희정

현 │ 이화여자대학교 경영연구소 학술연구교수
• 서강대학교 정치학 박사
• 주요 논문 및 저서
"소셜 미디어 매개 매니페스토 정책 선거 활성화 방안,"『한국정당학회보』
11(2) (2012)
"온라인 선거규제의 쟁점과 한계: 공정성과 참여 가치 사이의 균열을 중심
으로,"『시민사회와 NGO』10(1) (2012)
『네트워크 사회의 정치와 민주주의: 정부, 정당, 시민사회의 변화와 전망』
(서울: 서강대학교 출판부, 2010)
『민주주의의 기술: 미국의 온라인 선거운동』(한국학술정보, 2013) 외 다수

❖ 김형철

현 | 성공회대학교 민주주의연구소 연구교수

- 한국외국어대학교 정치학 박사

- 주요 논문 및 저서

  "아시아 민주주의의 질: 지표의 구축전략과 과제,"『비교민주주의연구』
  8(2) (2012)

  "예비후보자제도와 선거운동기회의 불평등성: 선거운동의 자유와 공정성
  을 중심으로,"『한국정치연구』 23(3) (2014)

  "혼합형 다수대표제의 정치적 결과에 대한 분석: 제19대 국회의원 선거를
  중심으로,"『선거연구』 2(2) (2012) 외 다수

❖ 황아란

현 | 부산대학교 공공정책학부 교수

- 미국 뉴욕주립대학교(스토니부룩) 정치학 박사

- 주요 논문 및 저서

  "2000년대 지방선거의 변화와 지속성,"『한국정치학회보』 47(5) (2013)

  "기초단체장 현직후보의 당선경쟁력,"『한국과 국제정치』 30(4) (2014)

  "재출마 결정요인 분석,"『한국정치연구』 23(3) (2014) 외 다수